TinyOS 2.x 기반

# 무선 센서네트워크 실습

이윤석 · 송태훈 공저

홍릉과학출판사

# 머릿말

센서 네트워크는 유비쿼터스 컴퓨팅을 실현하는 핵심요소로서 물리적 공간을 지능화하고 이들을 연결하여 새로운 정보공간을 만드는 신경조직을 구성한다. 최근 건물 지능화, 도시 주요 시설물 모니터링, 환경 모니터링, 방범 방재 등 여러 분야에서 관심이 높아지고 있고 다양한 연구 개발이 진행되는 가운데, 센서 네트워크의 기본 기술과 응용에 대한 체계적인 교육이 절실히 요구되고 있다. 이를 위해 본 교재는 (주)휴인스의 UBee430 센서 네트워크 솔루션을 기반으로 센서 네트워킹의 이론 학습과 실습 교육을 돕고자 제작되었다.

(주)휴인스에서 개발한 UBee430 센서 네트워크 시스템은 TI사의 MSP430 기반 센서모트를 중심으로 다양한 센서와의 연동을 지원하는 무선 센서 네트워크 솔루션으로, 버클리 대학 주도로 개발된 TinyOS 2.x을 탑재하고 nesC 기반의 센서 네트워크 어플리케이션의 개발을 지원한다. TinyOS 시스템은 저전력 센서 네트워크용 소형 운영체제로 여러 분야에서 활용되고 있으며, 함께 제공되는 nesC 언어를 통해 event 기반 처리와 효과적인 태스크 간 동시성을 지원하고 있다. 또한 기존 컴포넌트들의 손쉬운 연결을 통해 소프트웨어의 유연성과 재사용성이 우수한 소프트웨어 모델을 제시하고 있어 관련 연구자들에게도 참조할 만한 사례가 되고 있다.

본 교재의 각 장은 기본적인 이론학습, UBee430 시스템을 통한 실습, 그리고 이를 활용한 추가 과제로 구성하였다. 교재의 전반부는 TinyOS 개발환경과 nesC 프로그래밍의 구성, 센서모트의 특징 등 기본적인 내용을 다루며, 중반부는 베이스 스테이션을 중심으로 한 네트워킹, 센서 모듈과의 연동, 모트 하드웨어의 동작 확인과 같이 센서모트의 활용을 다룬다. 또한, 후반부는 Collection, Dissemination 등 대규모 ad-hoc 네트워크에서의 데이터 전송기법과 Deluge를 이용한 재프로그래밍 기법 등 비교적 어려운 주제를 다루고 있는데, 8장 이후의 주제들은 강의 수준과 학습목표에 알맞게 선택적으로 다루길 바란다. 특히 각 실습과정을 가능한 자세히 기술하고 부록 등으로 관련 자료를 제공함으로써 혼자서도 충분히 학습할 수 있도록 구성하려고 하였다.

본 교재를 통해 독자들이 센서 네트워크 분야를 이해하는데 도움이 되길 바라며, 미흡한 점을 지속적으로 보완할 수 있도록 많은 관심과 격려를 바란다. 마지막으로, 실습자료 구성과 원고 교정 등 교재 개발에 도움을 준 (주)휴인스 기술연구소와 한국외국어대학교 대학원 분산시스템 연구실 김혁, 노완호 군, 그리고 출간을 맡아주신 홍릉과학출판사에 깊이 감사드린다.

저자 씀

# 목 차

## CHAPTER 14 Collection



## CHAPTER 15 Dissemination



## CHAPTER 16 Deluge

## APPENDIX

# CHAPTER 1

# TinyOS 운영체제와 개발환경

# 1.1 TinyOS 소개

## 1.1.1 TinyOS의 개요 및 특징

무선센서 네트워크(Wireless Sensor Network)는 일반적으로 특정 지역(건물, 도로, 교량, 산림 등)에 다수의 소형 센서 모트(mote, 센서 노드의 하드웨어를 지칭)를 설치하여 특정 정보를 지속적으로 수집함으로써 현재 상태를 모니터링할 수 있는 환경을 지원한다. 이 구조는 특히 낮은 사양의 센서 하드웨어들이 불규칙하게 배치되고, 이들 간에 Ad-Hoc 네트워크를 구성, 특정 지점으로 데이터를 전송하는 방식을 취하는데, 이와 같은 특수한 환경 때문에 하드웨어나 소프트웨어의 요구 사양도 기존 컴퓨팅 환경과 크게 다르다.

TinyOS는 미국 국방성 산하 DARPA의 NEST(Networked Embedded Systems Technology) 프로젝트의 일부로 UC Berkeley가 주관 개발한 센서 모트용 운영체제로서, 현재 2.x 버전의 커널을 무료로 공개하고 있으며, Crossbow사의 Mica 계열 모트를 비롯한 다양한 하드웨어에 적용되고 있다. 또한 TinyOS 커널 외에 nesC 프로그래밍 언어를 비롯한 개발 환경, TOSSIM 시뮬레이터, 그 밖의 다양한 응용을 개발 보급하고 있다.

일반적인 컴퓨터 시스템에 비해 현재의 센서 네트워크 하드웨어는 대단히 제한된 자원과 성능을 가지며, 특히 전력 소모에 민감한 특징을 갖는다. [표 1.1]에 보이는 대개의 모트들은 4-8MIPS 처리성능의 8-bit 마이크로컨트롤러를 채택하고 있고, 0.5-4KB 정도의 SRAM, 32-512KB 저용량 Flash 메모리를 구비하고 배터리 기반으로 동작한다. 따라서 TinyOS는 다음 측면을 설계 시에 고려하였다.

- 저전력 및 Ad-Hoc 센서 네트워크 지원 : 센싱 이벤트에 대한 응답성과 확장성
- 주요 컴포넌트 설계 : 센싱(sensing), 구동(actuation), 네트워킹/통신, 전력 관리 등
- 자원의 제약성 : 저전력, 작은 메모리, 제한된 프로세싱 성능 등 고려
- 기술변화에 대한 신속한 적응력 : 모듈화와 재활용성 극대화

또한, 가볍고 효율적인 운영체제를 구현하기 위해 다음 개념들을 설계에 반영하였다.

- 최우선 설계 전략은 낮은 전력소모를 통해 전원 수명을 극대화함
- “Hurry up and sleep” 지원 : 대기 모드로의 신속한 전환

- 효과적인 동시처리(concurrency) 지원 : 인터럽트 기반(no polling), 함수 호출 대신 in-line 코드 수행, 매크로 사용 등을 지원
- sleep 모드 지원 : 대기 중 항상 sleep 상태를 유지, 저전력 소모(uW 수준)

이를 바탕으로 구현된 TinyOS는 **컴포넌트 기반 구조**를 갖는데, 이는 코드 크기를 줄이면서 센서 네트워크 하드웨어 제약(특히 CPU, 메모리)에 효과적으로 대처하고, 컴포넌트 재활용(reuse)을 통해 개발과정을 단축시키는 이점을 갖는다. 특히 하드웨어 추상화(abstraction)에서 상위수준 소프트웨어까지 재사용 가능한 컴포넌트로 구현되었으며, 응용 프로그램은 컴포넌트의 입출력 인터페이스를 서로 연결함으로써 쉽게 구현된다. 따라서 [그림 1.1]에 보이는 바와 같이, "응용(application) = 스케쥴러(Main)+ 컴포넌트들의 그래프"으로 간주된다.

[표 1.1] 다양한 모트들의 성능 사양

| Mote Type<br>Year | WeC<br>1998 | Renē<br>1999 | Renē2<br>2000 | Dot<br>2000 | Mica<br>2001 | Mica2<br>Dot<br>2002 | Mica2<br>2002 | Telos<br>2004 | UBee430<br>2008 |
|---|---|---|---|---|---|---|---|---|---|
| Micro-controller | | | | | | | | | |
| Type | AT90LS8535 | | ATmega163 | | ATmega128 | | | TI MSP430 | |
| Program memory(KB) | 8 | | 16 | | 128 | | | 60 | 48 |
| RAM(KB) | 0.5 | | 1 | | 4 | | | 2 | 10 |
| Flash | 24LC256 | | | | AT45DB041B | | | ST M24M01S | |
| Connection type | I2C | | | | SPI | | | SPI / I2C | |
| Size(KB) | 32 | | | | 512 | | | 512 | 1024 |
| Communication | | | | | | | | | |
| Radio | TR1000 | | | | TR1000 | CC1000 | | CC2420 | |
| Data rate(kbps) | 10 | | | | 40 | 38.4 | | 250 | |
| Modulation type | OOK | | | | ASk | FSK | | O-QPSK | |
| Receive Power(mW) | 9 | | | | 12 | 29 | | 38 | |
| Transmit Power at 0 dBm(mW) | 36 | | | | 36 | 42 | | 35 | |
| Programming and Sensor Interface | | | | | | | | | |
| Expansion | none | 51-pin | 51-pin | none | 51-pin | 19-pin | 51-pin | 10-pin | 51-pin |
| Communication | IEEE 1284 and RS232 | | | | | | | USB | |
| Integrated Sensors | no | no | no | yes | no | no | no | yes | |

지원되는 컴포넌트 라이브러리로는 네트워크 프로토콜, 분산 서비스, 센서 드라이버, 데이터 취득 등이 있으며, 이들 대부분은 개발자가 각 응용에 맞게 쉽게 수정할 수 있다.

또한 TinyOS는 이벤트 기반(event-driven) 실행모델을 지원함으로써 세밀한 전력 관리나 실제 무선네트워크 또는 물리적 환경의 돌발적 상황에 대처할 수 있는 유연한 스케줄링을 지원한다. 특히 이벤트 발생에 의한 상태 기계(state machine) 기반의 프로그래밍 개념을 지원함으로써, 제한된 메모리 자원의 효율적인 이용과 프로세싱의 동시성을 함께 추구한다. 순간 상태는 각 컴포넌트 내에 유지되며, 각 명령(command) 또는 이벤트 처리기에 의해 상태 간의 전이가 이뤄진다고 볼 수 있다. 따라서 특정 처리 작업이 블록킹되는 경우를 방지하며, 다양한 이벤트 처리 과정에서 컴포넌트들이 효과적으로 공유되도록 지원한다. 한편 TinyOS에서는 시스템 자원의 제약들 때문에 기존의 IP 프로토콜, 소켓, 쓰레드 개념들을 사용하지 않는다.

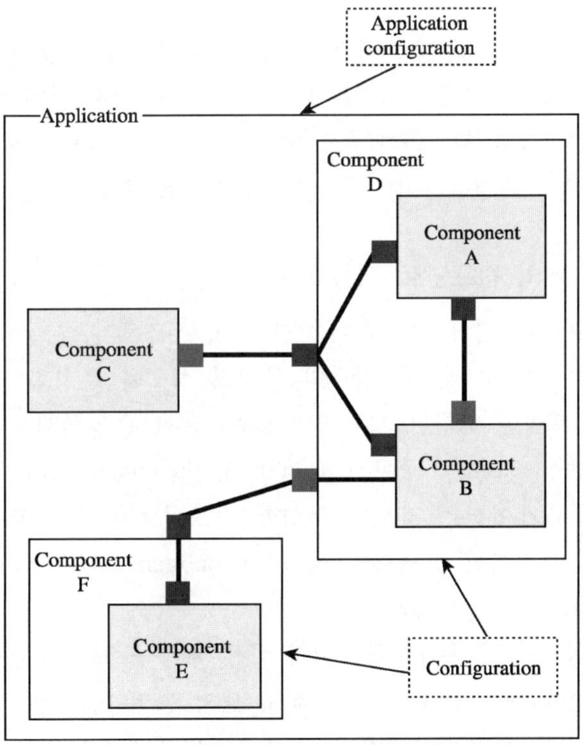


[그림 1.1] 어플리케이션을 위한 컴포넌트의 연결

또한 전통적인 OS에서 의미하는 분리된 커널이 존재하지 않으며, 가상 메모리 개념, 프로세스 관리, 메모리 관리, 동적 메모리 할당, 소프트웨어 신호(signal)나 예외처리 등도 지원하지 않고, 대신 이벤트 처리를 위한 스택을 공유하고, 컴파일 시에 정적 메모리 할당, 함수 직접 호출 등의 방법을 사용한다. 이는 제한된 메모리를 효과적으로 사용하고 실행 시간을 단축시키는 효과를 갖는다.

## 1.1.2 TinyOS의 주요 구성

본 교재에서는 TinyOS 2.0을 중심으로 각 기능을 소개한다. TinyOS 2.0은 TinyOS 1.x 버전을 다시 설계하고 구현한 것으로, 실제로 상당히 많은 부분에서 수정이 이루어졌다. 특히 1.x 버전의 구조와 인터페이스는 몇 가지 기본적인 제약을 가졌다. 이러한 제약 사항들은 실제 실습에서 한 쌍으로 이루어진 두 컴포넌트 간의 인터페이스를 찾는 것도 어렵게 만들었고, 결국 센서 네트워크 프로그래밍 입문자들의 학습을 더디게 만들었다.

한편 TinyOs 2.0은 1.x 버전과 상호호환성을 갖지 않는다. 따라서 이미 작성된 코드도 공식적으로 컴파일되지 않는다. 그러나 2.0 버전 설계 주안점의 하나는 코드 업그레이드의 어려움을 최소화하는 것이었다. 그러므로 1.x 버전에서 작성한 어플리케이션을 2.0 버전으로 포팅하는 중에는 약간의 작업을 요구하지만 그리 많지는 않을 것이다.

### (1) TinyOS의 컴포넌트 계층구조

TinyOS는 [그림 1.2]와 같이 하드웨어, 운영체제, 사용자 어플리케이션 계층으로 구성된다. 하드웨어 계층은 장치의 물리적 성질을 추상화하기 위해 제공되며, 스케줄러(Main)를 포함한 다양한 시스템 컴포넌트들을 운영체제에서 지원한다. 실제 이들의 대부분은 센싱(sensing), 구동(actuating), 통신(communication) 컴포넌트들로 구성된다. 사용자 어플리케이션은 자신이 작성한 컴포넌트와 그 인터페이스를 명시할 수 있으며, 특히 어플리케이션 전체의 구성 환경(configuration)을 개발자(사용자)가 명세할 수 있도록 한다.

또한 컴포넌트들은 [그림 1.3]과 같은 계층구조를 가지며, 특히 하위의 하드웨어 계층은 다양한 mote 플랫폼, 프로세서, 센서 등의 하드웨어 드라이버들과 무선 스택, 즉 CC2420 FSK(frequency shift keying), IEEE 802.15.4 DSSS(direct sequence spread spectrum), ZigBee, Bluetooth 등의 프로토콜을 지원한다.

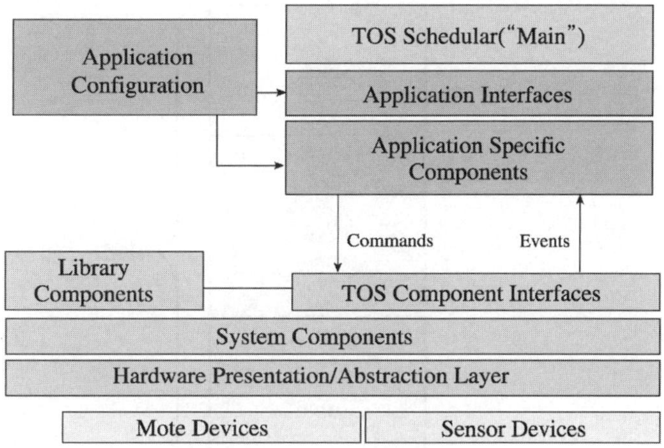


**[그림 1.2]** TinyOS의 기본 계층구조

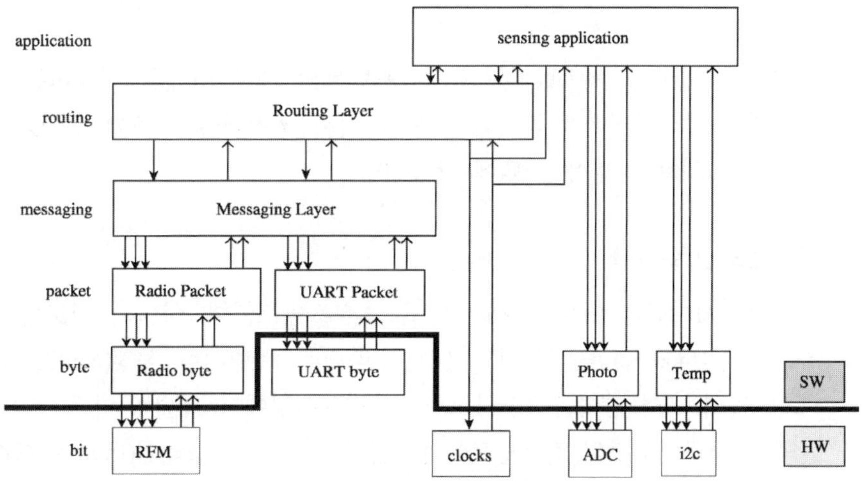


**[그림 1.3]** TinyOS의 컴포넌트 계층구조

## (2) 메모리 모델

앞서 소개한 대로 TinyOS가 지원하는 메모리 모델은 컴파일 시에 결정되는 정적 모델이며 그 구성은 [그림 1.4]와 같다. 동적 메모리 할당을 지원하는 힙(heap)이 없으며 컴포넌트들의 바인딩과 사용 메모리 크기도 컴파일 시에 결정된다. 따라서 함수 포인터 등은 허용되지 않는다.

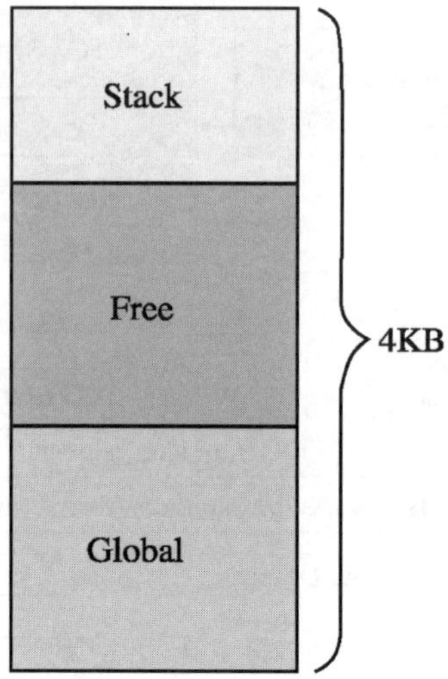


[그림 1.4] 어플리케이션의 메모리 구성

전역변수(global variables)는 각 컴포넌트의 내부 상태를 저장하는 프레임(frame) 메모리에 할당되고, 버퍼 복사를 피하기 위해 포인터를 사용할 수 있다. 한편 지역변수(local variables)는 공용 스택에 할당된다.

### (3) 컴포넌트 구조

어플리케이션을 이루는 기본 단위는 컴포넌트이며, 하나의 컴포넌트는 기능을 구현하는 모듈(module)과 컴포넌트의 연결(wiring)을 명시한 설정(configuration)으로 구성된다. 이들의 구현 방법은 2장의 nesC 프로그래밍에서 자세히 다룰 것이다.

구조적으로 하나의 컴포넌트는 [그림 1.5]와 같이 프레임(frame), 함수(function), 인터페이스(interface)의 세 부분으로 구성되어 있다. 프레임은 전역 변수와 데이터를 저장하며 컴포넌트 당 하나씩 할당되고, 그 위치와 크기는 고정된다. 함수는 명령(command), 이벤트 처리기(event handler), 태스크(task) 등을 구현한다. 이 때 명령과 이벤트 처리는 함수 호출의 형태로 수행되며, 태스크는 독립된 실행객체로 관리되지만 가장 낮은 우선순위를 갖고 대개 계산량이 많은 작업을 처리한다.

### (4) 스케줄러

TinyOS는 이벤트와 태스크를 구분하는 2 레벨 스케줄링을 지원하고, 스케줄러는 간

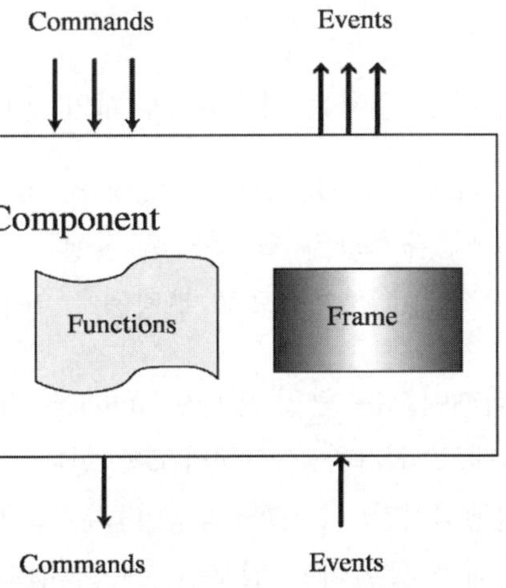


[그림 1.5] 컴포넌트의 기본 구성

단한 FIFO 방식을 지원한다. 태스크는 다른 태스크를 선점할 수 없지만, [그림 1.6]과 같이 이벤트는 항상 태스크를 선점할 수 있다. 다만, TinyOS 2.x에서는 하나의 태스크는 태스크 큐에 지정된 슬롯이 있고, 한 태스크는 오직 한 번만 post되도록 하고 있다. 따라서 만일 태스크를 post 시에 실패했다면 그 태스크가 이미 큐에 post되었다는 것을 뜻한다.

또한 TinyOS 2.x 버전에서는 각 어플리케이션의 목적에 따라 priority, deadline 기반 스케줄러로 교체할 수 있지만, 기본적으로 비선점(non-preemptiveness) 조건은 반드시 유지해야 한다. 그렇지 않으면 스케줄러가 nesC의 동시성 분석을 지원하지 못할 수 있기 때문이다.

```
main {
   ...
   while(1) {
      while(more_tasks)
         schedule_task;
      sleep;
   }
}
```

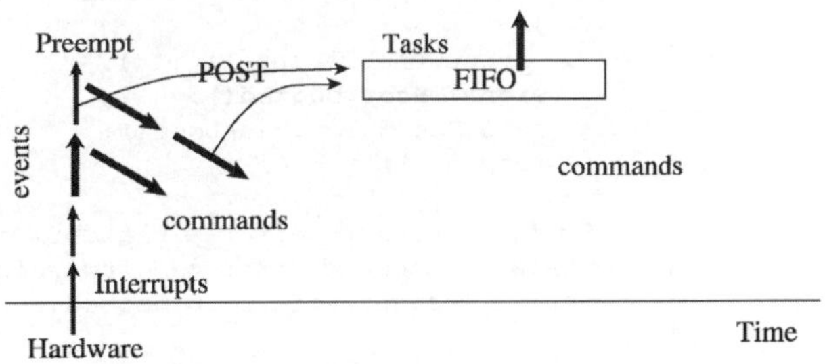


[그림 1.6] TinyOS의 이벤트와 태스크 스케줄링 예

### (5) 부팅 절차

TinyOS 2.x의 부팅 절차는 다음의 세 개의 인터페이스가 사용된다.

- Init : 하드웨어 및 컴포넌트의 상태 초기화
- Scheduler : 태스크의 초기화 및 실행
- Boot : 시스템이 성공적으로 부팅됨을 알림(signalling)

위의 Init 인터페이스는 단일 명령인 init()을 지원하며, 동기화(synchronous) 인터페이스를 통해 순서대로 초기화를 진행하도록 한다. 일반적으로 다양한 컴포넌트들이 효과적으로 병행 실행되지만, 초기화 과정만큼은 순차적이고 동기화되어 실행된다. 즉, 초기화가 완료될 때까지는 어떤 컴포넌트도 실행되지 않는다. 따라서 만일 어떤 컴포넌트의 초기화 과정에서 특정한 이벤트나 인터럽트를 기다린다면 당연히 이 단계에서 진행이 멈추게 될 것이다.

```
module RealMainP {
  provides interface Booted;
  uses {
    interface Scheduler;
    interface Init as PlatformInit;
    interface Init as SoftwareInit;
  }
}
implementation {
  int main() __attribute__ ((C, spontaneous)) {
    atomic {
      platform_bootstrap();
      call Scheduler.init();
      call PlatformInit.init();
      while (call Scheduler.runNextTask());
      call SoftwareInit.init();
      while (call Scheduler.runNextTask());
    }
    __nesc_enable_interrupt();
    signal Boot.booted();
    call Scheduler.taskLoop();
    return -1;
  }
  default command error_t PlatformInit.init() { return SUCCESS; }
  default command error_t SoftwareInit.init() { return SUCCESS; }
  default event void Boot.booted() { }
}
```

**[그림 1.7]** 부팅 과정을 구현하고 있는 RealMain 컴포넌트

한편 Boot 인터페이스는 booted()라는 단일 이벤트를 지원하며, 이것은 부트 절차가 완료되었음을 알린다. 실제로 [그림 1.7]의 모듈 RealMainP는 TinyOS 2.x의 부팅 절차를 구현하고 있다. configuration MainC는 RealMainP의 일부 인터페이스를 표준 인터페이스를 구현하고 있는 컴포넌트들로 연결하고, 어플리케이션에 국한된 다른 인터페이스들을 외부에 보여준다.

### 1.1.3 Platforms

TinyOS 2.x에서 지원하는 각 플랫폼들은 tos/platforms 서브디렉토리에 존재한다. TinyOS 2.0에서 한 플랫폼은 칩(chip)들의 컬렉션이고, 그들과 서로 접속된 몇 가지 내장 코드(glue code)들로 구성된다. 예를 들어, mica2 플랫폼은 CC1000 radio 칩과 ATmega128 마이크로컨트롤러이고, micaZ 플랫폼은 CC2420 radio와 ATmega128 마이크로컨트롤러, Telos 플랫폼은 CC2420 radio와 MSP430 마이크로컨트롤러이다. 칩 코드는 tos/chips에 존재한다. 한 플랫폼의 디렉토리는 일반적으로 nesC 컴파일러로 패스하기 위한 옵션을 가지는 .platform([그림 1.8] 참조) 파일을 가진다.

예를 들어, mica2 .platform 파일은 chips/cc100과 chips/atm128 디렉토리를 보이기 위해 ncc(nesC compiler)를 말해준다. 뿐만 아니라 mote binary를 컴파일하기 위해 avr-gcc를 사용한다(참고로 Telos 플랫폼들은 msp430-gcc를 사용한다).

현재, TinyOS 2.0은 다음과 같은 플랫폼을 지원한다.

- eyeIFXv2
- intelmote2
- mica2
- mica2dot
- micaZ
- telosb
- tinynode
- btnode3

btnode3 플랫폼은 RPM에 포함되어 있지 않다.

```
#
# Includes that should take precedence come first.  Platforms come before
# chips because they may override files.  These must be specified as
# @includes instead of -I's to @opts, otherwise the %T won't be processed
# by ncc.
#
# $Id: .platform,v 1.5 2007/07/04 00:32:32 rincon Exp $
#
push( @includes, qw(

  %T/platforms/mica
  %T/platforms/micaz/chips/cc2420
  %T/chips/cc2420
  %T/chips/cc2420/alarm
  %T/chips/cc2420/control
  %T/chips/cc2420/csma
  %T/chips/cc2420/interfaces
  %T/chips/cc2420/link
  %T/chips/cc2420/lowpan
  %T/chips/cc2420/lpl
  %T/chips/cc2420/packet
  %T/chips/cc2420/receive
  %T/chips/cc2420/spi
  %T/chips/cc2420/transmit
  %T/chips/cc2420/unique
  %T/platforms/mica2/chips/at45db
  %T/platforms/mica/chips/at45db
  %T/chips/at45db
  %T/chips/atm128
  %T/chips/atm128/adc
  %T/chips/atm128/pins
  %T/chips/atm128/spi
  %T/chips/atm128/i2c
  %T/chips/atm128/timer
  %T/lib/timer
  %T/lib/serial
  %T/lib/power

) );

@opts = qw(

  -gcc=avr-gcc
  -mmcu=atmega128
  -fnesc-target=avr
  -fnesc-no-debug
  -fnesc-scheduler=TinySchedulerC,TinySchedulerC.TaskBasic,TaskBasic,TaskBasic,runTask,postTask

);
```

[그림 1.8] opt/tinyos-1.x/tos/platforms/micaz/.platform 파일 내용

## 1.1.4 Hardware Abstraction

TinyOS 2.0의 Hardware abstractions은 일반적으로 HAA(Hardware Abstraction Architecture)라 불리는 three-level abstraction 계층구조를 따른다. 참고로, HAA는 TinyOS의 기술문서인 [TEP(TinyOS Extension Proposal) 2]에 상세히 기술되어 있다.

### (1) HPL(Hardware Presentation Layer)

HPL은 raw hardware의 최상부에 존재하는 얇은 software 계층(thin software layer)이며, I/O 핀(pin)들과 레지스터들과 같은 hardware를 nesC로 표현한다.

HPL은 일반적으로 하드웨어 그 자체를 제외하고는 상태를 갖지 않는다. 즉, 일반적인 변수들(variables)을 갖지 않으며, HPL 컴포넌트는 보통 hpl이라는 prefix가 붙고 바로 뒤에 칩의 이름이 붙는다. 예를 들어 CC1000의 HPL 컴포넌트는 hplCC1000이다.

### (2) HAL(Hardware Abstraction Layer)

HAL은 HPL의 상위에 구현되며, HPL보다 사용이 더 쉬운 높은 레벨의 추상화를 제공한다. 그러나 여전히 underlying hardware의 모든 기능들을 제공한다. HAL 컴포넌트들은 보통 칩의 이름을 prefix로 가진다. 예를 들어 CC1000의 HAL 컴포넌트는 CC1000으로 시작한다.

### (3) HIL(Hardware Independent Layer)

HIL은 HAL의 상위에 구현되며 하드웨어 독립적인 추상화를 제공한다. 이러한 일반화는 HIL이 보통 HAL이 할 수 있는 모든 기능들을 제공하지 못한다는 것을 의미한다. HIL 컴포넌트들은 이름을 붙이는 prefix가 없고, application들을 사용할 수 있으며, 안전하게 다양한 플랫폼에 컴파일 될 수 있는 추상화를 제공한다. 예를 들어 mica2의 CC1000의 HIL 컴포넌트는 ActiveMessageC이며 모든 액티브 메시지 통신 계층을 나타낸다(full active message communication layer).

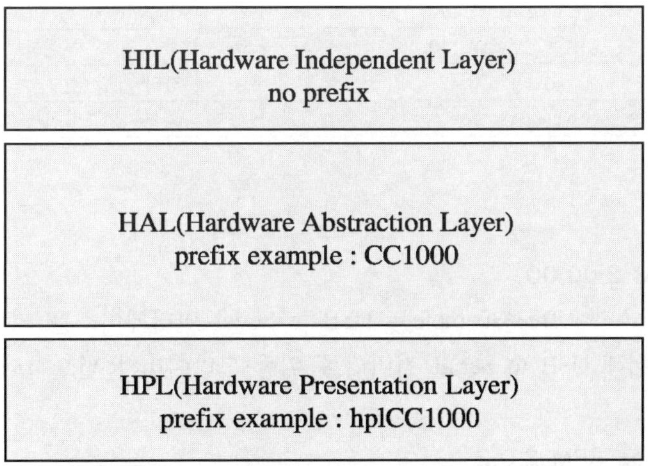


[그림 1.9] CC1000의 HAA(Hardware Abstraction Architecture)

# 1.2 실습내용(UBee430 개발환경 구축)

UBee430을 이용하여 개발을 하기 위한 환경을 구축하기 위해서는 자바 개발 도구, 시그윈을 비롯하여 UBee430 디바이스 드라이버 및 개발에 필요한 여러 프로그램 등을 설치하게 된다. 여기에서는 개발환경을 구축하기 위한 두 가지 방법에 대해서 설명한다.

## 1.2.1 TinyOS 2.x 개발환경 구축

UBee430 어플리케이션 개발을 위한 프로그램 목록은 다음과 같다.

[표 1.2] 프로그램 목록

**UBee430 개발에 필요한 프로그램 목록**

CD 패키지에서 복사한 디렉터리 - C:₩tinyOS설치파일

| 구분 | 이 름 | ext | 내 용 |
|---|---|---|---|
| D | CDM 2.00.00 | .. | Mote windows용 드라이버 |
| D | tinyos_RPM_2.0.2 | .. | TinyOS_2.x 관련 rpm |
| F | Cygwin-1.2a | tar | Cygwin 1.2a |
| F | graphviz-1.10 | exe | 소스 코드에 대한 html문서 생성 툴 |
| F | jdk-1_5_0_12... | exe | 자바 개발 킷 |
| F | readme | txt | 설치 전에 읽어야 할 공지사항 |

F : File, D : Directory

■ CDM 2.00.00

휴인스의 UBee430 mote는 USB to Serial 인터페이스를 기반으로 PC와 통신을 한다. 이를 위해 USB to Serial 컨버터를 위한 드라이버가 필요하다.

■ tinyos_RPM_2.0.2

TinyOS 관련 개발도구 및 프로그램들이 RPM 패키지로 제공된다.

■ Cygwin-1.2a

윈도우즈에서 리눅스와 유사한 개발환경을 사용할 수 있도록 해준다.

■ graphviz-1.10

nesC로 작성된 소스 코드에 대한 그래프화된 문서를 생성하기 위해 사용되는 프로그램이다.

■ jdk-1_5_0_12

Cygwin 환경에서 자바 어플리케이션을 컴파일하고 실행하기 위해서 사용된다.

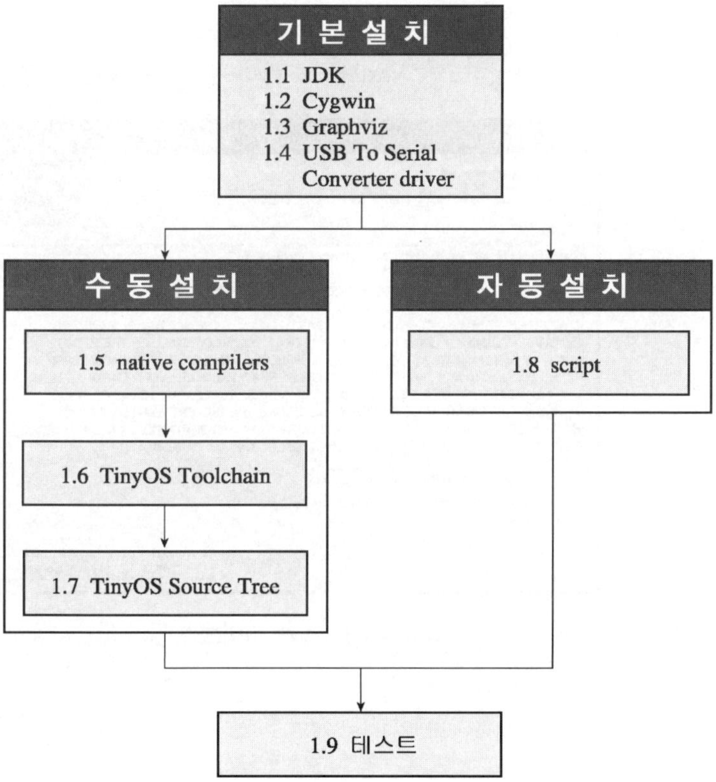


[그림 1.10] 개발 툴 설치 개요도

> 휴인스에서 배포하는 개발 툴 설치 과정은 수동설치와 자동설치로 나눌 수 있다. 기본설치 과정은 수동/자동에 상관없이 꼭 설치되어야 하며, 자동설치 과정으로 개발 툴을 설치한다면 수동설치 과정(1.5/1.6/1.7)은 생략하고 바로 1.8 부분부터 설치하면 된다. 자동설치 과정은 install 시간이 단축되며 휴인스의 UBee430 플랫폼이 자동으로 등록된다.

## 1 Install Java 1.5 JDK(JDK 5.0 Update 12)

TinyOS에서는 기본적으로 mote와 통신을 하기 위한 다양한 자바 어플리케이션 예제들을 제공한다. 이들을 컴파일하고 사용하기 위해서는 JDK를 설치해야 한다. 본 교재에서는 JDK 5.0 Update 12를 사용하여 작성되었다. 설치를 위해 먼저 CD로 제공되는 jdk-1_5_0_12-windows-i586-p.exe를 실행시킨다.

- Java 1.5 JDK **설치** – License Agreement

  라이선스의 약관에 동의하고, 'Next'를 클릭하여 다음 단계로 진행한다.

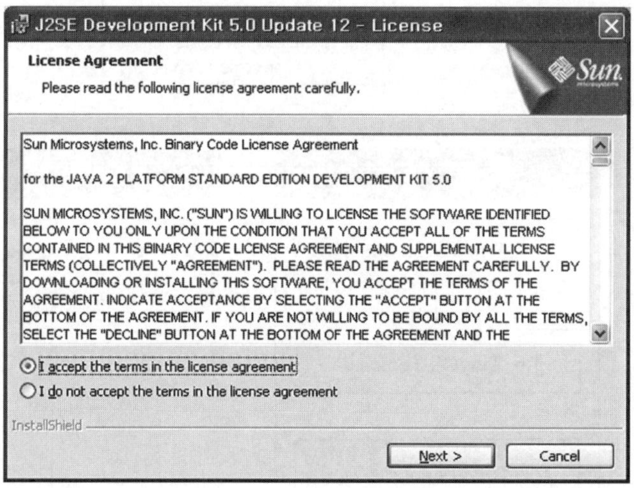


[그림 1.11] Java 라이센스 동의

- Custom Setup

Custom Setup은 전체설치가 아닌 원하는 것만 선택하여 설치할 수 있다. 여기에서는 'Next'를 눌러 기본적인 환경으로 설치하도록 한다.

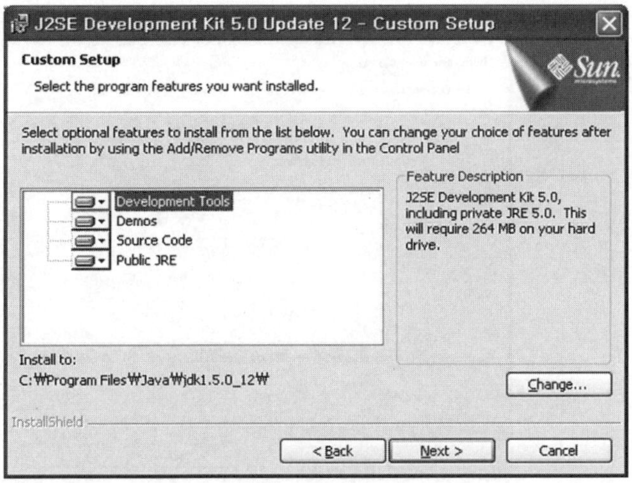


[그림 1.12] Custom Setup

- J2SE Runtime Environment – Custom Setup

JDK에는 Runtime Environment가 기본적으로 포함된 상태로 배포된다. 'Next'를 눌러서 Runtime Environment 설치를 진행한다.

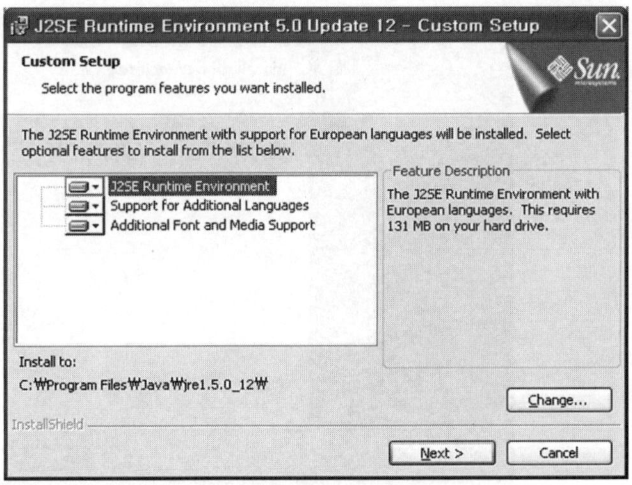


[그림 1.13] Runtime Environment

• Browser Registration

웹브라우저 제어 Java Plug-In을 등록시키기 위한 단계이다. TinyOS와는 상관이 없는 단계이다. 그냥 Next를 눌러 진행한다.

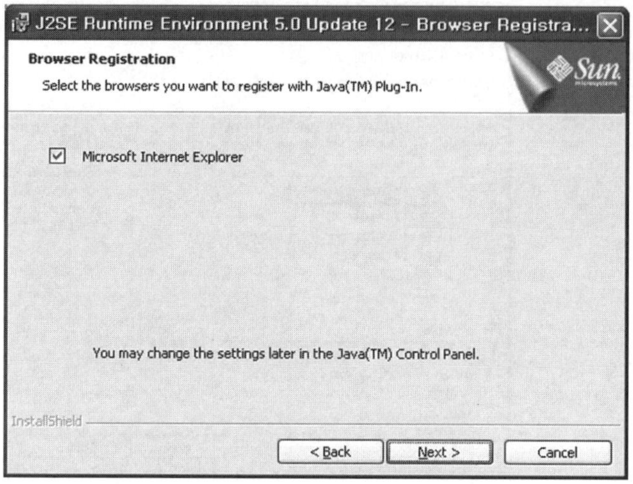


[그림 1.14] Browser Registration

• Installation Completed

위의 작업이 끝나면, Environment에 필요한 프로그램이 설치되고, 관련 환경 설정이 완료된다. 정상적으로 완료되었다면, 다음과 같은 메시지를 볼 수 있다.

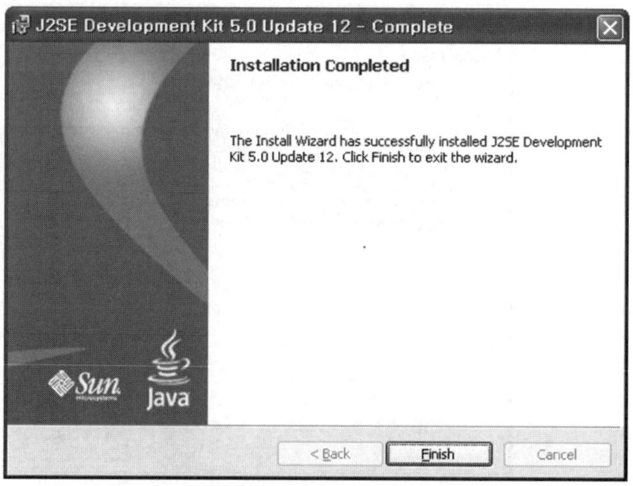


[그림 1.15] 인스톨의 완료

## 2 Install Cygwin

윈도우즈에서 TinyOS에서 요구하는 리눅스와 유사한 개발환경을 사용할 수 있도록 하기 위해서는 Cygwin을 설치하는 것이 필요하다. Cygwin을 설치하기 위해서 Cygwin 공식 사이트에서 제공하는 최신 패키지를 사용하거나 호환성이 검토된 TinyOS 공식 사이트에서 제공하는 패키지를 설치하면 된다.

본 교재에서는 TinyOS 공식 사이트에서 제공하는 Cygwin 버전 1.2a를 사용하고 있다. Cygwin의 설치는 압축되어 있는 Cygwin의 패키지 Cygwin-1.2a.tgz의 압축을 해제하여, setup.exe를 실행하는 것부터 시작된다.

- Cygwin Setup

Cygwin의 압축을 해제하고, setup.exe를 수행하면 다음과 같은 화면을 볼 수 있다. '다음(N)'을 눌러서 계속 진행하자.

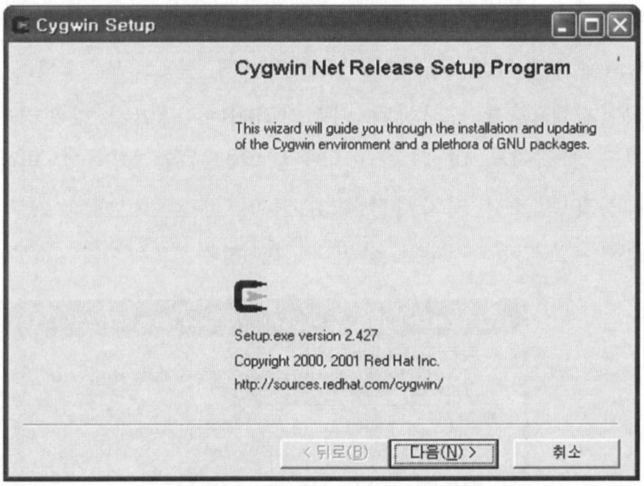


[그림 1.16] 설치 초기 화면

- Choose A Download Source

Cygwin 설치를 위한 소스의 경로 혹은 다운로드 위치를 설정해줄 수 있다. 본 교재에서는 압축된 상태로 제공되는 Cygwin 패키지를 사용하므로, 해당 패키지들이 압축을 해제한 디렉터리에 존재한다. 세 번째 항목인 'Install from Local Directory'를 선택하여 다음 단계로 넘긴다.

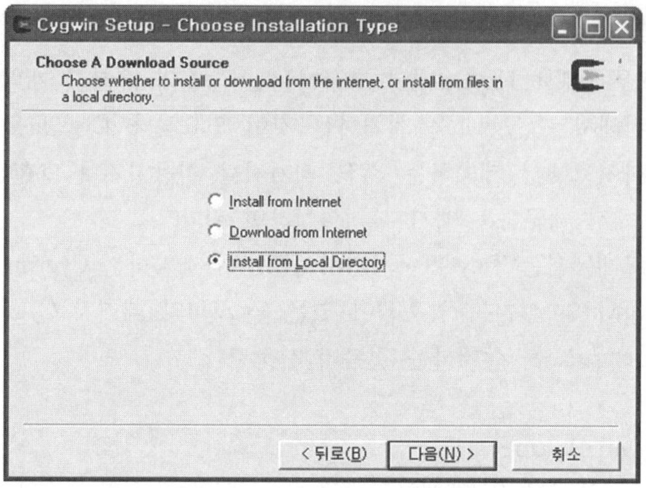


[그림 1.17] Cygwin Setup

- Select Root Install Directory

Cygwin에서 루트(Root)가 될 디렉터리를 설정하는 곳이다. Cygwin이 구동된 이후에 제공 되어지는 환경의 최상위 디렉터리이며, 나머지 디렉터리 및 환경, 바이너리 파일들은 지금 선택되는 디렉터리의 서브 디렉터리 혹은 그 뒤에 생성이 된다. 앞으로 언급될 환경과 가급적 일치시킬 필요가 있으므로, 아래의 그림과 같이 'C:\tinyos\cygwin'로 변경해주고 다음 단계로 넘어가도록 하자.

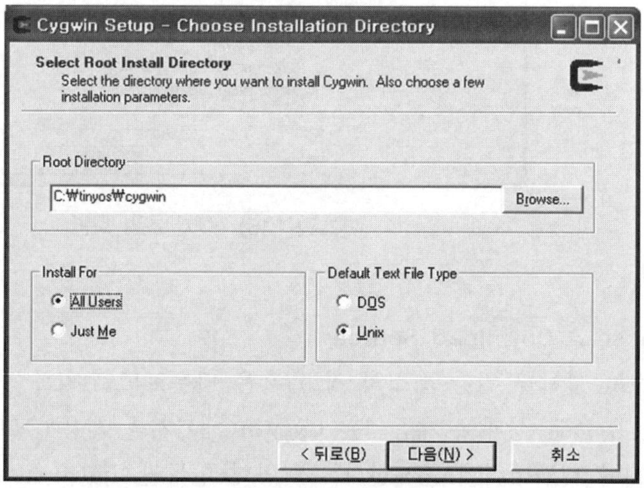


[그림 1.18] 디렉토리 선택

• Select Local Package Directory

Cygwin에서 사용한 여러 가지 패키지들을 설치할 디렉터리를 지정해 줄 수 있다. 특별한 변경없이 바로 '다음(N)'을 눌러서 계속 진행한다. 문제가 발생할 경우, Cygwin 패키지의 압축을 해제한 디렉터리를 지정하면 된다.

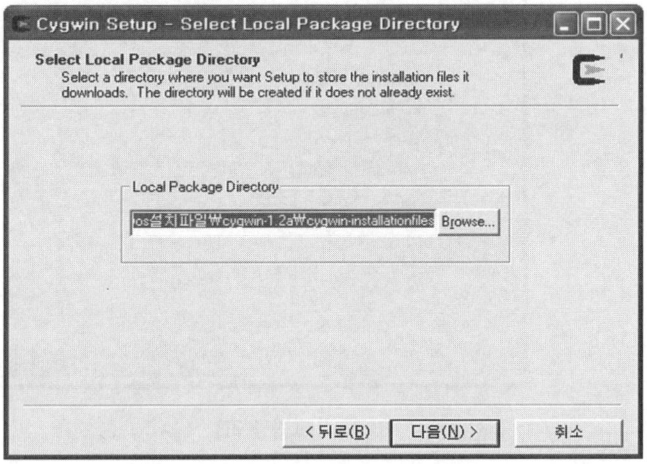


[그림 1.19] 패키지 설치 디렉토리 선택

• Select Package

설치할 패키지를 지정해준다. All 옆에 있는 default를 마우스로 클릭하여 install로 바꾼다. 같이 제공된 rpm을 전부 설치하게 된다.

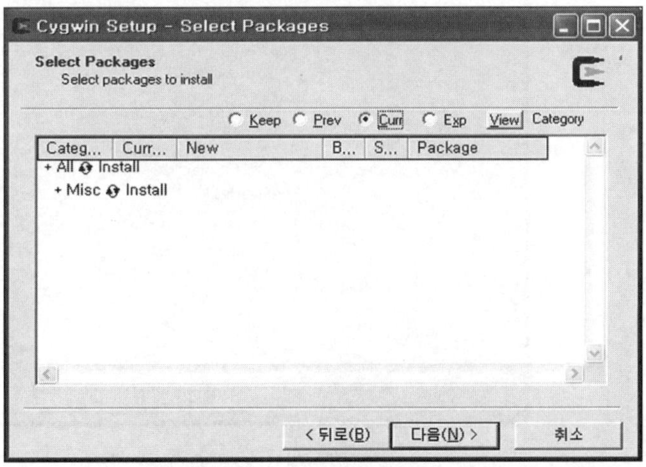


[그림 1.20] 패키지의 선택

- Progress

위의 설정이 끝나면, 다음과 같은 설치 화면을 볼 수 있다.

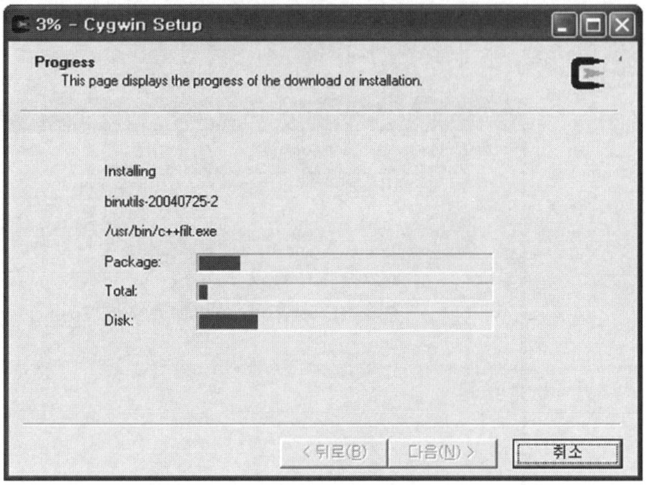


[그림 1.21] 설치 과정

- Create Icons

Cygwin의 모든 설치가 완료되고, 바탕화면에 단축 아이콘에 대해서 아이콘을 생성하고, 메뉴에 단축 아이콘을 등록한다.

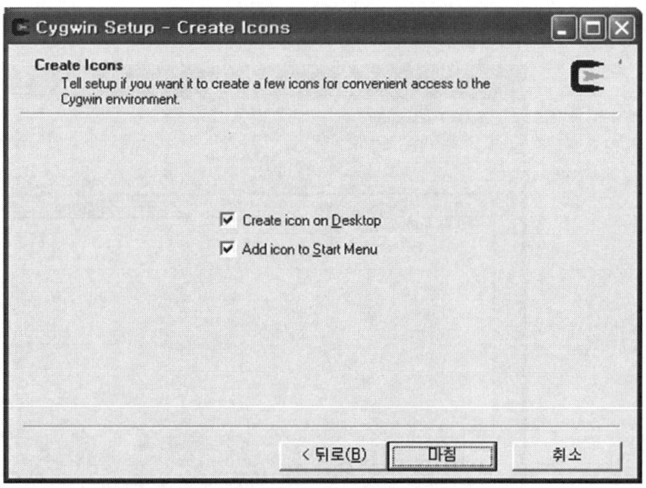


[그림 1.22] 아이콘 등록

- Installation Complete

Cygwin의 설치가 완벽하게 완료되었음을 알려주는 팝업창이 뜨면, 완벽하게 설치가 완료된 것이다.

[그림 1.23] 설치 완료

- 마무리

설치가 완료되면, Cygwin에서 앞으로 설치할 rpm이 들어있는 디렉터리인 tinyos_RPM_2.0.2를 c:\tinyos\cygwin 디렉터리로 복사한다.

## 3 Installing Graphviz

Graphviz 비주얼 라이징 도구는 소스 코드에 대한 문서를 자동으로 생성하는데 사용된다. TinyOS 컴포넌트 간의 관계를 다이어그램으로 나타낸 HTML 문서가 생성된다. TinyOS 개발환경이 제대로 설치되었는지 점검하는 tos-check-env 명령에서 요구하는 버전은 1.10이며, 최신 버전으로 설치해도 무방하다. 본 교재에서는 윈도우즈용 1.10 버전을 설치하고, CD로 제공되는 graphviz-1.10.exe를 실행시킨다.

- Choose Destination Location

설치할 장소를 선택할 수 있다. 변경없이 'Next'를 눌러서 다음으로 넘어간다.

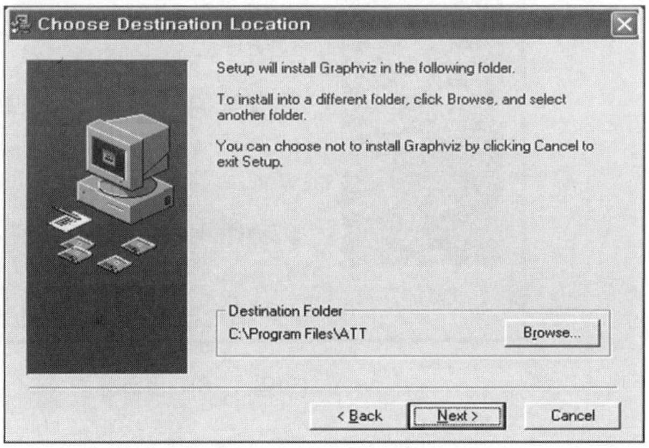


[그림 1.24] 설치 디렉토리 선택

- Select Program Manager Group

설치할 프로그램의 그룹을 선택해 줄 수 있다. 변경사항 없이 'Next'를 눌러서 다음으로 넘어간다.

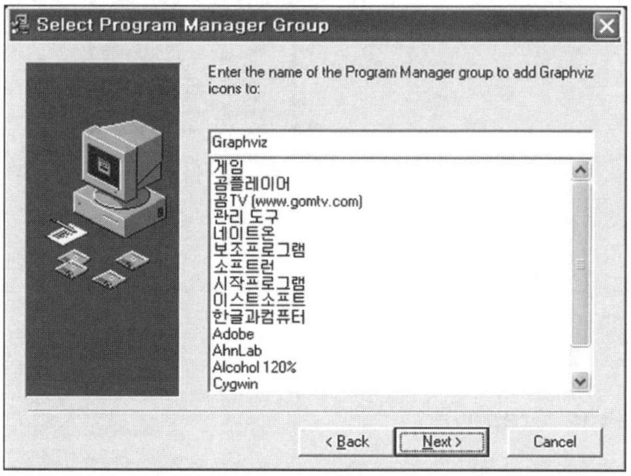


[그림 1.25] 프로그램 그룹 선택

- Installing

기본 설정이 완료되고 'Next'를 누르면, 앞에서 설정한 경로에 설치를 하게 된다.

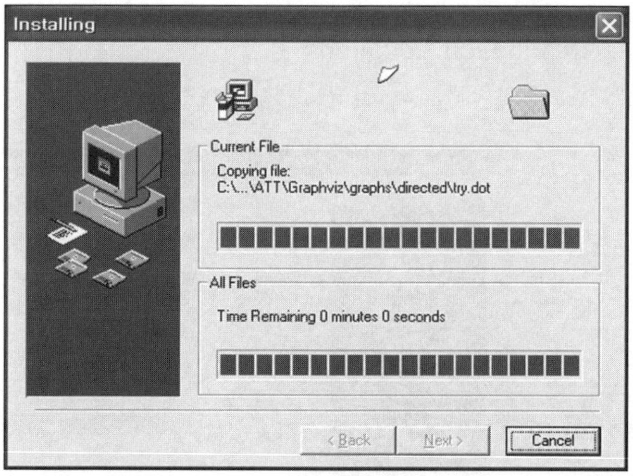


[그림 1.26] 인스톨

- Installation Complete

설치가 정상적으로 완료되면, 다음과 같은 그림을 볼 수 있다.

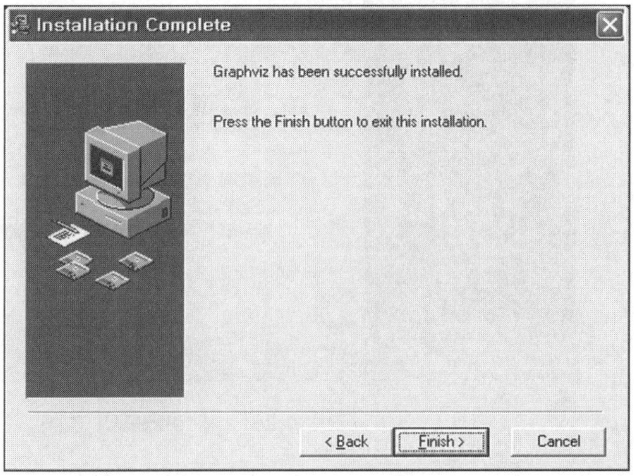


[그림 1.27] 설치 완료

## 4 휴인스 UBee430 mote 설치

지금까지 개발에 필요한 소프트웨어 및 툴은 모두 설치를 했으므로, 다음에는 휴인스 UBee430 mote를 Cygwin에서 사용할 수 있도록 mote에 대한 드라이버를 설치해주어야 한다.

- Huins_UBee430 – USB to serial Converter **드라이버 설치**

UBee430 mote는 USB to Serial 인터페이스를 사용한다. 이를 사용하기 위해서는 usb serial converter와 usb serial port 드라이버가 설치되어야 한다. mote를 Host PC의 usb에 장착하면 하드웨어 검색 마법사가 화면에 나타난다.

① 새 하드웨어 검색 마법사

목록 또는 특정 위치에서 설치를 선택하여 제공된 드라이버를 복사한 위치로 경로를 설정해준다.

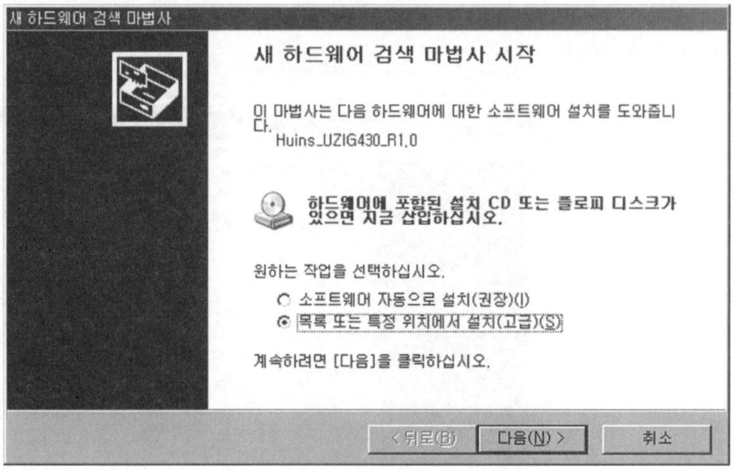


[그림 1.28] 새 하드웨어 검색

② mote 드라이버의 위치를 선택

mote 드라이버는 처음 하드디스크에 복사한 디렉터리에 'CDM 2.00.00'에 있다.

( C:₩tinyos설치파일₩CDM 2.00.00)

'찾아보기'를 눌러서 mote driver가 있는 디렉터리를 선택해주고 '확인'을 눌러준다.

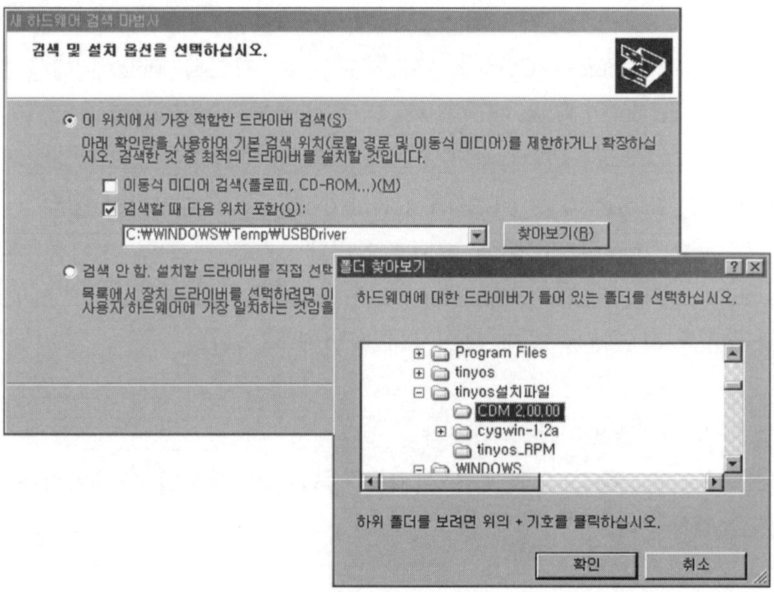


[그림 1.29] 드라이버 위치 선택

③ 설치 완료

경로를 올바르게 지정해준 뒤 확인을 누르고 다음 단계로 넘어가면, USB serial Converter가 설치된다.

아래 그림은 USB serial Converter가 정상적으로 설치되면 볼 수 있는 화면이다.

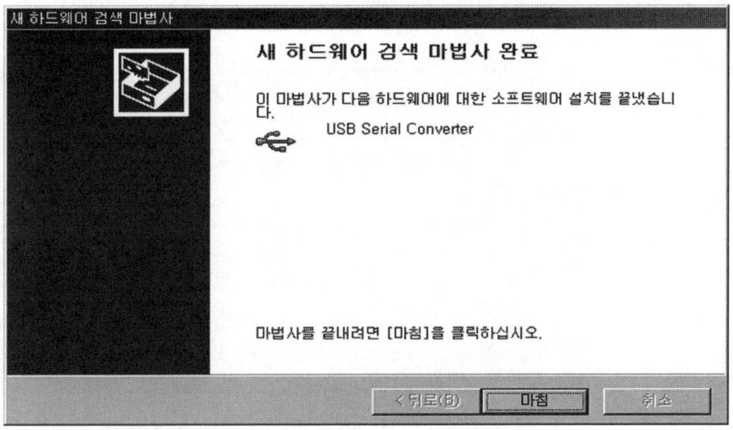


[그림 1.30] 설치 완료

- Huins_UBee430 – USB Serial Port

Usb Serial Converter가 설치가 완료되면, 다음으로 USB Serial Port 드라이버를 설치해야 한다.

① 새 하드웨어 검색 마법사 - USB Serial Port

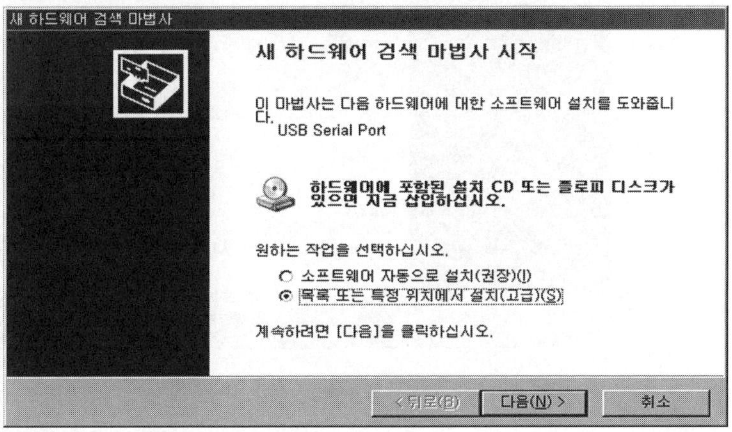


[그림 1.31] 새 하드웨어 검색

② mote USB Serial Port 드라이버 설치

위에서와 마찬가지로, 제공된 드라이버 경로를 찾아보기를 통해서 선택해 준다. 그리고 다음 단계로 넘어가게 되면, USB Serial Port 설치가 완료된다.

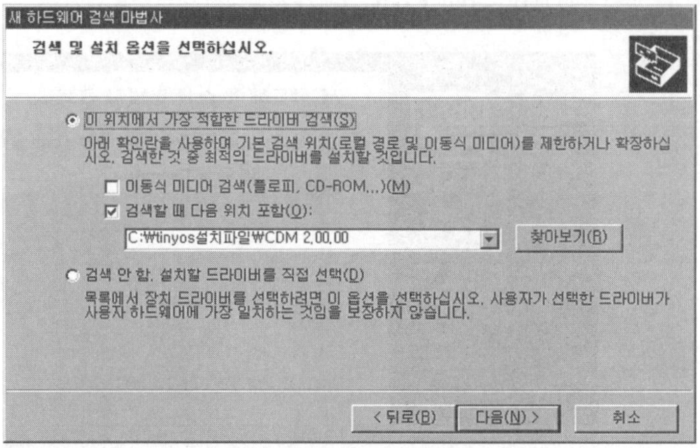


[그림 1.32] 드라이버 설치

③ 설치 완료

정상적으로 드라이버의 설치가 완료되면, 다음과 같은 화면을 볼 수 있다.

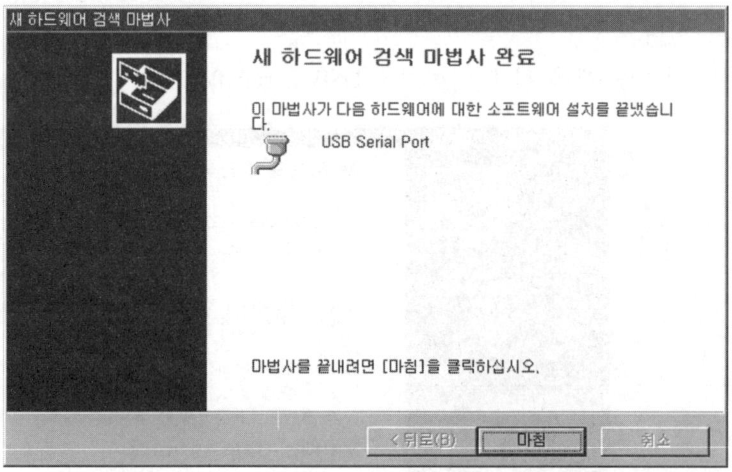


[그림 1.33] 설치 완료

④ 정상 설치 여부 확인

드라이버들은 설치가 완료되었으니, 문제가 있는지 없는지 장치관리자를 통해서 알아보자. 범용 직렬 버스 컨트롤러에 USB Serial Converter가 잡혀 있고, 아래쪽에 USB Serial Port가 COM3로 잡혀있는 것을 확인할 수 있다. 사용하는 컴퓨터에 따라 USB Serial Port 번호가 달라질 수 있다.

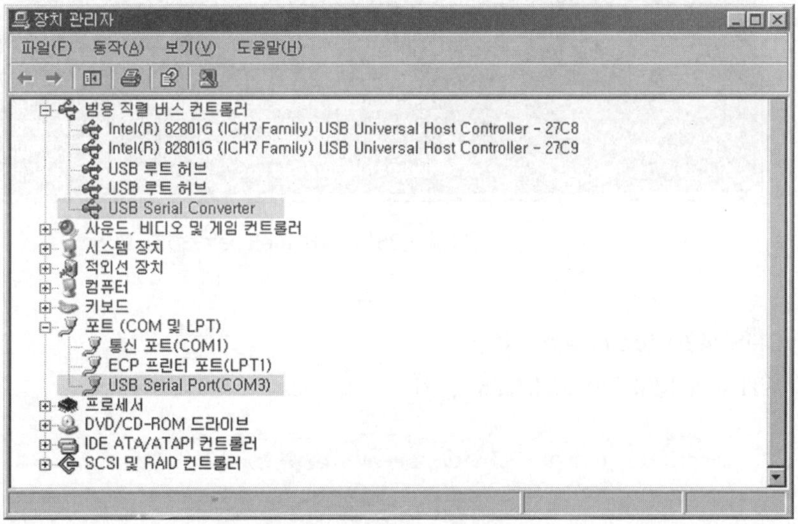


[그림 1.34] 설치 확인

수동설치는 ⑤부터, 자동설치는 ⑧부터 진행하면 된다.

## 5 Install native compilers

네이티브 컴파일러는 소스 코드를 컴파일하여 마이크로 컨트롤러에 맞는 어셈블리 코드를 생성하기 위해 사용된다. mica 계열의 mote를 사용한다면 AVR toolchain이 필요하며, telos 계열의 mote를 사용한다면 MSP430 toolchain이 필요하다. 휴인스의 UBee430은 MSP430 계열이므로 MSP430 toolchain을 설치해야 한다. 또한 시뮬레이션을 위해서 AVR toolchain을 설치한다. 현재 MSP430 계열은 시뮬레이터가 제공되지 않기 때문이다.

- **Atmel AVR toolchain 설치**

  Atmel사의 AVR toolchain을 설치한다.

```
$ rpm --ignoreos --nodeps -ivh av*.rpm
```

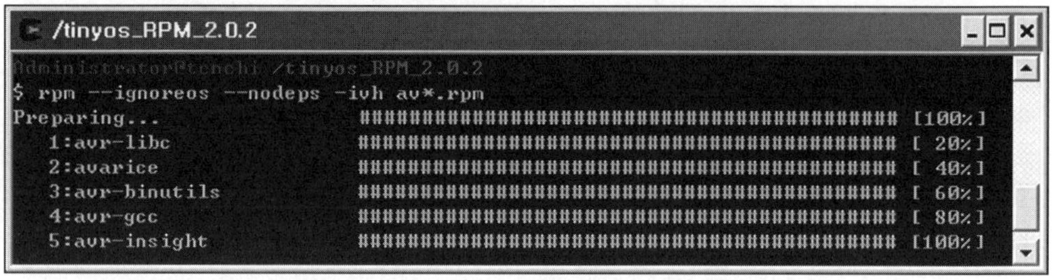


[그림 1.35] AVR toolchain 설치 화면

- **MSP430 toolchain 설치**

  TI사의 MSP430 toolchain 설치

```
$ rpm --ignoreos --nodeps -ivh msp*.rpm
```

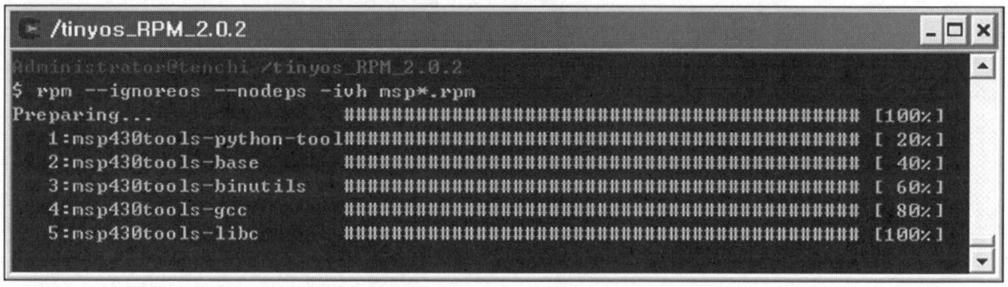


[그림 1.36] MSP 430 toolchain 설치 화면

설치 중 'warning: group None does not exist - using root'라는 메시지는 무시해도 된다. 이는 설치 권한이 root이길 바란다는 경고 문구이다.

## 6 Install TinyOS 2.x toolchain

병행 모델 및 컴포넌트 기반의 프로그래밍을 위해 Tinyos는 nesC로 작성이 되었다. nesC 컴파일러는 플랫폼에 비종속적인 결과물을 만들어낸다. 따라서 다시 native 컴파일러로 재컴파일하여 해당 플랫폼에 맞는 코드를 생성해야 한다.

- **nesC toolchain 설치**

  nesC 컴파일을 위한 toolchain을 설치한다.

```
$ rpm -Uvh --ignoreos nesc-1.2.8b-1.cygwin.i386.rpm
```

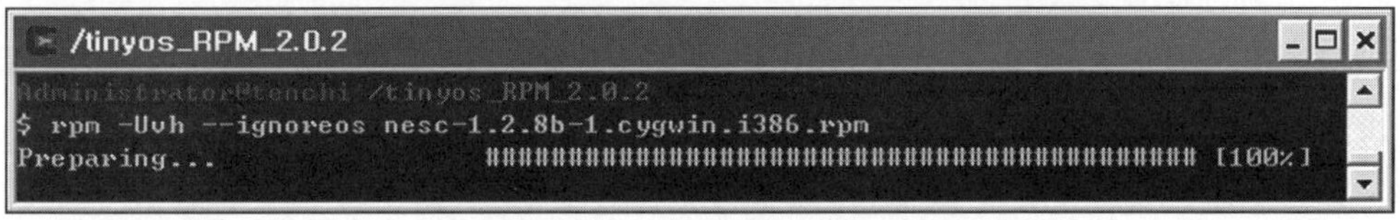


[그림 1.37] nesC 툴체인 설치 화면

- **TinyOS tools 설치**

  TinyOS에서 사용하는 도구들을 가지고 있는 rpm을 설치한다. JAVA JNI code도 이때 윈도우즈에 설치된 jre 디렉터리로 복사된다.

```
$ rpm -Uvh --ignoreos tinyos-tools-1.2.4-2.cygwin.i386.rpm
```

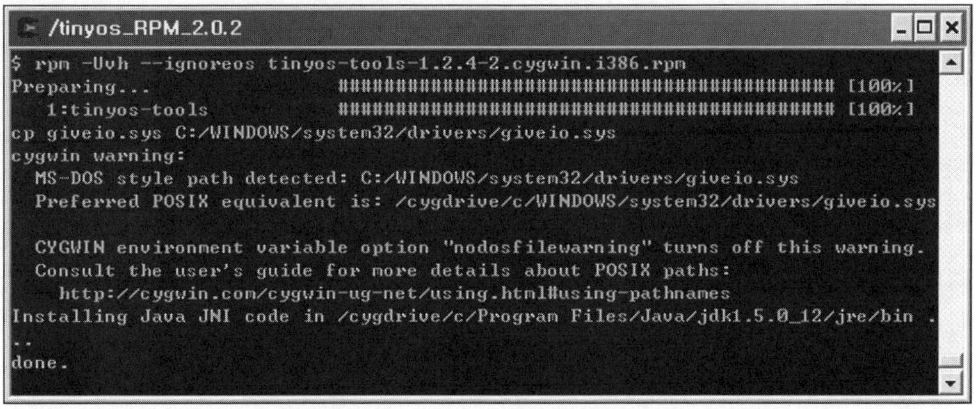


[그림 1.38] TinyOS tools 설치 화면

## 7 Install the TinyOS 2.x Source tree

- **TinyOS 2.x 소스트리 설치**

컴파일 예제 및 각종 라이브러리, 컴파일에 필요한 소스 및 툴 등을 설치해야 한다.

```
$ rpm -ivh --ignoreos tinyos-2.0.2-2.cygwin.noarch.rpm
```

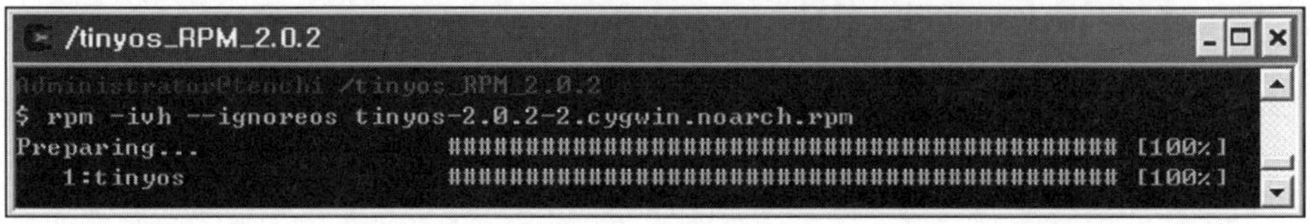


[그림 1.39] TinyOS 소스트리의 설치 화면

- **환경변수 등록**

TinyOS와 Cygwin, Java 등의 사용을 위한 환경변수를 지정해주어야 원활한 수행이 가능하므로, vi를 이용하여 환경변수를 등록해야 한다.

```
$ vi $HOME/.bashrc
```

[그림 1.40] 환경변수 등록

vi가 실행되면 다음 [코드 1.1]과 같이 환경설정 부분을 입력한다.

```
export TOSROOT="/opt/tinyos-2.x"
export TOSDIR=$TOSROOT/tos
export CLASSPATH=`cygpath -w  $TOSROOT/support/sdk/java/tinyos.jar`
export CLASSPATH="$CLASSPATH;."
export PATH=/opt/msp430/bin:$PATH
export MAKERULES=$TOSROOT/support/make/Makerules
export PYTHONPATH=/opt/tinyos-2.x/support/sdk/python
export PATH=$PATH:/cygdrive/c/PROGRA~1/Java/jdk1.5.0_12/bin
export PATH=$PATH:/cygdrive/c/PROGRA~1/Java/jdk1.5.0_12/jre/bin
```

[코드 1.1] 환경설정 코드

아래의 그림은 위의 환경설정 부분 vi를 통하여 입력하고, 저장하는 것을 보여준다.

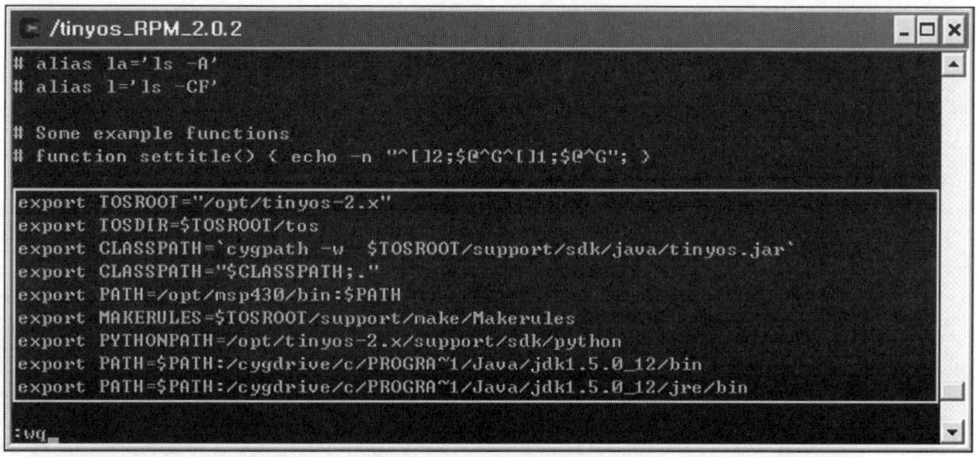


**[그림 1.41]** 환경설정 저장 화면

개발툴 설치 후에 install.sh을 참고하여 tinyos_RPM_2.0.2 폴더 안에 UBee430 폴더를 opt\tinyos-2.x\tos\platforms 안에 복사 후 붙여 넣는다.

> 수동설치의 경우에는 곧바로 단계 ⑨로 진행한다.

## 8 자동설치

> 자동설치는 (주)휴인스의 UBee430 플랫폼을 기준으로 작성되어 있으며, UBee430 이외의 다른 mote에서는 동작되지 않을 수 있다.

본 설치는 JDK 5.0 Update 12를 기준으로 작성되었다. 상이한 버전을 사용할 경우 tinyos 설치파일 \tinyos_RPM_2.0.2에 있는 install.sh에서 아래 부분을 이미 설치된 자바 JDK가 설치된 디렉터리로 수정해 주어야 한다.

```
echo "export PATH=$PATH:/cygdrive/c/PROGRA~1/Java/jdk1.5.0_12
/jre/bin:/cygdrive/c/PROGRA~1/Java/jdk1.5.0_12/bin" >> $HOME/.bashrc
```

**[코드 1.2]** 디렉토리 수정 코드

- Cygwin을 실행시킨다.
  - 설치 후 Cygwin을 처음 실행시키면 home 계정이 생성된다.
- CD로 제공되는 tinyos_RPM_2.0.2 폴더를 복사하여 다음 경로에 붙여넣기 한다.
  C:\tinyos\cygwin\home\<User계정>
- install.sh 명령어로 자동설치가 시작된다.

```
$ sh install.sh
```

**[그림 1.42]** 자동설치 화면

완료되면 아래 메시지가 보인다. tinyos와 pyserial이 정상적으로 설치된 것이다.

**[그림 1.43]** 설치 완료

- .bashrc에 추가된 항목들을 환경에 적용시키기 위해 source ~/.bashrc 명령을 실행시킨다.

```
$ source ~/.bashrc
```

**[그림 1.44]** bashrc의 적용

## 9 테스트

아래 절차를 수행하는 동안 mote는 계속 연결되어 있어야 한다.

### • mote 연결 테스트

① TinyOS에서 제공하는 Python 프로그램을 사용하는 경우

USB-to-Serial 컨버터를 사용하기 때문에, PC에 있는 시리얼포트에 비해 높은 포트 번호가 나온다(UBee430을 USB포트에 연결시킨 상태에서 진행).

```
$ motelist
```

[그림 1.45] 모트 연결 확인 화면

② pyserial에서 제공하는 Python 프로그램을 사용하는 경우

C언어를 위해 제공되는 SDK나 추후 Deluge 응용에서 필요하다.

```
$ scan.py
```

[그림 1.46] 모트 연결 확인 화면(Python)

③ TinyOS 개발환경 테스트

```
$ tos-check-env
```

[그림 1.47] 개발환경 테스트

TinyOS 개발 설치과정에 문제가 없었다면 아래와 같은 문구가 나타나게 된다.

[그림 1.48] 개발환경 테스트 확인

④ 컴파일 및 설치 테스트(UBee430을 USB포트에 연결시킨 상태에서 진행)

```
$ cd /opt/tinyos-2.x/apps/tests/TestSerial/
$ make UBee430 install
```

[그림 1.49] 컴파일

⑤ 자바 프로그램 실행 테스트(UBee430을 USB포트에 연결시킨 상태에서 진행)

```
$ java net.tinyos.tools.Listen -comm serial@com14:UBee430
```

[그림 1.50] 시리얼 통신 실행 화면

⑥ C언어 SDK 컴파일 및 테스트

C언어 SDK 디렉터리로 이동하여 컴파일 전 준비 작업을 한다.

```
$ cd /opt/tinyos-2.x/support/sdk/c/
$ ./bootstrap
```

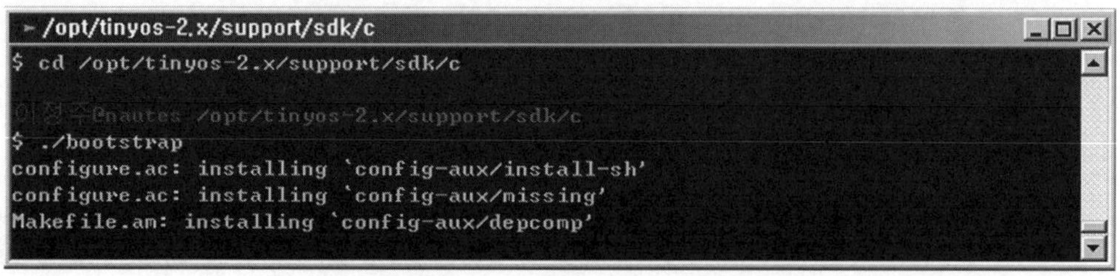


[그림 1.51] 컴파일 준비 작업

개발 환경을 설정한다.

```
$ ./configure
```

컴파일을 한다.

```
$ make
```

시리얼로부터 데이터가 넘어오는 것을 확인할 수 있다.

```
$ ./seriallisten.exe /dev/com14 115200
```

[그림 1.52] 시리얼 통신으로 데이터 확인

## 1.2.2 컴파일

어플리케이션을 작성하여 사용하기 위해서 컴파일을 해주어야 한다. 이번 장에서는 작성한 어플리케이션을 컴파일하고, 모트에 설치하는 방법을 다루고자 한다.

### (1) 컴파일 및 인스톨 방법

TinyOS에서는 make를 명령을 사용하여 컴파일과 모트에 설치하는 작업을 수행한다. 아래에 자주 사용되는 make 명령을 예로 들었다.

| make [ 플랫폼 이름 ] [ 옵션 ] | |
|---|---|
| make UBee430 | 컴파일 |
| make UBee430 install | 컴파일 후 설치 |
| make UBee430 reinstall | 컴파일 없이 재설치 |
| make clean | 컴파일 결과들을 삭제 |
| make UBee430 reinstall,1 | mote의 ID를 1로 하여 재설치 |

| | |
|---|---|
| make UBee430 bsl,6 reinstall | COM7에 연결된 mote에 재설치 |
| make UBee430 docs | NesC 문서를 생성(html 파일) |

Null 어플리케이션을 컴파일하고 설치해보자. 우선 Null 어플리케이션 디렉터리로 이동한다. 그리고 어플리케이션을 컴파일 하기 위해 필요한 세 가지 파일이 있는지 확인한다. make 명령을 사용하여 컴파일을 후, 모트로 프로그램을 다운로드한다.

```
$ cd  /opt/tinyos-2.x/apps/Null
$ ls ...................................................................① 파일확인
Makefile  NullAppC.nc  NullC.nc
$ make UBee430 install ...............................................② 컴파일 후 인스톨
mkdir -p build/UBee430
    compiling NullAppC to a UBee430 binary
ncc -o build/UBee430/main.exe -Os -O -mdisable-hwmul -Wall -Wshadow
     -DDEF_TOS_AM_GROUP=0x7d -Wnesc-all -target=UBee430
     -fnesc-cfile=build/UBee430/app.c
     -board=-DIDENT_PROGRAM_NAME=\"NullAppC\"
     -DIDENT_USER_ID=\"이정주\" -DIDENT_HOSTNAME=\"nautes\"
     -DIDENT_USER_HASH=0xbcec09c4L -DIDENT_UNIX_TIME=0x46d4c282L -DIDENT_UID
     -HASH=0xf759d9b3L  NullAppC.nc -lm
     compiled NullAppC to build/UBee430/main.exe
              1418 bytes in ROM
                 4 bytes in RAM
msp430-objcopy --output-target=ihex build/UBee430/main.exe
         build/UBee430/main.ih
ex
    writing TOS image
cp  build/UBee430/main.ihex build/UBee430/main.ihex.out
    found mote on COM7(using bsl, auto)
    installing UBee430 binary using bsl
tos-bsl --telosb -c 6 -r -e -I -p build/UBee430/main.ihex.out
MSP430 Bootstrap Loader Version: 1.39-telos-8
Mass Erase...
Transmit default password ...
Invoking BSL...
Transmit default password ...
Current bootstrap loader version: 1.61 (Device ID: f16c)
Changing baudrate to 38400 ...
Program ...
1450 bytes programmed.
Reset device ...
rm -f build/UBee430/main.exe.out build/UBee430/main.ihex.out
```

정상적으로 컴파일이 되고, 장치 설정이 정상적으로 되어 있다면, 위와 같은 메시지를 볼 수 있을 것이다.

# CHAPTER 2

# nesC

## 2.1 nesC의 소개

nesC(network embedded systems C)는 TinyOS의 프로그래밍 언어로, 이벤트 기반 실행모델(event-based execution model)의 컴포넌트 기반 언어이다. 각 컴포넌트는 내부에 state를 가지며, 잘 정의된 인터페이스(interface)를 통해 서로 연결된다는 점에서 객체지향 언어와 유사하다. 그러나 컴포넌트들 간의 상호연결 방법이 컴파일 시점에 결정된다는 점에서 차이가 있다. nesC는 C 언어를 기반으로 하며 다음의 특징을 갖는다.

- 프로그램은 기본적으로 컴포넌트들로 이뤄져 있고, 이들이 "와이어(wired)" 방식으로 연결되어 전체 프로그램을 구성한다.
- 컴포넌트들은 인터페이스를 통해 상호작용(interaction)하는 프로그래밍 모델이다. 인터페이스는 제공자(provider)에 의해 구현되는 명령함수(commands)와 사용자(consumer)에 의해 호출되는 이벤트 핸들러(event handler)로 구성된다.
- nesC 프로그래밍 모델은 run-to-completion 태스크와 인터럽트 핸들러의 집합으로 구성된 동시성 모델(concurrency model)을 제공한다.

특히 run-to-completion 모델은 태스크의 대기상황(blocking)이 일어나지 않도록 설계되었다. 모든 시스템 서비스는 작업(operation)을 시작하기 위한 command는 즉시 반환(return)을 하게 되고, 작업이 완료되었을 때 callback event를 알려주는 split-phase operation을 지원한다. 또한 신뢰도와 분석 가능성을 향상시키기 위하여 nesC는 dynamic memory allocation이나 function pointer를 지원하지 않는다.

**Split-phase operation**

- non-blocking 처리를 지원하기 위한 기법으로, 작업요청(request)과 작업완료(completion) 단계가 구분됨
- 센서노드에서 동시에 여러 가지 일을 처리해야 할 때 task를 실행시켜 동시에 두 가지 이상의 작업이 수행되도록 하는 것
- 작업요청 쓰레드와 작업실행 쓰레드의 흐름이 동시에 진행

[표 2.1] split-phase의 설명

| split-phase 미사용 | split-phase 사용 |
|---|---|
| A component에서 B component로 command를 통해 작업을 요청할 경우 B component는 A component가 요청한 일을 모두 처리한 후에 결과를 알려주고 A component가 그 다음 일을 처리하도록 함 | A component가 요청한 일을 B component가 할 수 있는지 여부를 판별하고 처리할 수 있다면 SUCCESS를 처리할 수 없다면 task를 실행하지 않고 FAIL을 리턴해주는 방식을 사용 |
| B component가 일을 처리하는 동안에 A component는 대기해야 하는 문제 발생 | B component가 task를 실행하고 SUCCESS를 리턴하면 A component는 작업이 끝날 때까지 기다릴 필요없이 다음 작업을 수행하게 되며, B component에서 실행된 task는 나름대로의 작업을 수행. task가 수행한 작업 결과는 event를 통해 A component에게 전달 |

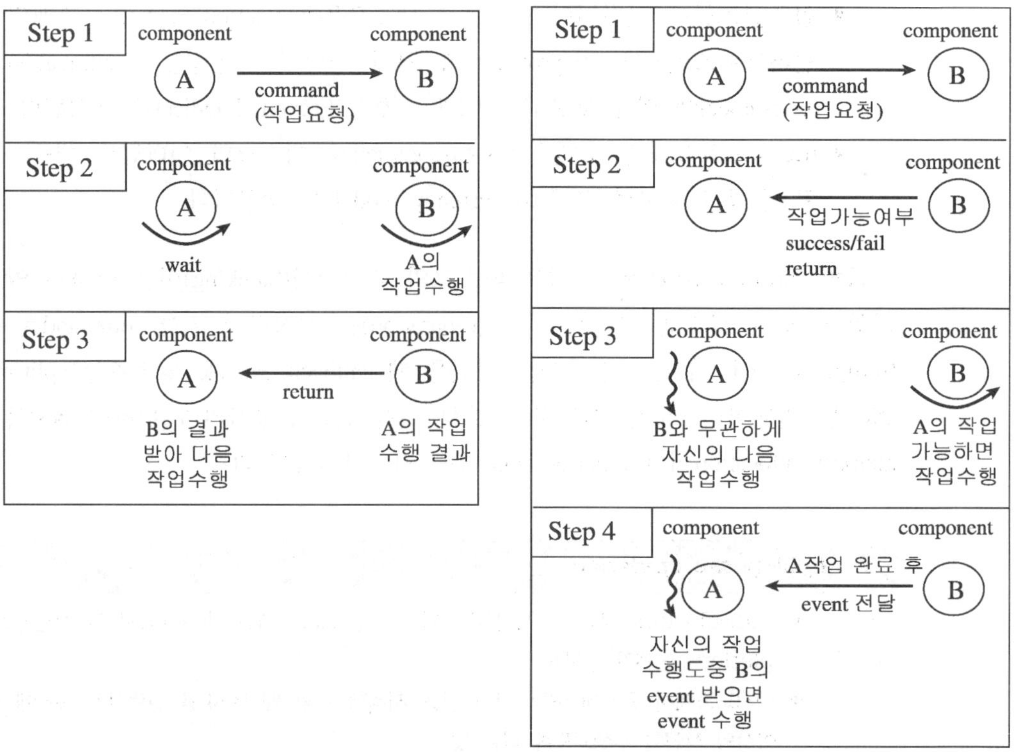


(a) split-phase를 적용하지 않을 경우 (b) split-phase를 적용할 경우

[그림 2.1] Split-phase의 사용여부에 따른 프로그램 흐름 차이

### 2.1.1 Interface

nesC에서 인터페이스(interface)는 두 컴포넌트를 연결하는 포트의 역할을 수행하며 양방향성을 가진다. 인터페이스는 컴포넌트에 의해 제공(provide)되거나 사용(use)된다. 또한 인터페이스는 command와 event 타입의 함수로 구성되며 각각의 사용형식은 다음과 같다.

```
interface identifier {
    command result_t function_name prototype
    event result_t function_name prototype
}
```

[코드 2.1] 인터페이스의 작성 예

여기서 identifier는 이 인터페이스를 제공하는 컴포넌트의 이름을 의미하고 function_name은 인터페이스가 제공하는 함수 이름을 의미한다.

#### (1) command

command로 정의된 함수는 해당 컴포넌트의 module 부분에 구현된 함수로서, 이 컴포넌트를 사용하는 상위 컴포넌트에서 call 명령을 통해 호출된다.

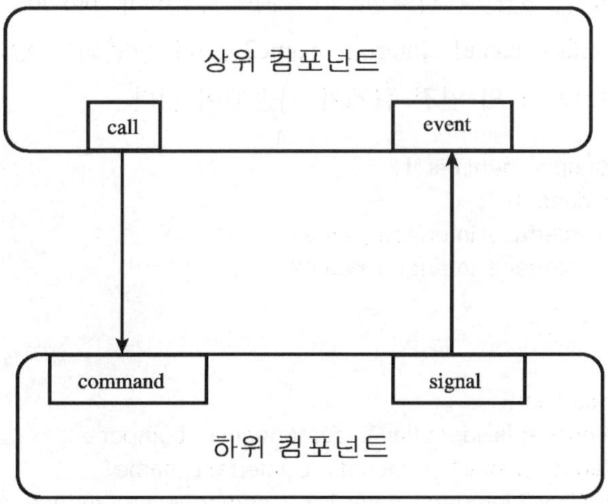


[그림 2.2] command와 event의 관계도

### (2) event

event 함수는 하위 컴포넌트로부터 전달되는 이벤트를 처리하는 함수로서, 특정 인터럽트나 대기 조건이 만족되었을 경우, 하위 컴포넌트가 해당 정보를 상위 컴포넌트에게 전달하기 위해 signal 명령을 통해 이벤트를 전달한다.

## 2.1.2 Component

TinyOS에서는 앞에서 설명한 인터페이스를 통해 다른 컴포넌트들 간의 연결 및 서로간의 함수 호출이 가능하다. 하나의 컴포넌트는 configuration과 module로 구성이 되어 있으며 각각의 기능은 다음과 같다.

### (1) configuration

컴포넌트에서 자신이 사용할 하위 컴포넌트들을 선언하고 그들 간의 연결(wiring)을 정의하는 파일이다. 또한 다른 컴포넌트가 자신을 사용할 수 있도록 인터페이스를 제공한다. 하지만 사용자의 입장에서 어플리케이션을 만들 경우 top-level configuration이므로 인터페이스를 제공하지 않는다. 일반적으로 컴포넌트 파일의 이름을 AppC.nc(TinyOS 2.x 기준)와 같이 명명한다.

다음은 컴포넌트 파일의 일반적 구성 예를 보여주고 있다. configuration 키워드 뒤의 identifier는 선언된 컴포넌트 이름을 의미하며, provides 블록 안에는 제공하는 인터페이스(interface_name1, interface_name2 ...)가 선언되어 있다. implementation 블록 내에는 컴포넌트들 간의 연결 관계가 기술되어 있다.

```
configuration identifier {
    provides {
        interface interface_name1
        interface interface_name2
        ....
        ....
    }
implemnetation{
    components identifierC, component1, component2 ....
    interface_name1 = identifierC.interface_name1
    identifierC.interface_name1 -> component1.interface_name3
```

```
    identifierC.interface_name2 -> component1.interface_name4
    ....
    ....
}
```

**[코드 2.2]** configuration의 작성 예

### (2) module

module 파일에는 해당 컴포넌트의 실제 구현에 대한 내용이 기술되어 있다. 일반적으로 컴포넌트의 이름(예: xxx) 뒤에 xxxC.nc(TinyOS 2.x 기준)를 붙여 파일명을 작성한다. 이 파일 내부는 크게 provides configuration 파일에서 정의한 제공 인터페이스를 구현하고, 또한 해당 configuration에서 사용할 하위 컴포넌트 제공 인터페이스를 정의한다.

```
module identifier {
    provides {
        interface interface_name1;
        interface interface_name2;
    }
    uses {
        interface interface_name3;
        interface interface_name4;
    }
}
implementation {
    ...
    ...
}
```

**[코드 2.3]** module의 작성 예

module 키워드 다음의 identifier는 구현할 컴포넌트의 이름을 의미하며, provides 블록에는 configuration에서 선언한 제공 인터페이스가 선언되어 있다. uses 블록에는 사용할 하위 컴포넌트가 제공하는 인터페이스가 선언되어 있으며, implementation 블록에는 현재 컴포넌트의 동작 목적에 알맞게 프로그래밍한다.

주목할 점은 하나의 provides된 인터페이스는 command와 event로 구성된다는 점이다. 앞서 설명한 것처럼, command의 경우 상위 컴포넌트로부터의 요구를 처리하는 부분이며, 특정 command에 대한 signal을 송신해야 한다. 이 signal은 상위 컴포넌트에서 event로 처리되는 부분이다.

현재 컴포넌트에서 사용하는 인터페이스가 command와 event가 제공이 되면 call을 통해 하위 컴포넌트에 command를 보내게 되고 특정 동작이 완료되면 현재 컴포넌트에서 구현한 event를 통해 전달을 받는다는 것을 유념해야 한다.

예를 들어, Timer 컴포넌트를 살펴보자. Timer 컴포넌트를 위한 인터페이스는 다음과 같다.

```
interface Timer {
    command result_t start(char type, uint32_t interval);
    command result_t stop();
    event result_t fired();
}
```

**[코드 2.4]** Timer.nc interface

```
configuration TimerC{
    provides{
        ...
        interface Timer;
    }
}
implementation {
    components TimerM, ClockC, ...;
    ...
    TimerM.Clock -> ClockC.Clock;
    ....
}
```

**[코드 2.5]** TimerC configuration

```
module TimerM {
    provides interface Timer[uint8_t id];
    porvides interface StdControl;
```

```
    uses {
        ...
        interface Clock;
    }
}
implement{
    ...
    command result_t Timer.start[uint8_t id](char type, uint32_t interval) {
        ...
    }
    command result_t Timer.stop[uint8_t id]() {
        ...
    }
    task void signalOneTimer() {
        ....
        signal Timer.fired[itimer]();
    }
    ....
    async event result_t Colck.fire() {
        ...
    }
}
```

**[코드 2.6]** TimerM module

위의 코드에서 보면 TimerC(configuration)는 Timer라는 인터페이스를 제공하고 있고, 이 인터페이스가 제공하는 command와 event에 대한 함수를 TimerM(module)에서 구현하고 있다. 이 컴포넌트를 사용하는 상위 컴포넌트에서는 call을 통해 Timer 인터페이스에서 제공하는 command를 접근할 수 있으며 이는 TimerM의 command에서 처리된다. 상위 컴포넌트에서 구현된 event는 현재 TimerM에서 signal을 통하여 상위 컴포넌트에게 event를 발생시키고 있다. 또한 현재 TimerM은 Clock이라는 인터페이스를 통해 컴포넌트에서 제공하는 command와 event를 사용할 수 있으며 하위 컴포넌트인 Clock에서 signal을 통해 알려주는 동작을 처리하기 위해 event를 구현하고 있음을 볼 수 있다.

### Task

```
task void sendData() {
    adcPacket.data = sensorReading;
    call Send.send(&adcPacket, sizeof(adcPacket.data));
    return SUCCESS;
}

event result_t ADC.dataReady(uint16_t data) {
    sensorReading = data;
    post sendData();
    return SUCCESS;
}
```

**[코드 2.7]** Task 코드 예시

task의 정의는 위 예제처럼 task 키워드를 사용하고, 리턴타입은 void로 지정한다. task의 실행을 위해 post 명령어 키워드를 사용하여 호출하며, 이 task의 실행은 바로 실행되지 않고, 일반 command와 함수들이 실행된 후로 순서가 뒤쪽으로 스케줄링된다.
이런 task의 실행은 리소스가 한정된 무선 플랫폼에서 중요한 의미를 갖는다. 빠르게 실행되는 스케줄이 정해진 동작에 비해, 스케줄에 자유로운 task들을 post 키워드를 통해 플랫폼 리소스를 효율적으로 할당할 수 있다.
아래의 그림은 task의 동작을 간략히 그림으로 나타낸 것이다.

[그림 2.3] task의 비교

| task 미사용 | task 사용 |
|---|---|
| event / sendData ··· ①<br>event / result_t ··· ② | task / sendData ··· ①<br>event / result_t ··· ②<br>post / sendData ··· ③ |
| 실행순서 : ① → ② | 실행순서 : ② → ③ → ① |

### 2.1.3 Wiring

configuration 파일에서 정의한 컴포넌트들 사이의 연결을 와이어링(wirig)이라고 정의한다. 이 와이어링은 세 가지 타입이 있다.

#### (1) interface1 = interface2

2개의 interface가 같음을 의미하며, 양쪽 interface가 서로 같은 제공자이거나 사용자인 경우와 한쪽은 제공자이고 다른 쪽은 사용자인 경우를 의미한다.

#### (2) interface1 −〉 interface2

interface의 구성 함수가 링크되어 있음을 의미한다. 즉, interface1에서 사용한 함수가 interface2에 구현되어 있음을 나타낸다.

#### (3) interface1 〈− interface2

interface2 -> interface1과 동일한 표기 방법이다.

예를 들어, 다음 코드를 보면,

```
TimerM.Clock -> ClockC.Clock;
```

**[코드 2.7]** wiring의 예

TimerM에서 사용하는 인터페이스인 Clock는 ClockC 컴포넌트에서 제공하는 Clock라는 인터페이스를 와이어링한다. 이렇게 함으로써 TimerM에서는 ClockC에서 제공하는 command와 event를 사용할 수 있다.

또한 사용하는 인터페이스 간의 이름이 같다면 다음과 같이 인터페이스를 생략하여 간략화할 수 있다.

```
TimerM.Clock -> ClockC;  또는 TimerM -> ClockC.Clock;
```

**[코드 2.8]** interface의 생략 예

### 2.1.4 nesC keyword

#### (1) 기본 키워드

- call : 지정된 컴포넌트의 해당 command 함수를 실행
- signal : 컴포넌트로 특정 이벤트를 전달하기 위해 해당 event 함수를 실행
- post : 독립된 task를 스케줄러 내의 작업실행 큐에 enqueue
- task : 백그라운드에서 독립적인 작업으로 실행되며, 가장 낮은 우선순위를 가짐

#### (2) 확장 키워드

- async : 하드웨어의 인터럽트와 소프트웨어의 이벤트를 처리하기 위해 선언하는 키워드로서 TinyOS는 동기적으로 동작을 하기 때문에 이러한 인터럽트를 처리하기 위해 사용을 한다.
- atomic : atomic 키워드 내의 코드는 다른 인터럽트나 이벤트로부터 보호되며 최상위 우선순위를 가지고 실행이 된다.
- norace : nesC 컴파일러는 컴파일 시점에 프로그래머에게 잠재적으로 data race가 발생할 수 있는 변수에 대해 알려준다. 그러나 이 변수들은 잠재적 가능성은 있으나 실제로 레이스(race)가 발생하지 않을 수도 있다. 하지만 컴파일 시 이러한 문제를 해결하기 위해 해당 키워드를 사용한다.

## 2.2 실습내용

Null 어플리케이션은 mote를 부팅시킨 후, 아무 일도 하지 않는 어플리케이션이다. 최소화된 어플리케이션을 컴파일해서 mote에 설치 해봄으로써 새로운 플랫폼 개발환경을 검증하거나, 인터럽트, 자원 사용이 없는 상태에서 노드의 최소 전력 소비를 테스트하는데 유용하다. 우선 기본적인 컴파일과 설치과정을 기술하며, mote가 실제로 부팅되

는지 Tinyos 시뮬레이터인 TOSSIM를 사용해 확인도 해볼 것이다.

mote가 부팅되었는지 확인해보기 위해, Leds 컴포넌트가 제공하는 인터페이스를 사용하여 led를 켜보는 방법이 있지만, 여기에서는 TinyOS 시뮬레이터를 사용하여 mote가 부팅되는지를 확인해 볼 것이다.

## 2.2.1 Null 어플리케이션

Null의 각 파일들이 하는 역할에 대해서 알아보도록 하자.

### (1) Makefile

우선 Makefile을 살펴보면 NullAppC 컴포넌트와 MAKERULES 환경변수를 사용하는 것을 볼 수 있다.

```
COMPONENT=NullAppC
include $(MAKERULES)
```

**[코드 2.9]** Makefile

NullAppC 컴포넌트는 어플리케이션을 구성하고 있는 컴포넌트 간에 서로 어떻게 연결되는지를 기술하고 있으며, 컴파일 시 어느 컴포넌트에서 어떤 인터페이스를 가져와야 하는지에 대해서 결정할 때, 참조된다. MAKERULES 환경변수는 tinyos에서 사용되는 make 빌드 시스템에 대한 정의들이 포함되어 있는 파일의 위치를 가리키고 있다 (/opt/tinyos-2.x/support/make/Makerules).

### (2) NullAppC.nc

NullAppC.nc 파일은 TinyOS를 구성하고 있는 컴포넌트 간에 어떻게 서로 연결이 되어 있는지를 기술한다. 컴포넌트의 이름과 동일한 파일 이름만 맞추면 되고, 파일이름에 대한 그외 다른 제약은 없다.

설정파일의 첫 줄에는 현재 컴포넌트의 종류와 컴포넌트의 이름이 오게 된다. NullAppC는 configuration 컴포넌트라는 것을 알 수 있다. 그리고 괄호{} 안에는 사용하거나 제공되는 인터페이스들이 나열될 수 있으며, implementation에는 연결되는 컴포넌트들을 선언하고, 실제로 컴포넌트들이 어떻게 서로 연결되는지를 기술한다. TinyOS 어플리케이션은 컴포넌트 간에 인터페이스를 서로 연결함으로써 만들어진다.

```
configuration NullAppC{}
implementation {
  components MainC, NullC;

  MainC.Boot <- NullC;
}
```

**[코드 2.10]** NullAppC.nc

서로 연결될 컴포넌트들을 지정하기 위해 components문을 사용하며, 인터페이스 간에 서로 연결하기 위해 화살표를 사용한다. 연결하는 방법은 아래와 같다. 컴포넌트 A는 인터페이스 a를 통해, B가 제공하는 인터페이스 b를 사용하게 된다.

```
A.a -> B.b
```

**[코드 2.11]** 인터페이스 사용 예

components문을 사용하여 MainC와 NullC 컴포넌트를 연결할 것이라는 것을 선언한다. 실제 어플리케이션이 구현되는 컴포넌트는 NullC이며, MainC는 기존에 구현된 컴포넌트를 연결 사용하는 것이다. MainC 컴포넌트는 Boot 인터페이스를 제공한다. Boot 인터페이스는 하드웨어와 컴포넌트들이 초기화된 상태라는 것을 booted 이벤트를 통해 다른 컴포넌트들에게 알린다. mote를 부팅하기 위해선 MainC 컴포넌트가 제공하는 Boot 인터페이스를 NullC 컴포넌트가 사용하도록 해야 한다. 이를 위해 화살표로 연결하고 있다.

```
implementation {
  components MainC, NullC;

  MainC.Boot <- NullC;
}
```

**[코드 2.12]** configuration file의 작성

두 컴포넌트 간에 연결에 대한 완전한 표현은 아래와 같지만, NullC에서 Boot 인터페이스의 하나의 인스턴스만을 사용하고 있으므로, NullC에서 인터페이스 이름을 생략하는 것이 가능하다.

```
MainC.Boot <- NullC.Boot;
```

[코드 2.13] wiring

### (3) NullC.nc

```
module NullC
{
  uses interface Boot;
}
implementation
{
  event void Boot.booted() {
  // Do nothing.
  }
}
```

[코드 2.14] NullC.nc

첫 줄은 NullC가 module 컴포넌트라는 것을 나타낸다. NullC는 실제 어플리케이션 구현이 되는 컴포넌트이다. 이곳에는 사용 또는 제공하는 인터페이스 목록을 적는다. 다음은 이 모듈이 Boot 인터페이스를 사용함을 나타낸다. Configuration NullAppC에서 MainC 컴포넌트에서 Boot 인터페이스를 NullC 컴포넌트의 Boot에 연결시켜 놓았다.

```
module NullC
{
  uses interface Boot;
}
```

[코드 2.15] module에서 사용하는 인터페이스

인터페이스를 사용하기 위해서는 해당 인터페이스에서 필요로 하는 이벤트를 구현해주어야 한다. 여기에서는 Boot 인터페이스를 사용하기 위해 Boot.booted 이벤트에 대한 핸들러 함수를 작성하고 있다. booted 이벤트가 발생했다는 것은 mote 상의 하드웨어 및 컴포넌트 초기화가 완료되었다는 것을 의미한다. 이제 mote 상에서 원하는 작업을 시작할 수 있다는 것이다. booted 이벤트는 C언어의 main 함수와 같은 것으로 보면 된다. 자세한 예는 BlinkC 어플리케이션에서 설명할 것이다.

```
implementation
{
  event void Boot.booted() {
  // Do nothing.
  }
}
```

[코드 2.16] event 처리

## 2.2.2 TinyOS 시뮬레이터 – TOSSIM

TinyOS에서는 시뮬레이터 기능을 사용할 수 있다. 동작의 정확성 혹은 오류가 발생했을 때, 확인 또는 결과의 정확성을 위해서 사용된다.

### (1) TOSSIM 설정

TOSSIM는 TinyOS의 모든 어플리케이션을 시뮬레이션 테스트 할 수 있다. 컴포넌트들을 시뮬레이션 구현으로 대체하기 때문에 가능하다. 현재는 micaz 플랫폼만을 지원한다. 따라서 avr Toolchain이 설치되어 있어야 하며, 시뮬레이션이 python을 이용하여 이루어지기 때문에 python에 관련된 설정이 되어 있어야 한다. TinyOS 관련 설치관련 부분을 모두 정상적으로 수행했다면, 시뮬레이션을 위한 준비는 완료된 상태이다.

■ **사용 환경 확인**

vim를 사용하여, $HOME/.bashrc에 다음의 내용이 있는지 확인한다.

'export PYTHONPATH=/opt/tinyos-2.x/support/sdk/python'

만약, 위의 환경설정 라인이 없다면 위의 내용을 추가하고, 아래의 명령을 이용해서 환경설정을 갱신해 줄 수 있다.

```
$ source ~/.bashrc
```

**[명령어 2.1]** source 명령어 사용방법

■ **avr 툴체인 설치**

avr-gcc라는 명령이 없다면 avr Toolchain을 설치한다.

■ **기타 환경설정 변경**

아래 파일을 편집하여 파이선 버전과 컴파일 옵션을 수정한다.

```
$ vim /opt/tinyos-2.x/support/make/sim.extra
```

**[명령어 2.2]** 파일 편집

10번째 줄에 python 버전을 변경한다. 실제로 설치된 python 버전이 2.3.4이기 때문이다(python -V 명령으로 확인가능하다).

```
PYTHON_VERSION=2.5
→ PYTHON_VERSION=2.3
```

**[코드 2.17]** 버전 변경

30번째 줄에 다음 [코드 2.18]과 같이 -shared 옵션을 추가해준다.

```
PLATFORM_LIB_FLAGS = -L/usr/lib/python$(PYTHON_VERSION)/config
-L/$(PYDIR)/config -lstdc++ -lpython$(PYTHON_VERSION)
에서 아래와 같이 수정한다.

PLATFORM_LIB_FLAGS = -shared -L/usr/lib/python$(PYTHON_VERSION)/config
   -L/$(PYDIR)/config -lstdc++ -lpython$(PYTHON_VERSION)
```

**[코드 2.18]** 옵션 추가

### (2) 시뮬레이션 수행

시뮬레이션을 하기 위한 준비는 끝났으므로, 어플리케이션 디렉터리로 다시 이동한다.

```
$ cd  /opt/tinyos-2.x/apps/Null
```

**[명령어 2.3]** 디렉토리 이동

■ **디버그 메시지 출력함수 삽입**

NullC.nc를 수정하여 디버그 메시지를 출력할 수 있도록, dbg 함수를 사용하는 문장을 추가한다. dbg의 첫 번째 인자는 메시지가 출력될 채널이고, 두 번째 인자는 출력할 문자열이다. 채널을 다르게 하면 디버깅 레벨의 구분을 할 수 있다.

```
event void Boot.booted() {
  dbg( "Boot", "mote is booted₩n" );
    // Do nothing.
}
```

**[코드 2.19]** 디버그 메시지 삽입

■ **컴파일**

시뮬레이션을 위해 컴파일을 한다.

```
$ make micaz sim
```

**[명령어 2.4]** 컴파일

컴파일에 문제가 없다면 아래 메시지가 볼 수 있을 것이다.

```
*** Successfully built micaz TOSSIM library.
```

■ python 실행

시뮬레이션은 python을 이용하여 이루어진다.

```
$ python
Python 2.3.4 (#1, Jun 13 2004, 11:21:03)
[GCC 3.3.1 (cygming special)] on cygwin
Type "help", "copyright", "credits" or "license" for more information.
>>>
```

[명령어 2.5] python의 실행

■ 객체 생성

TOSSIM 모듈을 import한 후, 객체를 생성한다.

```
>>> from TOSSIM import *
>>> t = Tossim([])
```

[명령어 2.6] 객체 생성

■ 출력 방향 설정

sys 모듈을 import한 후, Boot 채널인 디버깅 메시지들을 표준 출력으로 출력하도록 한다.

```
>>> import sys
>>> t.addChannel( "Boot", sys.stdout )
```

[명령어 2.7] 출력 방향 설정

■ 부팅 시점 설정

ID가 10인 노드를 생성 후, 부팅되는 시점을 설정한다. 현재 mote는 OFF 상태이므로 '0'이 결과 값으로 출력되었다.

```
>>> n=t.getNode(10)
>>> n.bootAtTime(1)
>>> n.isOn()
0
```

[명령어 2.8] 부팅 시점 설정

■ **디버깅 메시지 확인**

다음 이벤트를 수행하도록 하면, mote가 부팅되었다는 디버깅 메시지를 볼 수 있다. 이제 mote는 켜진 상태이므로 n.isOn()의 결과 값이 1이며, 더 이상 수행할 작업이 없기 때문에 t.runNextEvent()의 결과 값이 0이다.

```
>>> t.runNextEvent()
1
>>> t.runNextEvent();
DEBUG (10): mote is booed
1
>>> n.isOn()
1
>>> t.runNextEvent();
0
>>> n.isOn()
1
```

**[명령어 2.9]** 디버깅 메시지 확인

작업이 완료되면 Ctrl + D를 눌러 시뮬레이터를 종료한다.

# CHAPTER 3

# Blink

본 실습에서는 2장의 학습내용을 바탕으로 Blink 어플리케이션을 통해 nesC를 익혀보자.

## 3.1 Blink 소개

Blink 어플리케이션은 mote에 붙어있는 세 개의 LED들이 서로 다른 주기로 토글하도록 한다. LED가 켜지는 주기는 세 개의 타이머에 의해 결정된다. LED와 타이머가 올바르게 작동하는지 점검하는데 사용할 수 있다. LED를 켜고 끄는 제어와 원하는 주기로 타이머를 설정하고 타이머 이벤트가 발생할 때마다 원하는 작업을 하도록 하는 방법에 대해 알아보자.

### 3.1.1 하드웨어 구성도

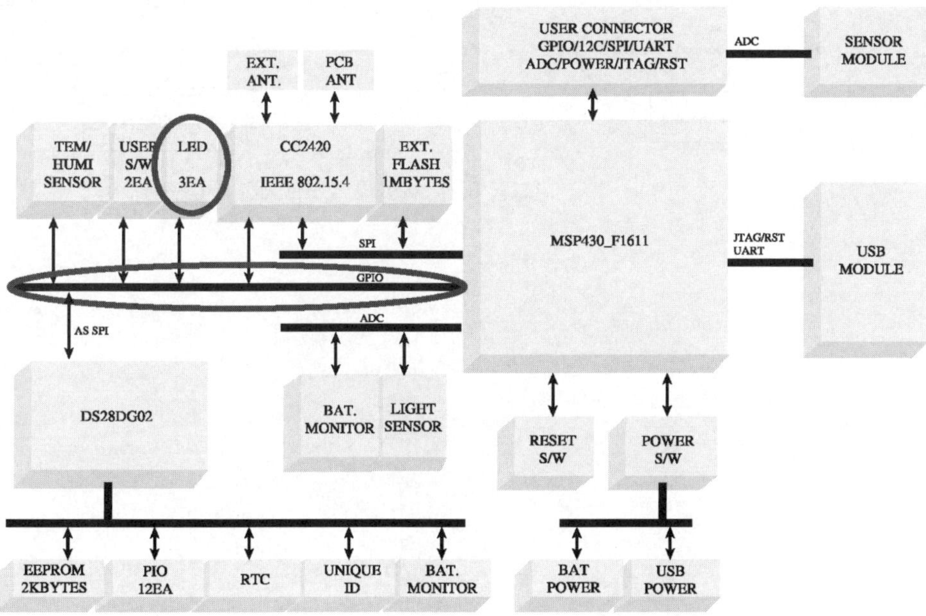


[그림 3.1] UBee430 하드웨어 구성도

[그림 3.1]은 UBee430의 하드웨어 구성도이다. 그림에서 원으로 표시된 부분은 LED의 하드웨어 연결 상태를 표시하고 있다. 세 개의 LED는 GPIO를 통하여 MSP430에 연결되어 있음을 알 수 있다.

## 3.1.2 소프트웨어 구성

[그림 3.2]는 LED 컴포넌트의 소프트웨어 구성도를 나타내고 있다. 왼쪽 그림에서 보이듯이 LED는 Leds 인터페이스를 사용하여 LedsP에 연결되어 있다. 그리고 LedsP는 PlatformLedsC에 연결되어 있다. 오른쪽 그림의 PlatformLedsC를 살펴보면 3개의 LED는 결국 MSP430에 GPIO를 통해서 연결되어 있다는 것을 알 수 있다.

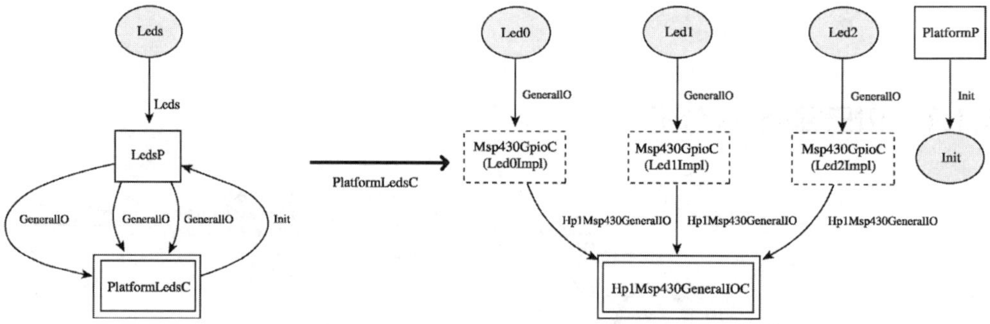


**[그림 3.2]** LED의 소프트웨어 구성도

# 3.2 실습내용

Blink 어플리케이션 디렉터리로 이동하여, make를 사용하여 컴파일과 설치를 진행한다.

```
$ cd  /opt/tinyos-2.x/apps/Blink
$ make UBee430 install
```

**[명령어 3.1]** Blink 어플리케이션 install

## 3.2.1 코드설명

### (1) BlinkAppC.nc

BlinkAppC는 configuration 컴포넌트이다. BlinkC 컴포넌트에서 사용할 인터페이스들을 연결한다.

```
configuration BlinkAppC
{
}
implementation
{
  components MainC, BlinkC, LedsC;
  components new TimerMilliC() as Timer0;
  components new TimerMilliC() as Timer1;
  components new TimerMilliC() as Timer2;

  BlinkC -> MainC.Boot;

  BlinkC.Timer0 -> Timer0;
  BlinkC.Timer1 -> Timer1;
  BlinkC.Timer2 -> Timer2;
  BlinkC.Leds -> LedsC;
}
```

**[코드 3.1]** BlinkAppC.nc

우선 components문으로 MainC, BlinkC, LedsC, TimerMilliC() 컴포넌트들을 연결할 것이라고 선언하고 있다. 실제 어플리케이션을 위해 구현되는 컴포넌트는 BlinkC이며 나머지들은 기존에 만들어진 컴포넌트들을 가져다 사용하는 것이다. BlinkC 컴포넌트가 나머지 컴포넌트들에서 제공하는 인터페이스들을 연결 사용하는 것을 볼 수 있다.

mote가 부팅 후, mote상에서 원하는 작업을 시작하기 위해서는 MainC의 Boot 인터페이스를 사용해야 한다. LED를 켜거나 끄는 일을 하기 위해서는 LedsC 컴포넌트가 제공하는 Leds 인터페이스가 필요하다. 일정한 주기로 LED가 점멸하도록 하기 위해서 TimerMilliC 컴포넌트가 제공하는 Timer 인터페이스를 사용한다.

위에 보이는 BlinkC configuration 컴포넌트에서는 사용할 인터페이스들을 화살표로 연결해주고 있으며, 이 예제에서는 몇 가지 새로운 점들을 보이고 있다.

- 일반 컴포넌트(generic component)는 한 번 이상 인스턴스를 생성할 수 있고 타입과 인자를 가질 수 있다. TimerMilliC 컴포넌트의 경우 components문과 new 키워드를 사용하여 각각 선언한 것을 볼 수 있다.
- TimerMillC 컴포넌트에 대해 as를 사용하여 컴포넌트의 별칭을 Timer0, Timer1, Timer2로 붙였다. BlinkC가 세 개의 컴포넌트와 연결될 때, 어느 컴포넌트가 제공하는 인터페이스인지 컴파일러가 알 수 있도록 구별해주기 위함이다.
- TimerMillC 컴포넌트가 제공하는 인터페이스는 Timer인데도 불구하고, BlinkC 컴포넌트는 Timer0, Timer1, Timer2라는 인터페이스 이름을 사용하고 있다. BlinkC 컴포넌트에서 사용하는 인터페이스들을 기술할 때, as를 사용하여 별칭을 붙였기 때문이다.

### (2) BlinkC

BlinkC는 module 컴포넌트이다. 사용되는 인터페이스들이 uses문을 사용하여 선언되어 있다. 이들 인터페이스를 제공받는 컴포넌트들과의 연결은 configuration 컴포넌트인 BlinkC에서 이루어졌다.

```
module BlinkC
{
  uses interface Timer<TMilli> as Timer0;
  uses interface Timer<TMilli> as Timer1;
  uses interface Timer<TMilli> as Timer2;
  uses interface Leds;
```

```
  uses interface Boot;
}
```

[코드 3.2] BlinkC.nc

Implementation 블록에는 인터페이스를 사용하려면 구현해 주어야 하는 이벤트 함수들이 기술되어 있다. boot 인터페이스에 대해 Booted 이벤트를 구현하였고, Timer 인터페이스에 대해 fired 인터페이스를 구현하였다. 사용하는 인터페이스에 대한 이벤트를 구현하지 않으면, 컴파일 시 "not implemented" 에러가 발생한다.

```
implementation
{
  event void Boot.booted()
  {
    ............................................................................
  }

  event void Timer0.fired()
  {
    ............................................................................
  }

  event void Timer1.fired()
  {
    ............................................................................
  }

  event void Timer2.fired()
  {
    ............................................................................
  }
}
```

[코드 3.3] implementation 예시

mote의 부팅이 완료되어 하드웨어 및 컴포넌트의 초기화가 끝난 상태면, Booted 이벤트가 발생하게 된다. 이 때 Timer0, Timer1, Timer2 인터페이스의 startPeriodic 커맨드를 사용하여 타이머가 시작되게 한다. <TMilli>는 인터페이스에 넘어가는 인자로써, 타이머의 정확도를 나타낸다. 현재 타이머 이벤트는 1초에 1024번 발생하므로, 1밀리

초에 한 번 발생한다. 인자에 따라 250ms, 500ms, 1000ms마다 타이머 이벤트가 발생하게 된다.

```
event void Boot.booted()
{
  call Timer0.startPeriodic( 250 );
  call Timer1.startPeriodic( 500 );
  call Timer2.startPeriodic( 1000 );
}
```

**[코드 3.4]** BlinkC.nc

타이머가 시작되고 지정된 시간이 지날 때마다 fired 이벤트가 발생하게 된다. 이 때 Leds.ledxToggle()를 호출하여 해당 LED를 토글시킨다. 세 개의 타이머가 각각 다른 주기로 LED를 점멸한다.

```
event void Timer0.fired()
{
  call Leds.led0Toggle();
}

event void Timer1.fired()
{
  call Leds.led1Toggle();
}

event void Timer2.fired()
{
  call Leds.led2Toggle();
}
```

**[코드 3.5]** BlinkC.nc

### (3) 결과

mote에 붙어있는 세 개의 LED가 서로 다른 주기로 점멸된다. 청색 LED는 1초에 1번, 황색은 1초에 2번, 적색은 1초에 4번이다.

[표 3.1] Blink 어플리케이션 실행결과

| 0ms | 250ms | 500ms | 750ms | 1000ms |
|---|---|---|---|---|
| 청색 OFF | 청색 OFF | 청색 OFF | 청색 OFF | **청색 ON** |
| 황색 OFF | 황색 OFF | **황색 ON** | 황색 OFF | **황색 ON** |
| 적색 OFF | **적색 ON** | **적색 ON** | **적색 ON** | **적색 ON** |

## 3.3 추가 실습과제

각 LED의 점멸 주기를 바꿔가며 LED를 제어하고 그 결과를 확인해보자.

# CHAPTER 4

# Arbiter

# 4.1 Arbiter 소개

## 4.1.1 Scheduling

스케줄링은 다중 프로그래밍을 가능하게 하는 운영체제의 동작 기법이다. 운영체제는 프로세스들에게 CPU 배정을 적절히 함으로써 시스템의 성능을 개선할 수 있다.

### (1) 단계

■ **1단계 스케줄링**

작업 스케줄링(job scheduling)이라고도 한다. 어느 작업부터 시스템 내의 자원들을 실제로 사용할 수 있도록 할지를 결정한다. 작업들이 시스템에 들어오는 것을 승인하는 것이기 때문에 승인 스케줄링(admission scheduling)이라고도 한다.

■ **2단계 스케줄링**

프로세스들을 보류시키고 다시 활성화시키는 기법을 사용하여 시스템에 대한 단기적인 부하를 조절한다. 그렇게 함으로써 시스템을 적절히 운영할 수 있다. 작업 승인(1단계)과 CPU 할당(3단계) 사이의 완충 작용을 한다.

■ **3단계 스케줄링**

CPU가 사용가능한 경우 어느 프로세스에게 할당할지를 결정한다.

### (2) 비선점형과 선점형

■ **비선점형 스케줄링(Non-preemptive Scheduling)**

어떤 프로세스가 CPU를 할당받으면 그 프로세스가 종료되거나 입출력 요구가 발생하여 자발적으로 중지될 때까지 계속 실행되도록 보장한다. 선점 방식보다 스케줄러 호출 빈도가 낮고 문맥 교환에 의한 오버헤드가 적다. 일괄처리 시스템에 적합하며, CPU 사용 시간이 긴 프로세스가 CPU 사용 시간이 짧은 여러 프로세스를 오랫동안 대기시킬 수 있으므로, 처리율이 떨어질 수 있다는 단점이 있다.

■ **선점형 스케줄링(Preemptive Scheduling)**

어떤 프로세스가 CPU를 할당받아 실행 중에 있어도 다른 프로세스가 실행 중인 프로세스를 중지하고 CPU를 강제로 점유할 수 있다. 시분할 기법을 사용하여 모든 프로세스에게 CPU 사용 시간을 동일하게 부여할 수 있다. 빠른 응답시간을 요하는 대화식 시분할 시스템에 적합하며 긴급한 프로세서를 제어할 수 있다. '운영체제가 프로세서 자원을 선점'하고 있다가 각 프로세스의 요청이 있을 때 특정 요건들을 기준으로 자원을 배분하는 방식이다.

### (3) 대표적인 스케줄링 알고리즘

■ **비실시간 프로세스 스케줄링**

- FCFS 스케줄링(First Come First Served Scheduling)
- SJF 스케줄링(Shortest Job First Scheduling)
- SRTF 스케줄링(Shortest Remaining-Time First Scheduling)
- RR 스케줄링(Round Robin Scheduling)
- HRN 스케줄링(Highest Response-ratio Next Scheduling)
- 다단계 큐 스케줄링(Multilevel Queue Scheduling)
- 다단계 피드백 큐 스케줄링(Multilevel Feedback Queue Scheduling)

■ **실시간 프로세스 스케줄링**

- RM 스케줄링(Rate Monotonic Scheduling)
- EDF 스케줄링(Earliest Deadline First Scheduling)

## 4.1.2 TinyOS 2.x Scheduler

TinyOS 1.x와 마찬가지로 2.0 스케줄러는 non-preemptive(비선점) FIFO로 되어 있다. 그러나 2.0에서의 Task는 1.x와 약간 다른 점이 있다. [그림 4.1]과 같이 1.x에서는 모든 Task에 대하여 공유 큐가 있었고 컴포넌트는 Task를 여러 번 post 할 수 있었는데, 만약 공유 큐가 가득차면 post 동작은 실패하고 네트워킹 스택을 갖는 실험은 이것이 문제가 됨을 보여준다. 왜냐하면 Task는 split-phase operation의 완료 event와 연결이 되어 있기 때문이다. 즉, post가 실패하게 된다면 컴포넌트는 완료 event를 기다리면서 무한히 block된다.

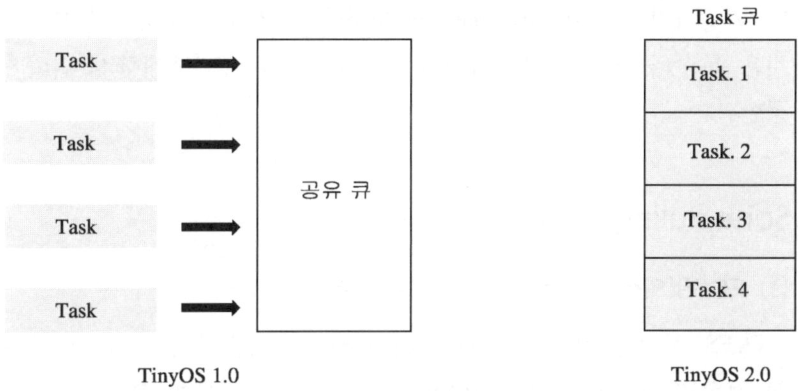


**[그림 4.1]** TinyOS 1.0과 2.0의 Queueing 방식 비교

TinyOS 2.x에서는 모든 Task는 Task 큐에 예약된 자신의 큐를 가진다. Task는 한 번씩만 post되어 질 수 있고 Task가 이미 post되어 졌다면 post는 실패한다. 만약 컴포넌트가 Task를 여러 번 post하고 싶다면 각 Task 자체가 독자적인 자신의 큐를 가지기 때문에 Task가 수행될 때 내부 state 변수를 설정하고 그 자체를 다시 post하여야 한다.

이러한 약간의 변화는 컴포넌트 코드의 많은 부분을 간략화하였다. Task가 post되기 전에 이미 post되었는지를 알기 위하여 테스트하지 않아도 된다. 컴포넌트는 이미 post된 Task와 상관없이 Task를 바로 post할 수 있고 컴포넌트는 post가 실패한 것을 복구하기 위하여 노력해야 할 필요도 없다.

또한, 원한다면 application에서도 스케줄러를 교체할 수 있도록 되어 있다. 이것은 프로그래머가 새로운 스케줄링 정책을 시도할 수 있게 해주는데 스케줄러의 교체는 원하지 않은 operation과 process가 block 상태를 지속하는 등의 뜻하지 않은 변수들이 있을 수 있으므로 많은 주의를 기울여서 적용해야 한다.

### 4.1.3 Arbitration

Arbitration이라는 것은 중재라는 의미로써 스케줄링과 기능면에서 유사하다. 즉, 시스템에서 사용 가능한 자원을 누구에게 얼마나 할당할지를 결정하는 것인데, 센서나 스토리지, 라디오 같은 다양한 시스템 등이 동시에 같은 버스를 사용하려 할 때 중재가 필요한 것과 같다. 이렇듯 스케줄링 방법을 적절하게 제공하기 위하여 TinyOS 2.0은 resource interface를 도입하였다. 그리고 컴포넌트가 공유 자원과 arbiter를 요구하거나 획득하기 위하여 resource interface의 이용이 가능하도록 만들어 놓았는데, 이러한 것은 복수의 클라이언트 사이에서 각각의 접근을 중재하기 위한 스케줄링 정책을 제공한다.

### 4.1.4 Scheduling 기법

#### (1) FCFS(First-Come, First Served)

FCFS 정책은 자원을 요청한 순서대로 스케줄링 순위를 부여하는 방법이다. 즉, 다시 말하면 자원의 요청이 ready 큐에 도착한 순서에 따라 자원의 제어권을 할당받을 수 있다. FCFS는 가장 간단한 비선점 스케줄링 알고리즘 방법으로써 FIFO 스케줄링 알고리즘이다.

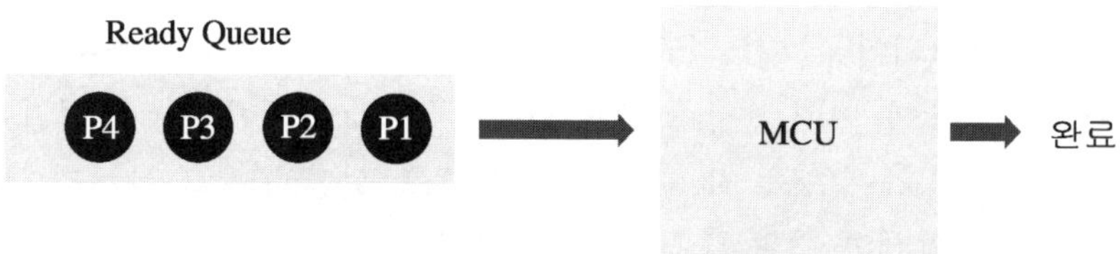


[그림 4.2] First-Come, First Served

#### (2) Round-Robin

Round-Robin은 선점 알고리즘으로써 시분할 시스템(time-sharing system)에 적용되는 스케줄링 기법이다. 즉, 요청된 자원들이 ready 큐에 들어오게 되면 일정한 시간 할당량(time quantum)을 두고 ready 큐를 돌아가면서 한 번에 한 자원에게 정의된 시간 할당량만큼만 제어권을 제공하는 방법이다. Round-Robin의 ready큐는 순환 큐(circular queue)로 설계되며, FIFO 구조이다.

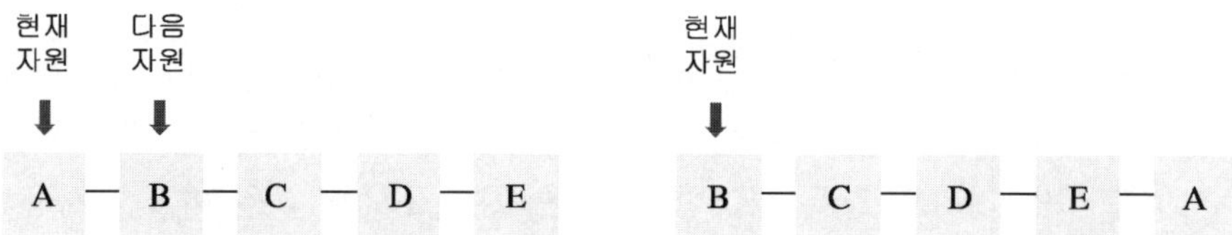


[그림 4.3] A 자원이 할당된 후의 ready 큐

# 4.2 실습내용

## 4.2.1 TestFcfsArbiter 어플리케이션

TestFcfsArbiter 예제는 FcfsArbiter 컴포넌트에서 제공하는 Resource 인터페이스를 사용하여 스케줄링을 테스트하는 어플리케이션이다. 동작원리는 먼저 3개의 Resource 사용자들이 생성되고 그 중 한 사용자가 자원 요청을 시도한다. 그리고 자원의 제어권을 얻은 후, 일정한 시간이 지나면 타이머 이벤트가 발생하여 사용자가 자원을 반환하게 한다. 이 때 모든 사용자들이 자원을 얻기 위해 요청하게 되고, 반환되었던 자원의 제어권은 FCFS 정책에 의해 다음 사용자에 넘겨진다. 초기 요청은 이런 순서를 따르고 있는 3개의 자원 사용자들에 의해서 아래와 같이 발생한다.

| Resource 0 |
|---|
| Resource 2 |
| Resource 1 |

[그림 4.4] 자원의 요청 순서

FCFS 정책에 따라 자원의 제어권은 사용자 0, 사용자 2, 사용자 1 순으로 주어진다. 각 자원 사용자에 연결된 LED들은 아래와 같다. 사용자가 자원에 대한 제어권을 얻게 되면 해당 LED가 깜박이게 된다.

| Led 0 | → | Resource 0 |
|---|---|---|
| Led 1 | → | Resource 1 |
| Led 2 | → | Resource 2 |

[그림 4.5] 자원 제어권과 LED 점등순서

## (1) Components & Wiring

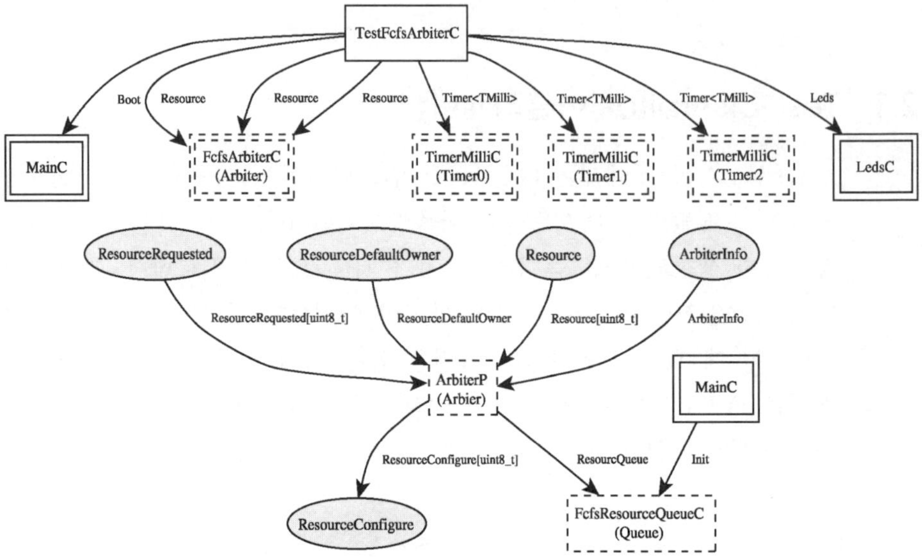


**[그림 4.6]** TestFcfsArbiter 컴포넌트의 구성

TestFcfsArbiter 컴포넌트는 [그림 4.6]의 상단과 같이 구성되는데 각 자원을 주기적으로 요청하기 위한 타이머 컴포넌트와 중재를 위한 Arbiter 컴포넌트로 구성된다. Arbiter 컴포넌트는 자원을 요청받고 허가해주는 정책을 가지고 있는데, 이것은 [그림 4.6]의 하단과 같이 FCFS 큐 정책과 관련된 컴포넌트와 연결되어 있기 때문에 FCFS 방식의 스케줄링을 할 수 있다.

## (2) TestFcfsArbiterAppC.nc

이 어플리케이션이 사용하는 인터페이스들을 제공하는 컴포넌트들과 그 컴포넌트들 간에 어떻게 연결되어 있는지에 대한 정보가 정의되어 있다. 다음은 TestFcfsArbiterC 에서 사용하는 주요 컴포넌트들이다.

■ MainC

boot sequence가 끝났음을 알려주는 booted 이벤트를 얻기 위한 Boot 인터페이스를 제공한다.

■ FcfsArbiterC

모든 공유되는 자원은 어떤 임의시점에서 클라이언트가 자원을 사용할 수 있도록 관리해 주는 arbiter를 가지고 있다. 또한 TinyOS는 이 arbiter의 요청을 처리할 수 있도록 정책을 제공한다. 이 어플리케이션에서는 FCFS 정책을 사용하고 있는 FcfsArbiter를 사용하고 있다.

차례로 세부적인 내용들을 살펴보도록 하자.

```
enum {
  RESOURCE0_ID = unique(TEST_ARBITER_RESOURCE),
  RESOURCE1_ID = unique(TEST_ARBITER_RESOURCE),
  RESOURCE2_ID = unique(TEST_ARBITER_RESOURCE),
};
```

**[코드 4.1]** TestFcfsArbiterAppC.nc

먼저 [코드 4.1]은 arbiter가 제공해주는 Resource 인터페이스에서 인자로 사용할 3개의 식별자(ID)를 생성하기 위해서 unique 함수를 사용한다.

**unique 키워드**

- TinyOS에서 여러 개의 인자를 가질 수 있는 인터페이스를 parameterized interface라고 부른다. 이렇게 동일한 인터페이스에서 여러 개의 인자를 갖는 것을 일일이 숫자로 구분하게 되면 실수를 범하기 쉽다. 따라서 이러한 부분을 자동으로 해결하기 위하여 TinyOS에서는 unique라는 함수를 지원한다. 위와 같이 unique 함수를 이용하여 인터페이스의 인스턴스를 선언할 때마다 각 인스턴스에 동일한 확인자(문자열)를 주게 되면, 중복되지 않는 고유한 ID들이 자동 생성된다. 이 때 주의할 점은 괄호 안에 문자열이 같아야 한다는 것이다. 만약 괄호 안의 문자열을 바꾸게 되면 ID가 서로 충돌할 수 있게 된다. 그리고 이러한 ID는 0에서부터 시작해서 연속적으로 증가하는 숫자로 return 된다.

```
App -> MainC.Boot;
```

**[코드 4.2]** TestFcfsArbiterAppC.nc

[코드 4.2]는 어플리케이션의 시작 시점을 알려주는 booted 이벤트를 위해서 Boot 인터페이스를 사용한다.

```
App.Resource0 -> Arbiter.Resource[RESOURCE0_ID];
App.Resource1 -> Arbiter.Resource[RESOURCE1_ID];
App.Resource2 -> Arbiter.Resource[RESOURCE2_ID];
```

**[코드 4.3]** TestFcfsArbiterAppC.nc

자원을 요청할 수 있는 command를 제공하는 Resource 인터페이스를 사용하기 위해서 연결을 해주고 있다. 3개의 Resource 인터페이스를 사용하기 위해선 각각 유일한 식별자를 인자로 넘겨주어야 한다.

```
App.Timer0 -> Timer0;
App.Timer1 -> Timer1;
App.Timer2 -> Timer2;

App.Leds -> LedsC;
```

**[코드 4.4]** TestFcfsArbiterAppC.nc

3개의 타이머 인터페이스와 LED 인터페이스를 연결한다.

### (3) TestFcfsArbiterC.nc

TestFcfsArbiterC.nc 파일에 실제 어플리케이션이 구현된다.

```
implementation {
#define HOLD_PERIOD 250

/* 어플의 entry 포인트로써 boot sequence가 끝났을 때 signal 되는 booted
   이벤트를 이용했으며 event가 발생되면 요청한다. 이 Resource
   인터페이스는 FCFS 정책으로 요청을 처리하므로 들어온 요청의 순서대로
   처리해줄 것을 예상할 수 있다. */
```

```
event void Boot.booted() {
    call Resource0.request();
    call Resource2.request();
    call Resource1.request();
}

/* 자원의 요청이 허가되면 본 event가 signal 되어 아래의 내용을 처리해줄
   것이다. startOneShot 함수는 호출 후 다른 작업을 수행할 수 있으며,
   타이머는 정해진 시간에 시그널을 보내게 되어 있다. */

event void Resource0.granted() {
    call Timer0.startOneShot(HOLD_PERIOD);
    call Leds.led0Toggle();
}

event void Resource1.granted() {
    call Timer1.startOneShot(HOLD_PERIOD);
    call Leds.led1Toggle();
}

event void Resource2.granted() {
    call Timer2.startOneShot(HOLD_PERIOD);
    call Leds.led2Toggle();
}

/* 지정된 timer가 끝나면 요청했던 자원을 해제해주고 재요청을 하고 있다. */

event void Timer0.fired() {
    call Resource0.release();
    call Resource0.request();
}

event void Timer1.fired() {
    call Resource1.release();
    call Resource1.request();
}
event void Timer2.fired() {
    call Resource2.release();
    call Resource2.request();
  }
}
```

**[코드 4.5]** TestFcfsArbiterC.nc

### (4) 실행 방법 및 결과

■ **컴파일 및 다운로드**

apps/tests/arbiters/TestFcfsArbiter 디렉터리로 이동하여 컴파일하고 설치한다.

```
S$ cd /opt/tinyos-2.x/apps/tests/arbiters/TestFcfsArbiter
$ make UBee430 install
```

**[명령어 4.1]** TestFcfsArbiter 어플리케이션의 install

■ **LED가 Toggle 되는 순서를 확인해본다.**

자원의 요청을 0 → 2 → 1순으로 했고 이 요청의 처리는 FCFS 정책으로 처리되므로 요청의 허가(granted) event도 역시 이 순서대로 허가될 것이다. 그러므로 LED 역시 0 → 2 → 1순으로 동작할 것이다. FCFS 정책의 ready 큐에 관한 정의는 tos/system에서 확인할 수 있다.

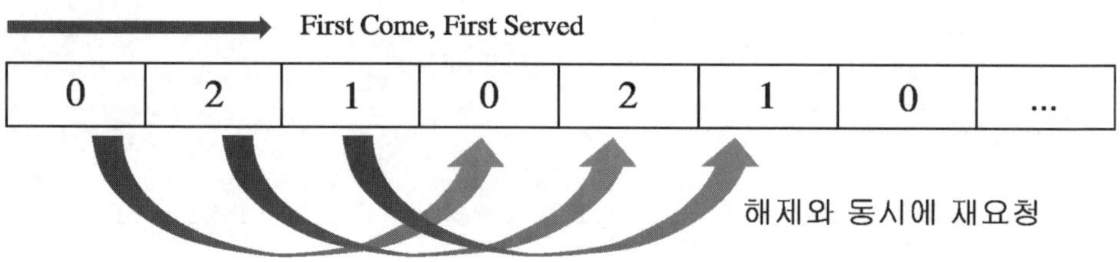


**[그림 4.7]** 자원의 요청 순서

## 4.2.2 TestRoundRobinArbiter 실습

TestRoundRobinArbiter 예제는 RoundRobinArbiter 컴포넌트에서 제공되는 Resource 인터페이스를 사용하여 스케줄링을 테스트하기 위한 예제이다. 기본적인 동작원리는 앞에서 본 TestFcfsArbiter 예제와 같으나, 반환 중인 자원의 제어권은 Round Robin 정책에 의해 다음 사용자에게 넘겨진다. 초기 요청은 이런 순서를 따르고 있는 3개의 자원 사용자들에게 의해서 아래처럼 발생하게 되며, 이는 앞서의 FCFS 경우와 같다.

| Resource 0 |
|---|
| Resource 2 |
| Resource 1 |

[그림 4.8] 자원의 요청 순서

마찬가지로 Round Robin 정책에 따라 자원의 제어권은 사용자 0, 사용자 1, 사용자 2순으로 주어진다. 각 자원 사용자에 연결된 LED들은 아래와 같고, 사용자가 자원에 대한 제어권을 얻게 되면 해당 LED가 깜박이게 된다.

| Led 0 | ⟶ | Resource 0 |
|---|---|---|
| Led 1 | ⟶ | Resource 1 |
| Led 2 | ⟶ | Resource 2 |

[그림 4.9] 자원의 할당에 따른 LED 점등

## (1) Components & Wiring

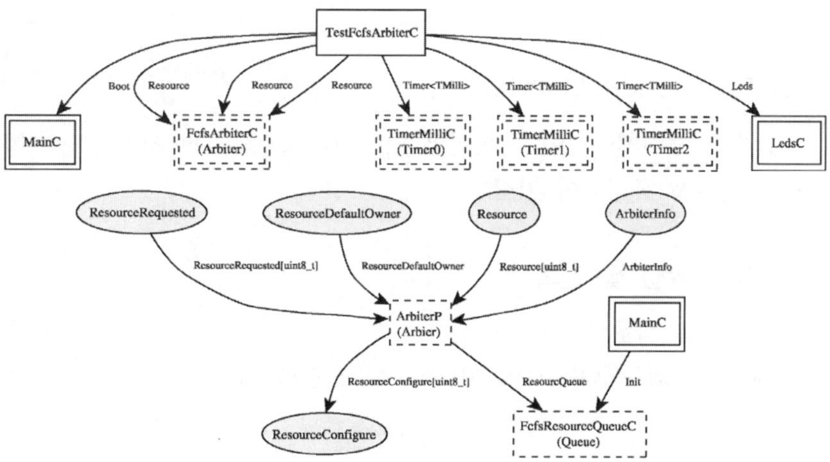


[그림 4.10] TestRoundRobinAribter 컴포넌트의 구성

TestRoundRobinArbiter 컴포넌트는 [그림 4.10]과 같이 구성되는데 TestFcfsArbiter와 달리 Arbiter 컴포넌트가 RoundRobin 큐 정책과 관련된 컴포넌트와 연결된다.

### (2) TestRoundRobinArbiterAppC.nc

이 어플리케이션이 사용하는 인터페이스들을 제공하는 컴포넌트들과 그 컴포넌트들간 연결 정보가 정의되어 있다. 다음은 TestRoundRobinArbiterC에서 사용하는 주요 컴포넌트들이다.

■ MainC

boot sequence가 끝났음을 알려주는 booted 이벤트를 얻기 위해 Boot 인터페이스를 제공한다.

■ RoundRobinArbiterC

모든 공유자원은 임의 시점에서 클라이언트가 자원을 사용할 수 있도록 관리해 주는 arbiter를 가지고 있다. 또한 TinyOS는 이 arbiter의 요청을 처리할 수 있도록 정책을 제공한다. 이 어플리케이션에서는 Round Robin 정책을 사용하고 있는 arbiter인 RoundRobinArbiter를 사용하고 있다.

자세한 내용은 본 어플리케이션이 Round Robin 정책을 위해 FcfsArbiter 컴포넌트 대신에 RoundRobinArbiter 컴포넌트를 사용한다는 것을 제외하고는 앞의 예제와 동일하다.

### (3) TestRoundRobinArbiterC.nc

실제 어플리케이션이 구현되어 있는 TestRoundRobinArbiterC.nc 파일도 앞서의 예제와 유사하게 작성되어 있다.

### (4) 실행 방법 및 결과

■ **컴파일 및 다운로드**

apps/tests/arbiters/TestRoundRobinArbiter 디렉터리로 이동하여 컴파일하고 설치한다.

```
$ cd /opt/tinyos-2.x/apps/tests/arbiters/TestRoundRobinArbiter
$ make UBee430 install
```

**[명령어 4.2]** TestRoundRobinArbiter 어플리케이션의 install

■ **LED가 Toggle 되는 순서를 확인해본다.**

자원의 요청을 0 → 2 → 1로 FCFS 예제와 동일하게 요청을 하였지만 여기서 사용된 Arbiter는 Round Robin 방식을 이용한다. 여기서 사용되는 queueing 정책에 관한 컴포넌트는 tos/system에서 확인할 수 있는데 ArbiterP.nc에서 자원의 요청과 해제에 따른 처리방법을 확인할 수 있고 RoundRobinResourceQueueC에서 큐 정책에 관한 내용을 살펴볼 수 있다.

기본적인 동작방식을 살펴보면 우선 처음에 요청된 자원은 바로 제어권을 갖는데 그 이후에 요청된 자원들은 RoundRobin 큐에 들어가게 된다(enqueue). 그리고 처음에 요청되었던 자원이 해제되면 RoundRobin 큐에 들어있는 자원을 꺼내오게 되는데(dequeue) RoundRobin 방식에 따라 일정한 시간 할당량을 두고 꺼내오게 된다.

좀 더 자세히 살펴보면, 이 큐의 enqueue 동작은 요청된 자원의 id 숫자만큼 1을 왼쪽으로 비트 시프트하고 OR 연산하여 저장하게 되어 있는데, dequeue 동작을 할 때는 요청된 자원의 순서와 상관없이 앞에서부터 순서대로 꺼낸다. 즉, 예를 들어 자원을 꺼내오기 위해 큐를 봤을 때 현재 큐의 [0]번째 값에 0000 0111이 담겨진 상태라면 이를 0 → 1 → 2의 순서대로 허가한다. 따라서 FCFS 방식과 동일하게 요청하여도 허가되는 순서는 바뀌게 된다.

| resQ[ ] | 0 | | | | | | | | 1 | |
|---|---|---|---|---|---|---|---|---|---|---|
| Index | 7 | 6 | 5 | 4 | 3 | 2 | 1 | 0 | 7 | ... |
| Value | **0** | **0** | **0** | **0** | **0** | **1** | **1** | **1** | ... | ... |

**[그림 4.11]** RoundRobin 큐의 enqueue와 dequeue 방식

## 4.3 추가 실습과제

Round-Robin 방식에서 자원의 요청 순서를 바꾸어보고 결과를 확인해 보자. 왜 그런 결과가 나오는지 컴포넌트가 구현된 부분을 직접 찾아 확인해 보자.

# CHAPTER 5

# RF 통신을 이용한 모트간의 통신

# 5.1 BlinkToRadio 소개

BlinkToRadio 어플리케이션은 일정한 주기로 증가된 counter 변수의 값을 무선으로 전송하고, 무선 상에서 메시지가 수신되면 메시지 내에 있는 counter 변수의 하위 세 비트를 LED로 출력한다. 이 어플리케이션을 테스트하기 위해선 2개의 mote에 설치한다. 서로 상대방의 무선 수신 범위 내에 있으면 LED는 계속 깜박이고, 그렇지 않으면, 그 노드는 더 이상 상대방 노드가 보낸 메시지를 수신하지 못하는 것이다.

본 장에서는 무선을 이용하여 메시지를 mote 간에 전송하는 방법에 대해 알아본다.

## 5.1.1 무선통신(RF)과 MAC

센서 네트워크에서의 무선통신을 담당하는 무선통신부는 안테나, RF와 modem을 포함하는 물리계층(PHY) 및 MAC(Media Access Control) 프로토콜로 이루어진다.

물리계층은 현재 IEEE 802.15.4 프로토콜의 MAC 프로토콜 표준에 상응하는 TI의 CC2420이 센서 네트워크 플랫폼의 RF transceiver로 많이 사용되고 있다. CC2420은 2.45GHz 주파수 대역을 사용하고 데이터 전송률은 250kbps이며 송신 신호의 전력소모를 줄이기 위하여 O-QPSK 변조 후 DSSS 확산 방식을 사용한다.

TinyOS에서도 CC2420을 지원하고 있으며, CC2420을 동작시키는 드라이버 부분(PHY)과 Backoff 및 CCA(Clear Channel Assessment) 알고리즘이 추가 구현되어 있다.

무선통신은 신호에 대한 거리에 따라 감쇄가 심하기 때문에 유선통신처럼 일정 신호 이상이 충돌이라고 감지하기가 어렵다. 무선통신에서 동일한 채널을 공유하고 있는 노드들 간의 충돌은 불가피하다. 이것은 노드들이 자신과 경쟁하고 있는 다른 노드들이 언제 전송을 시작할지 알 수 없으므로 여러 노드들이 동시에 전송하는 상황이 발생될 수 있기 때문이다. 이러한 충돌의 확률을 줄이기 위해서 임의의 Backoff를 이용한 CSMA/CA(Carrier Sense Multiple Access with Collision Avoidance) 방식의 MAC 프로토콜이 대표적으로 사용되고 있다.

CSMA/CA 방식은 전송매체에 접근하기 전에 확률적 대기시간을 통해 충돌을 피하는 방법이다. 노드는 데이터 전송 전에 임의의 Backoff 값을 정하고, 주기적으로 채널을 평가하여 채널이 idle할 때 Backoff 값을 감소시켜 나간다. Backoff 값이 0에 도달하고 여전히 채널이 idle한 상황이면 노드는 데이터를 전송하고, 채널이 idle한 상황이 아니라면 Backoff 값을 다시 설정하고 위 과정을 반복하게 된다. 이 방법은 노드들의 채널 점유율이 높지 않을 때는 충돌 확률이 낮지만, 노드의 수가 늘어나고 전송 데이터량이 많아질수록 충돌 확률은 급격히 증가하게 된다.

센서 네트워크의 노드는 에너지를 효율성이 가장 중요하기 때문에 CSMA/CA 방식을 센서 네트워크 환경에 맞게 변형한 MAC 프로토콜들이 제안되고 있다. 센서 네트워크의 MAC 프로토콜의 흐름은 S-MAC, T-MAC 등과 같이 Control Packet을 사용하여 동기를 맞춘 상태에서 동일한 시간에 깨어나서(Listen) 데이터를 송수신하고 일정한 시간동안 Sleep 상태를 유지하여 에너지를 절약하는 동기 방식의 복잡한 알고리즘이 대세를 이루었다. 하지만 동기 방식으로 동작하는 무선센서 네트워크 MAC 프로토콜은 동기를 맞추기 위해 주기적으로 Control Packet을 주고 받기 때문에 프로토콜 오버헤드가 크며 송수신에 참여하지 않는 노드들도 일정한 시간동안 Listen 상태를 유지하기 때문에 Idle Listening으로 인한 에너지 소모가 크다.

TinyOS에서 채택하고 있는 B-MAC 프로토콜은 비동기 방식으로 동작하는 대표적인 무선센서 네트워크 MAC 프로토콜로서 Low Power Listening(LPL) 기법을 사용한다.

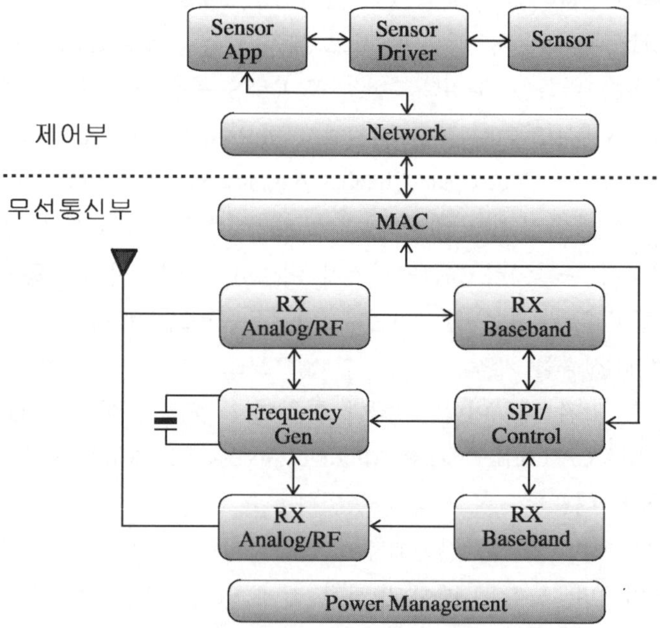


[그림 5.1] 센서노드 구성 요소

LPL은 동기 방식의 MAC 프로토콜들이 동일시간에 깨어나서 일정한 시간동안 수신 상태를 유지함으로 겪게 되는 Idle Listening을 최소화하며, 시간동기를 맞추기 위해 사용되던 Control Packet을 제거하고 간단한 Preamble 신호로 노드들이 동기를 맞추도록 하였다.

[그림 5.2]의 B-MAC 동작 과정을 살펴보면, 센서 네트워크를 구성하고 있는 각 노드는 일정한 간격(Check Interval)으로 Preamble Sampling을 하여 이웃 노드들 중 데이터를 전송하려는 노드가 있는지 확인하고 Noise Floor를 평가한다.

전송할 데이터가 있는 노드는 충돌 회피를 위하여 Backoff event를 발생시키고 상위 어플리케이션에서 Backoff 값을 리턴해 주게 된다. 만약 Backoff event를 무시하게 되면 작은 Random Backoff를 사용하게 된다.

Backoff 값이 설정되면 무선 채널이 사용 가능한 Idle 상태인지를 효과적으로 평가하기 위해 Simple Low Pass Filter 같은 기능이 구현된 CCA 알고리즘을 실행하여 설정된 Backoff 값을 감소해 나간다.

무선 채널이 사용 가능한 Idle 상태이면 노드는 Check Interval보다 긴 Preamble을 송신하여 자신이 전송할 데이터가 있음을 알리고, 이웃 노드들은 임의의 시간에 깨어나더라도 이 Preamble을 수신할 수 있게 된다.

무선통신의 송신 전력은 자유공간에서 거리의 제곱에 비례하여 손실되므로 통신 거리의 증가에 따른 전송 에너지 소모는 지수적으로 증가한다. 이는 노드에서 사용 에너지 중 통신에 의한 소비가 지배적임을 의미한다. 전송에너지의 효율적인 사용을 위하

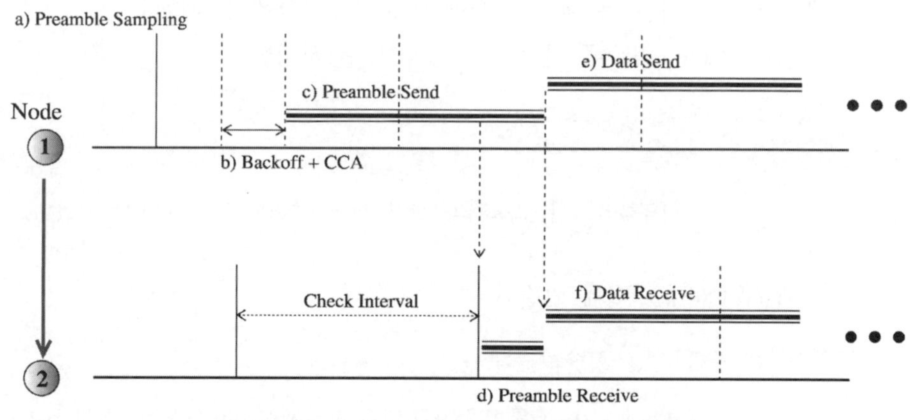


[그림 5.2] B-MAC의 데이터 송수신 과정

여 센서 네트워크에서는 긴 거리의 통신을 지양하고 짧은 통신거리로 여러 번에 걸쳐 목적지에 정보가 전달되는 multi-hop 형태의 중계 네트워크를 구성한다.

### 5.1.2 BlinkToRadio packet 구조

<table>
<tr><td>00</td><td>FF</td><td>FF</td><td>00</td><td>00</td><td>04</td><td>00</td><td>06</td><td>00</td><td>01</td><td>00</td><td>BB</td></tr>
<tr><td rowspan="2">AM packet</td><td rowspan="2" colspan="2">destination address</td><td rowspan="2" colspan="2">source address</td><td rowspan="2">payload length</td><td rowspan="2">Group ID</td><td rowspan="2">msg type</td><td colspan="2">mote ID</td><td colspan="2">counter</td></tr>
<tr><td colspan="4">payload</td></tr>
</table>

[그림 5. 3] Serial 통신을 이용한 packet 구조

[그림 5.3]은 serial 통신을 이용하여 데이터를 받을 때 사용할 packet의 구조이다.

## 5.2 실습내용

### 5.2.1 실행방법

BlinkToRadio 어플리케이션 디렉터리로 이동하여 make를 사용하여 컴파일과 설치를 진행한다. 이번에는 두 대의 mote에 어플리케이션을 설치한다.

첫 번째 mote를 PC에 연결하고 컴파일 후 설치한다.

```
$ cd /opt/tinyos-2.x/apps/tutorials/BlinkToRadio
$ make UBee430 install,10
```

[명령어 5.1] ID를 입력하여 BlinkToRadio 어플리케이션 install

두 번째 mote를 PC에 연결한 후 설치한다.

```
$ make UBee430 reinstall
```

[명령어 5.2] ID를 입력하지 않고 BlinkToRadio 어플리케이션 install

### 5.2.2 실행결과

두 mote의 전원이 켜지면, 양쪽 모두 LED가 깜박이는 것을 볼 수 있다.

### 5.2.3 코드설명

#### (1) BlinkToRadio.h

BlinkToRadio.h 헤더파일은 전역적(프로그램 전체)으로 사용되는 상수와 메시지 구조체를 정의한다.

```
#ifndef BLINKTORADIO_H
#define BLINKTORADIO_H

enum {
  AM_BLINKTORADIO = 6,
  TIMER_PERIOD_MILLI = 250
};

typedef nx_struct BlinkToRadioMsg {
  nx_uint16_t nodeid;
  nx_uint16_t counter;
} BlinkToRadioMsg;

#endif
```

[코드 5.1] BlinkToRadio.h

AM_BLINKTORADIO는 브로드캐스트되는 메시지에서 사용되는 ACTIVE MESSAGE 타입을 정의한 상수이다. mote에 설치된 어플리케이션이 자신이 원하는 메시지를 수신받았는지 확인하는데 사용된다. 따라서 어플리케이션은 자신만의 고유한 메시지 타입을 사용해야 한다. 두 개의 노드 중 하나의 AM_BLINKTORADIO값을 변경하면, 두 노드가 서로 메시지를 주고받지 못하는 것을 확인할 수 있다. 송수신 관련 인터페이스들이 전송 시 AM_BLINKTORADIO를 메시지에 포함시켜 전송하고, 수신된 메시지의 이 값을 확인하여 자신이 원하는 메시지인지 판단하기 때문이다.

TIMER_PERIOD_MILLI는 타이머 설정 시 사용되는 상수이다. 타이머 이벤트가 일어나는 주기를 250ms로 정의하고 있다. **define을 사용할 경우에는 전처리 과정에서 변경되어 컴파일 되기 때문에, 디버깅 심볼로 사용할 수 없는 문제가 있어 enum을 사용한다.**

BlinkToRadioMsg 구조체는 16비트 정수형 변수 2개로 구성되어 있으며, 전송을 하는 노드의 ID와 현재 노드의 counter값을 담아 전송하게 된다. nesC의 구조체는 C언어의 구조체와 동일한 구조를 가진다. nx_prefix를 사용하여 nesC로 작성되었으며 구조체와 변수들이 외부타입(external types)이라는 것을 나타낸다. 프로그래머가 주소 엔디안과 바이트 배열을 바꾸는 것을 없애기 위해 사용된다. nx_가 붙어있으면 빅 엔디안 포맷, nxle_는 리틀 엔디안 포맷이다.

### (2) BlinkToRadioAppC.nc

```
#include <Timer.h>
#include "BlinkToRadio.h"

configuration BlinkToRadioAppC {
}
implementation {
  components MainC;
  components LedsC;
  components BlinkToRadioC as App;
  components new TimerMilliC() as Timer0;
  components ActiveMessageC;
  components new AMSenderC(AM_BLINKTORADIO);
  components new AMReceiverC(AM_BLINKTORADIO);

  App.Boot -> MainC;
  App.Leds -> LedsC;
  App.Timer0 -> Timer0;
  App.Packet -> AMSenderC;
  App.AMPacket -> AMSenderC;
  App.AMControl -> ActiveMessageC;
  App.AMSend -> AMSenderC;
  App.Receive -> AMReceiverC;
}
```

**[코드 5.2]** BlinkToRadioAppC.nc

AMSenderC 컴포넌트는 메시지를 전송하기 위해 필요한 컴포넌트이다. 패킷을 생성하고 전송하는데 사용되는 Packet, AMPacket, AMSend 인터페이스를 제공한다. ActiveMessageC 컴포넌트는 플랫폼 종속적인 무선통신 컴포넌트들과 상관없이 상위 컴포넌트에 무선통신을 제공한다. AMControl(=SplitControl) 인터페이스를 제공한다. AMReceiverC 컴포넌트는 메시지를 수신받기 위해 필요한 컴포넌트이며, Packet, AMPacket, AMReceive 인터페이스를 제공한다.

AMSenderC 컴포넌트와 AMReceiverC 컴포넌트가 인자로 AM_BLINKTORADIO를 받고 있다. 메시지에 타입으로 전송되며, 수신되는 메시지 중 AM 메시지 타입이 일치하는 경우에만 사용이 허용된다. 이런 방식을 이용하여 다수의 메시지 타입을 병렬로 송수신하는 것이 가능하다.

이전과 달리 무선통신을 위해 사용되는 인터페이스들이 추가로 연결되는 것을 볼 수 있다. Packet, AMPacket 인터페이스는 message_t 구조체에 접근하기 위해 사용한다. 이는 직접 message_t 구조체에 접근하는 것이 허용되지 않기 때문이다. 무선 인터페이스를 시작하거나 중단시키기 위해 AMControl(=SplitControl) 인터페이스가 사용된다. AMSend, Receive 인터페이스는 메시지를 송수신하기 위해 사용하는 인터페이스이다.

### (3) BlinkToRadioC.nc

BlinkToRadioC는 module 컴포넌트이다. 사용할 인터페이스들은 module 컴포넌트에서 uses문을 이용하여 선언해야 사용할 수 있다. 이들에 대한 연결은 BlinkToRadioAppC 컴포넌트에서 이루어졌다.

```
#include <Timer.h>
#include "BlinkToRadio.h"
module BlinkToRadioC {
  uses interface Boot;
  uses interface Leds;
  uses interface Timer<TMilli> as Timer0;
  uses interface Packet;
  uses interface AMPacket;
  uses interface AMSend;
  uses interface Receive;
  uses interface SplitControl as AMControl;
}
```

**[코드 5.3]** BlinkToRadioC.nc

counter 변수는 다른 노드에게 전송하는 데이터이다. pkt는 전송할 메시지를 구성하기 위해 사용되며, busy는 무선의 사용 여부를 나타내는데 사용되며, 전송 가능여부를 판단하기 위해 사용한다.

```
implementation {

  uint16_t counter;
  message_t pkt;
  bool busy = FALSE;
```

**[코드 5.4]** BlinkToRadioC.nc

setLeds 함수는 val 변수값에 따라 LED를 켜고 끄는 내부함수로서 현재 컴포넌트에서는 사용 가능하지만, 다른 컴포넌트에서는 사용할 수 없다. 일반적인 C 함수로써 비트연산자(&)를 사용하여 하위 비트들의 값에 따라 LED를 제어한다.

```
void setLeds(uint16_t val) {
   if (val & 0x01)
      call Leds.led0On();
   else
      call Leds.led0Off();
   if (val & 0x02)
      call Leds.led1On();
   else
      call Leds.led1Off();
   if (val & 0x04)
      call Leds.led2On();
   else
      call Leds.led2Off();
}
```

**[코드 5.5]** BlinkToRadioC.nc

mote의 부팅이 완료되면, 무선통신을 시작하기 위해 AMControl.start()를 호출한다.

```
event void Boot.booted() {
   call AMControl.start();
}
```

**[코드 5.6]** BlinkToRadioC.nc

무선통신이 시작되면 AMControl.startDone 이벤트가 발생한다. err 인자를 확인하여 무선통신 시작에 성공했다면, 타이머를 설정한다. 250ms마다 타이머 이벤트가 발생하게 된다. TinyOS에서는 선행 작업이 완료된 후, 다음 작업이 이루어질 수 있도록 split-phase 기법을 사용할 수 있다. 여기에서는 무선이 성공할 때까지 계속 다시 시도를 하게 된다. stopDone 이벤트에 대한 구현은 없지만 AMControl 인터페이스를 사용하기 위해서는 이 함수를 정의해야 컴파일 시 에러가 나지 않는다.

```
event void AMControl.startDone(error_t err) {
  if (err == SUCCESS) {
    call Timer0.startPeriodic(TIMER_PERIOD_MILLI);
  }
  else {
    call AMControl.start();
  }
}
event void AMControl.stopDone(error_t err) {
}
```

**[코드 5.7]** BlinkToRadioC.nc

지정한 시간이 경과되면 타이머 이벤트가 발생하고, 이때 호출되는 타이머 이벤트 핸들러가 fired 함수이다. counter 변수를 증가시키고 있는데 모든 수행이 태스크에서 이루어져 counter에 대한 race condition이 일어나지 않는다. busy 변수를 검사하여 현재 무선이 사용 중이 아니라면(FALSE) Packet.getPayload를 호출하여 메시지 구조체 pkt를 포함하는 새로운 패킷을 생성한다. 새로 만들어진 패킷에서 데이터가 저장되는 페이로드의 주소를 본 예제에서는 메시지 구조체 BlinkToRadioMsg 포인터로 받는다. 여기에 노드의 ID와 counter값을 채운다. TinyOS에서는 메시지 자체를 전달하지 않고 포인터를 사용하여 데이터들이 항상 같은 주소에 위치하도록 한다.

```
event void Timer0.fired() {
  counter++;
  if (!busy) {
    BlinkToRadioMsg* btrpkt =
     (BlinkToRadioMsg*)(call Packet.getPayload(&pkt, NULL));
    btrpkt->nodeid = TOS_NODE_ID;
    btrpkt->counter = counter;
```

**[코드 5.8]** BlinkToRadioC.nc

목적지 주소가 AM_BROADCAST_ADDR이므로 모든 노드에게 pkt를 전송한다. 무선이 현재 사용이므로 busy 변수를 TRUE로 한다.

```
if (call AMSend.send(AM_BROADCAST_ADDR, &pkt, sizeof(BlinkToRadioMsg)) ==
SUCCESS) {
busy = TRUE;
}
```

**[코드 5.9]** BlinkToRadioC.nc

전송이 완료되면 sendDone 이벤트가 발생한다. 전송했던 msg와 send 함수에서 지정했던 pkt가 일치하면 busy를 FALSE로 한다. 여러 개의 send 함수가 서로 다른 메시지를 보냈을 때, 누가 보냈는지 확인할 때 이와 같은 비교를 활용한다.

```
event void AMSend.sendDone(message_t* msg, error_t err) {
    if (&pkt == msg) {
        busy = FALSE;
    }
}
```

**[코드 5.10]** BlinkToRadioC.nc

메시지가 수신되면 receive 이벤트가 발생한다. BlinkToRadioMsg 구조체의 크기와 payload 크기를 비교하여 잘 받았는지 검증한다. 그리고 BlinkToRadioMsg 포인터로 payload를 받고, setLeds 함수에 카운터 값을 사용하여 LED를 제어한다.

```
event message_t* Receive.receive(message_t* msg, void* payload, uint8_t len) {
    if (len == sizeof(BlinkToRadioMsg)) {
        BlinkToRadioMsg* btrpkt = (BlinkToRadioMsg*)payload;
        setLeds(btrpkt->counter);
    }
    return msg;
}
```

**[코드 5.11]** BlinkToRadioC.nc

## 5.3 추가 실습과제

SetLeds 함수를 task로 구현하고 결과를 확인해 보자.

# CHAPTER 6

# BlinkToSerial

# 6.1 BlinkToSerial 소개

## 6.1.1 시리얼(Serial) 통신의 개요

마이크로프로세서는 주변장치를 통해서 외부와 정보를 교환할 수 있으며 일반적으로 정보를 교환하는 방법으로는 패럴랠(parallel) 통신과 시리얼(serial) 통신으로 나눌 수 있다. 통상적으로 고속의 통신 속도를 위해서는 한 번에 많은 양의 데이터를 처리할 수 있는 패럴랠 통신 방식을 주로 쓴다. 하지만 패럴랠 통신은 장비 구현함의 어려움과 거리의 제한성, 많은 비용이 드는 단점을 갖는다. 또한 많은 양의 데이터 전송을 필요로 하지 않는 곳에 있어서 패럴랠 통신은 비효율적이라 할 수 있다.

시리얼 통신 방식은 데이터를 비트단위로 송수신하는 방식으로써 구현하기가 쉽고, 전송거리가 길고 기존의 통신선로 등을 활용할 수 있어 비용절감이 가능하다. 대표적인 시리얼 통신 방식으로는 LAN, RS232, RS422, RS485, X.25 등이 있다. 기본적인 시리얼 통신 장치는 컴퓨터 내부의 패럴랠 신호를 시리얼 신호로 바꿔주는 UART를 포함한다. 여기서 나오는 시리얼 신호는 TTL 레벨 값을 갖기 때문에 노이즈에 약하고 통신거리에 제약을 받게 되며, 이를 극복하기 위해 Drive IC를 사용하며 이를 통하여 통신 방식이 구분된다. RS232 등의 시리얼 통신 어댑터는 UART 신호를 통신 환경에 맞도록 변조한다.

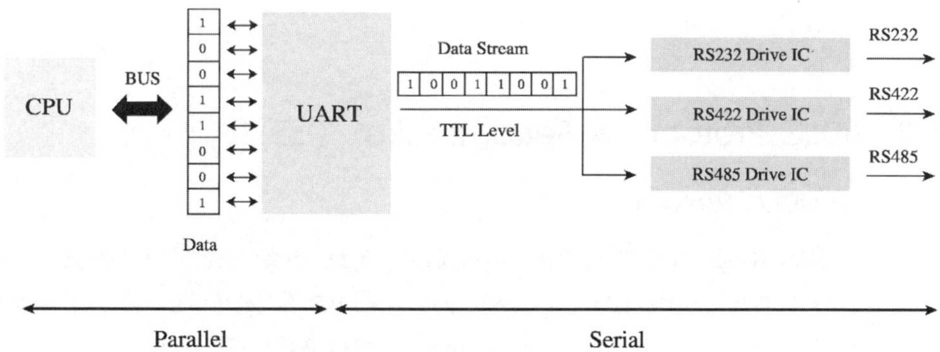


[그림 6.1] 패럴랠 통신과 시리얼 통신

### (1) Baud(보오)와 BPS(비트/초)

Baud라는 단위는 프랑스 전신공사의 Jean Maurice Baudot의 이름에서 유래하고 있는데, 그는 19세기 후반에 5단위 부호를 고안한 인물이다. Baud라고 말한 단위는 원래 변조율이나, 1초간 통신선의 신호 변경 회수를 가리키는 단어로서 사용되고 있었지만, 이것은 BPS(bit per second)와 항상 똑같은 것은 아니다. 만약 2개의 시리얼 디바이스를 직접 접속한 경우에는 Baud와 BPS는 사실상 똑같다고 할 수 있다. 즉, 만약 통신 속도를 19,200BPS로 통신하고 있다면, 그 선은 1초간에 19,200회 선을 통과한 신호가 변화한다고 말하는 것이다. 하지만 모뎀의 등장에 의하여 그 의미가 달라졌다고 볼 수 있다.

모뎀은 전화 회선을 이용하고 데이터를 송수신한다. 보오레이트(Baud Rate)는 종래의 통신 회선으로는 최대 2400Baud까지로 제한되고 있는데, 이것이 전화선의 물리적인 한계치이다. 그러나 최근에는 종래의 통신회선이라도 9,600 혹은 그 이상의 데이터 전송이 가능해지고, 압축 기술 등의 발달에 의하여 보다 고속의 데이터 통신이 가능해지고 있다. 일반적으로 PC에서는 Baud와 BPS는 같다. 그러나 각 신호에 복수의 2진 데이터를 중첩시키는 장치를 사용하는 고속 데이터 전송 분야에서는 BPS가 Baud보다 빠른 단위이다.

### (2) 비트 단위의 데이터 전송

시리얼 통신에서는 1바이트를 한 번에 1비트씩 전송한다. 수신측에서는 수신한 비트들을 조립해서 1바이트를 만드는데, 이때 1바이트의 위치를 식별하기 위하여 스타트 비트와 스톱 비트를 사용한다. 일단 스타트 비트에 뒤이어 송신측에서는 계속해서 데이터 비트를 송신하므로 수신측과 송신측은 보오레이트의 값을 동일하게 설정해야 한다.

## 6.1.2 HDLC Protocol & Serial Packet 구조

### (1) HDLC Protocol

HDLC(High-level Data Link Control)는 정보 전송을 위하여 ISO에서 제안한 데이터 통신 프로토콜이다. HDLC는 OSI 모형을 사용하는 컴퓨터와 컴퓨터 사이의 데이터 통신에서 데이터 링크 계층에 대한 비트 단위의 동기전송 방식을 정의하고 있다. HDLC에서는 Flag(8bit), Address(8bit), 제어(8bit), 데이터 정보(임의), frame의 오류 점검용

(16bit), Flag(8bit)와 같은 프레임(frame)의 형식으로 데이터가 저장되며, 데이터 프레이밍이나 흐름제어(Flow Control), 에러검출 및 정정 용도로 쓰이는 비트 기반의 데이터 링크 계층의 동기식 프로토콜을 정의한다.

또한 HDLC는 데이터 통신의 OSI 7계층 모델의 제2계층인 데이터 링크 계층에서 사용되는 가장 일반적인 전송 프로토콜로써, X.25 패킷 스위칭 네트워크 내에서 사용된다. X.25는 패킷 교환망에 광범위하게 사용되는 네트워크 프로토콜로써 1976년에 CCITT에 의해 표준으로 채택되어, 컴퓨서브나 TCP/IP 네트워크 등 서로 다른 공공네트워크 상의 컴퓨터들이 네트워크 계층 차원에서 중간 매개를 담당하는 컴퓨터를 통해 통신을 지원한다. X.25의 프로토콜들은 OSI 통신모델에 정의되어 있는 데이터링크 및 물리계층 프로토콜들과 밀접하게 연동한다.

HDLC에서 데이터는 프레임이라고 불리는 단위로 이루어지며, 프레임 단위로 전송되고, 도착지에서는 성공적으로 도착하였는지를 검증한다. HDLC 프로토콜은 데이터 프레임 내에 데이터 흐름을 제어하고 에러를 보정하기 위한 정보를 제공하고, 제3계층인 네트워크 계층에서 프레임을 캡슐화한다.

### (2) HDLC Protocol의 특징

- **전송효율의 향상** : 메시지 송신 후 바로 수신응답을 하는 반이중 통신에 비해 HDLC는 양방향으로 동시에 메시지를 어떤 범위까지는 응답없이 연속적으로 전송할 수 있게 함으로써 회선의 전송효율을 향상시키고 있다.
- **신뢰성의 향상** : 모든 프레임에 전송 에러 검사를 위한 에러 검출 부호를 부가하여 신뢰성을 높인다.
- **비트 투과성** : 일부 프로토콜에서는 본문 중에 전송제어문자(STX, ETX, ACK 등)와 동일한 문자정보를 삽입할 수 없지만 HDLC에서는 전송제어 문자의 제한을 받지 않고 자유롭게 비트 정보를 전송할 수 있다.
- **데이터 링크 형태의 다양성** : point-to-point, multi-point, loop 방식 등 여러 형태에 적용 가능하다.
- **임의의 비트 전송이 가능** : 동기의 설정을 플래그의 순서로 설정하고, 점-대-점 링크, 멀티 포인트 링크를 위한 ISO 국제 표준 프로토콜 반이중 통신과 전이중 통신 지원, 동기식 전송 방식을 사용
- **에러 제어** : Go-back-N과 선택적 재전송 ARQ 방식 지원
- **흐름 제어** : 슬라이딩 윈도우 방식을 채택

### (3) HDLC의 프레임 구조

| 8 | 8(확장 가능) | 8 / 16 | 가변길이 | 8 / 16 | 8 |
|---|---|---|---|---|---|
| 플래그 | 주소필드 | 제어필드 | 정보필드 | FCS | 플래그 |

**[그림 6.2]** HDLC 프레임 형식

- **플래그** : 프레임의 시작을 나타내는 시작 표시기로써 고유의 비트 패턴으로 제한되고, 링크에 연결된 모든 스테이션은 프레임의 시작을 동기화하기 위해 플래그를 계속 검사한다.
- **주소필드** : 프레임을 송수신하는 단말을 나타내는 주소부로써 8비트 표준으로 128가지 주소를 표시할 수 있고, 부족한 경우에는 확장 표시를 사용하여 임의의 8비트 길이로 확장이 가능하다.
- **제어필드** : 독특한 프레임의 성격을 기입한다.
- **정보필드** : 사용자 사이에서 교환되는 정보 메시지와 제어 정보가 들어 있는 부분으로써 비트열 및 비트 수의 제한이 없고 정보부의 길이와 구성도 제한이 없으며, 송수신간의 합의에 의한다.
- **FCS** : 수신국이 프레임 전송의 정확도를 점검하게 해주는 프레임 검사의 시퀀스부이다. 오류 검출에는 16비트의 CRC(Cyclic Redundancy Check) 부호를 사용한다.

### (4) Serial Packet 구조

무선통신에서 확인한 바와 같이 TinyOS 2.0은 시리얼에서도 표준 메시지 버퍼로 message_t라는 구조체를 사용한다. message_t의 전체 패킷 구조는 다음과 같으며 HDLC의 프레임 구조를 따르고 있다.

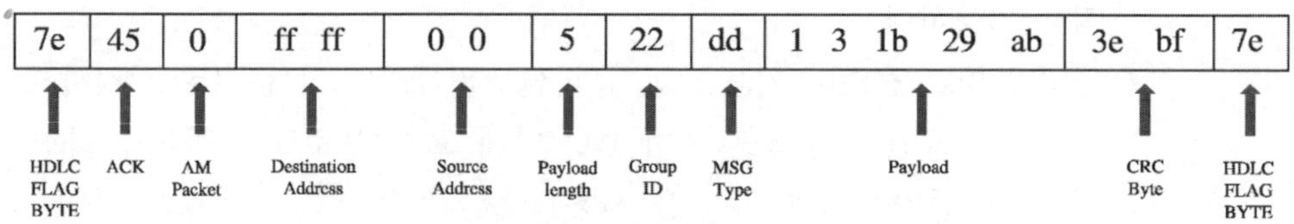


**[그림 6.3]** message_t의 패킷 구조 예시

■ HDLC FLAG BYTE

TinyOS에서 7e는 시작과 종료를 알리는 Sync Byte의 역할을 한다. 따라서 모든 패킷은 7e로 시작해서 7e로 종료된다.

■ ACK Byte

ACK라는 것은 데이터 통신 신뢰성 향상을 위해 사용하는 양방향 통신 프로토콜에서 사용되는데, 보낸 패킷에 대해 수신모듈에서 받았다고 회신해 주는 역할을 한다. ACK에 대한 것은 /opt/tinyos-2.x/tos/lib/serial/Serial.h에 정의되어 있는데 이것을 16진수로 변환하여 자신이 ACK를 받을 것인지 여부를 설정할 수 있다.

■ CRC Byte

CRC(cyclic redundancy check)는 패킷에 적은 정보를 추가하여 패킷의 오류를 검사하기 위한 방법으로써 송신측이 해당 패킷의 CRC 값을 계산하고 그 값을 패킷에 추가하여 목적지로 전송한다. 이 패킷을 받는 수신측에서는 다시 CRC를 재계산하게 되고 송신측이 추가한 CRC 값과 비교, 다르면 CRC Error를 확인한다. CRC를 생성하는 코드는 /opt/tinyos-2.x/tos/system/crc.h에 정의되어 있다.

만일 PC에서 mote로 패킷을 송신하려고 할 경우 [그림 6.3]의 message_t 구조체 전체를 완성시켜서 송신해야 정상적으로 패킷이 전달된다.

## 6.2 실습내용

Serial AM 통신과 Radio AM 통신은 거의 동일한 인터페이스를 갖는다. 어느 한쪽으로 구현된 소스 코드에서 컴포넌트 이름만 바꾸는 것으로도 사용이 가능하다. 대응되는 컴포넌트는 다음과 같다.

[표 6.1] Serial AM 통신과 Radio AM 통신에서 사용하는 컴포넌트

| Serial | Radio |
|---|---|
| SerialActiveMessageC | ActiveMessageC |
| SerialAMSenderC | AMSenderC |
| SerialAMReceiverC | AMReceiverC |

BlinkToRadio의 설정 컴포넌트 파일(BlinkToRadioAppC.nc)에서 컴포넌트 이름만 시리얼 관련 컴포넌트로 변경해보자.

### 6.2.1 실행방법

BlinkToRadio 예제를 복사하여 다른 이름으로 변경한다.

```
$ cd /opt/tinyos-2.x/apps/tutorials
$ cp -rf BlinkToRadio BlinkToSerial
$ cd BlinkToSerial
```

**[명령어 6.1]** BlinkToSerial 어플리케이션의 생성

BlinkToRadioAppC.nc 파일에서 Radio 관련 컴포넌트들을 Serial 컴포넌트로 모두 교체한다. 기존 컴포넌트 이름 앞에 'Serial'을 붙이면 된다.

```
#include <Timer.h>
#include "BlinkToRadio.h"

configuration BlinkToRadioAppC {
}
implementation {
  components MainC;
  components LedsC;
  components BlinkToRadioC as App;
  components new TimerMilliC() as Timer0;

  //components ActiveMessageC;
  components SerialActiveMessageC;

  //components new AMSenderC(AM_BLINKTORADIO);
  components new SerialAMSenderC(AM_BLINKTORADIO);

  //components new AMReceiverC(AM_BLINKTORADIO);
  components new SerialAMReceiverC(AM_BLINKTORADIO);

  App.Boot -> MainC;
  App.Leds -> LedsC;
  App.Timer0 -> Timer0;
```

```
    //App.Packet -> AMSenderC;
    App.Packet -> SerialAMSenderC;

    //App.AMPacket -> AMSenderC;
    App.AMPacket -> SerialAMSenderC;

    //App.AMControl -> ActiveMessageC;
    App.AMControl -> SerialActiveMessageC;

    //App.AMSend -> AMSenderC;
    App.AMSend -> SerialAMSenderC;

    //App.Receive -> AMReceiverC;
    App.Receive -> SerialAMReceiverC;
}
```

**[코드 6.1]** BlinkToSerial의 Configuration 및 Wiring

PC에 UBee430를 연결하고 컴파일한 후, 설치한다.
UBee-Dust라면 USB 모듈을 연결시키고 PC의 USB에 연결시킨다.

```
$ make UBee430 install
```

**[명령어 6.2]** BlinkToSerial 어플리케이션의 install

## 6.2.2 수행결과

mote가 연결된 포트를 확인한 후, 자바 Listen 프로그램을 사용하여 시리얼 포트에서 전달되는 데이터를 확인한다. 마지막 열의 숫자가 1씩 증가되는 것을 볼 수 있다.

```
$ motelist
Reference   CommPort   Description
------      -------    --------
FTQ197F8    COM6       Huins UBee430 Platform

$ java net.tinyos.tools.Listen -comm serial@COM6:UBee430
serial@COM6:115200: resynchronising
00 FF FF 00 00 04 00 06 00 01 00 AC
00 FF FF 00 00 04 00 06 00 01 00 AD
00 FF FF 00 00 04 00 06 00 01 00 AE
```

```
00 FF FF 00 00 04 00 06 00 01 00 AF
00 FF FF 00 00 04 00 06 00 01 00 B0
00 FF FF 00 00 04 00 06 00 01 00 B1
00 FF FF 00 00 04 00 06 00 01 00 B2
00 FF FF 00 00 04 00 06 00 01 00 B3
00 FF FF 00 00 04 00 06 00 01 00 B4
00 FF FF 00 00 04 00 06 00 01 00 B5
00 FF FF 00 00 04 00 06 00 01 00 B6
00 FF FF 00 00 04 00 06 00 01 00 B7
00 FF FF 00 00 04 00 06 00 01 00 B8
00 FF FF 00 00 04 00 06 00 01 00 B9
00 FF FF 00 00 04 00 06 00 01 00 BA
00 FF FF 00 00 04 00 06 00 01 00 BB
```

**[명령어 6.3]** BlinkToSerial 어플리케이션의 실행

Listen을 종료시키려면 키보드 Ctrl + C를 누른다.

## 6.3 추가 실습과제

위의 예제를 변형시켜 특정 문자열을 바이트 단위로 송신하는 프로그램을 작성하고 Java 프로그램을 통해 그 결과를 확인해 보자.

# CHAPTER 7

# BaseStation

# 7.1 BaseStation 소개

BaseStation은 기본적인 TinyOS 어플리케이션으로, PC 호스트와 무선 네트워크 간을 연결한다. 시리얼 포트로부터 패킷을 받았을 때 그 패킷을 무선으로 송신하고, 무선으로 전송받은 패킷을 시리얼 포트를 통해 PC로 전달하는 동작을 한다. 즉 각 무선 노드로부터 수집한 데이터를 PC로 넘겨주거나, PC에서 특정한 데이터를 무선 노드로 보내주는 Sink 또는 Gateway 노드로써의 역할을 담당하는 것이다.

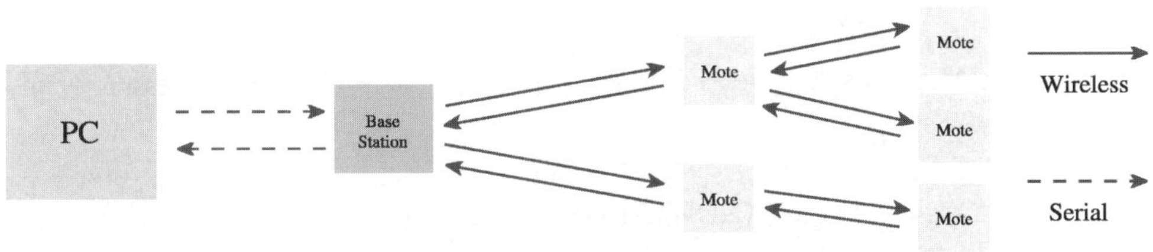


[그림 7.1] 브릿지 역할을 담당하는 BaseStation

## 7.1.1 Components

BaseStation은 무선통신과 시리얼 통신에 모두 관여하므로 이에 대한 컴포넌트들로 구성된다.

### (1) ActiveMessageC

무선통신을 제어하는 컴포넌트로써 receive 이벤트가 일어날 경우 시리얼을 제어하는 SerialActiveMessageC 컴포넌트의 send 커맨드를 호출하여 각 무선 노드들로부터 수집된 데이터를 PC로 전송한다.

### (2) SerialActiveMessageC

시리얼 통신을 제어하는 컴포넌트로써 receive 이벤트가 일어날 경우 무선통신을 제어하는 ActiveMessageC 컴포넌트의 send 커맨드를 호출하여 특정 데이터를 각 무선 노드들로 전송한다.

무선통신과 시리얼 통신 각각의 receive 이벤트 내에는 큐가 구현되어 있다. 수신된 패킷은 우선 큐에 있다가 SendTask 함수가 호출되면서 큐에서 꺼내져 다음 각각을 parsing하고, 얻어진 정보를 토대로 send 커맨드를 호출하게 된다.

## 7.2 실습내용

CC2420 무선통신을 사용할 때, 여러 개의 기본적인 pre-processor 설정들을 Makefile에 정의한다.

- CC2420_NO_ACKNOWLEDGEMENTS
  승인되지 않은 패킷을 BaseStation 어플리케이션이 접근할 수 없다.
- CC2420_NO_ADDRESS_RECOGNITION
  어디서 전송한 패킷이든 BaseStation 어플리케이션이 접근하는 것을 허용된다.
- CC2420_NO_ADDRESS_RECOGNITION_only
  모든 패킷에 접근이 가능하지만, BaseStation 주소로 전송된 패킷들만 접근이 허용된다.
- 위의 모든 정의들이 Makefiled에서 제거되면, BaseStation이 설치된 mote의 주소를 가진 패킷들만 수신되며, 패킷에 대한 접근이 승인된다.

### (1) 실행방법 및 결과

- 첫 번째 mote를 연결한 뒤, BlinkToRadio 어플리케이션을 컴파일하고 설치한다.

```
$ cd /opt/tinyos-2.x/apps/tutorials/BlinkToRadio
$ make UBee430 install
```

**[명령어 7.1]** BlinkToRadio 어플리케이션의 install

동작을 시험하기 위해서 PC에서 분리한 후, 건전지를 장착하고 전원을 인가한다. 이때까지 mote에는 아무 변화가 없을 것이다.

- 두 번째 mote를 연결한 뒤, BaseStation 어플리케이션을 컴파일하고 설치한다.

```
$ cd /opt/tinyos-2.x/apps/BaseStation
$ make UBee430 install
```

**[명령어 7.2]** BaseStation 어플리케이션의 install

완료된 후, 두 번째 LED(녹색)가 점멸하는 것을 볼 수 있다. 첫 번째 mote가 전송한 무선 패킷을 두 번째 mote가 받아서 LED가 깜박거리는 것이다.

- 두 번째 mote는 무선으로부터 수신 받은 패킷을 다시 시리얼을 통해 PC로 전송한다. PC에서 이 패킷을 확인하기 위해서는 Listen 프로그램을 사용하는데, 먼저 Listen 프로그램에서 인자로 전달할 mote가 설치된 포트를 확인해야 한다.

```
$ motelist
Reference    CommPort   Description
------    ------   -------
FTQ1OWCK   COM7       Huins UBee430 Platform
```

**[명령어 7.3]** 연결된 mote의 포트 확인

PC에 연결된 mote의 LED로 패킷의 흐름을 확인할 수 있다. 시리얼에서 무선으로 메시지가 전달되면 적색 LED가, 무선에서 시리얼로 메시지가 전달되면 녹색 LED가, 큐 오버플로우로 메시지가 손실되면 청색 LED가 깜박인다.

이제 COM7 포트를 인자로 하여 Listen 프로그램을 실행시켜 보자. 데이터가 전달되는 것을 확인할 수 있다.

```
$  java net.tinyos.tools.Listen -comm serial@com7:UBee430
serial@com7:115200: resynchronising
00 FF FF FF FF 04 00 06 00 01 00 01
00 FF FF FF FF 04 00 06 00 02 00 05
00 FF FF FF FF 04 00 06 00 01 00 05
00 FF FF FF FF 04 00 0C 00 02 00 11
00 FF FF FF FF 04 00 0C 00 02 00 13
```

```
00 FF FF FF FF 04 00 06 00 01 00 0A
00 FF FF FF FF 04 00 06 00 04 00 2F
00 FF FF FF FF 04 00 06 00 01 00 0D
00 FF FF FF FF 04 00 06 00 02 00 3B
00 FF FF FF FF 04 00 06 00 01 00 10
00 FF FF FF FF 04 00 18 00 04 00 47
00 FF FF FF FF 04 00 06 00 01 00 13
00 FF FF FF FF 04 00 06 00 01 00 1A
00 FF FF FF FF 04 00 06 00 01 00 1B
00 FF FF FF FF 04 00 06 00 01 00 1C
00 FF FF FF FF 04 00 06 00 01 00 1D
00 FF FF FF FF 04 00 06 00 01 00 1E
```

**[명령어 7.4]** BaseStation 어플리케이션을 이용한 Serial 데이터 확인

본 예제의 시리얼 통신에서 사용한 패킷의 구조는 다음과 같다.

| 00 | FF | FF | FF | FF | 04 | 00 | 06 | 00 | 01 | 00 | 1E |
|---|---|---|---|---|---|---|---|---|---|---|---|
| AM packet | destination address | | source address | | payload length | Group ID | msg type | mote ID | | counter | |
| | | | | | | | | payload | | | |

**[그림 7.2]** Serial 통신의 패킷 구조

message type이 6인 이유는 무선으로 메시지를 전송한 BlinkToRadio 어플리케이션에서 AM 메시지 타입을 6으로 정의했기 때문이다. 이 타입을 가진 패킷을 무선으로 전송한다(/opt/tinyos-2.x/apps/tutorials/EX_BlinkToRadio/BlinkToRadio.h).

BaseStation이 설치된 mote는 수신된 패킷에서 꺼낸 값을 그대로 사용하고 있다(/opt/tinyos-2.x/apps/BaseStation/BaseStationP.nc의 uartSendTask()함수).

```
id = call RadioAMPacket.type(msg);
addr = call RadioAMPacket.destination(msg);
.....................................................................
if (call UartSend.send[id](addr, uartQueue[uartOut], len) == SUCCESS)
  call Leds.led1Toggle();
```

**[코드 7.1]** uartSendTask()함수

## (2) 코드설명

- Makefile

```
COMPONENT=BaseStationC
CFLAGS += -DCC2420_NO_ACKNOWLEDGEMENTS
CFLAGS += -DCC2420_NO_ADDRESS_RECOGNITION
include $(MAKERULES)
```

[코드 7.2] Makefile

- BaseStationC.nc

BaseStationP 컴포넌트는 ActiveMessageC 컴포넌트가 제공하는 인터페이스를 사용하여 무선상으로 메시지를 송수신하고, SerialActiveMessageC 컴포넌트가 제공하는 인터페이스를 사용하여 시리얼 상으로 송수신한다.

```
configuration BaseStationC {
}
implementation {
    components MainC, BaseStationP, LedsC;

    /* 무선과 시리얼 통신 컴포넌트를 모두 사용한다. */
    components ActiveMessageC as Radio, SerialActiveMessageC as Serial;

    MainC.Boot <- BaseStationP;
    /* 시리얼 통신, 무선 통신 초기화를 위한 인터페이스 연결 */
    BaseStationP.SerialControl -> Serial;
    BaseStationP.RadioControl -> Radio;

    /* 시리얼 통신 관련 인터페이스 연결 */
    BaseStationP.UartSend -> Serial;
    BaseStationP.UartReceive -> Serial;
    BaseStationP.UartPacket -> Serial;
    BaseStationP.UartAMPacket -> Serial;

    /* 무선 통신 관련 인터페이스 연결 */
    BaseStationP.RadioSend -> Radio;
    BaseStationP.RadioReceive -> Radio.Receive;
    BaseStationP.RadioSnoop -> Radio.Snoop;
    BaseStationP.RadioPacket -> Radio;
```

```
    BaseStationP.RadioAMPacket -> Radio;

    /* LED인터페이스 연결 */
    BaseStationP.Leds -> LedsC;
}
```

[코드 7.3] BaseStationC.nc

- BaseStationP.nc

BaseStationP에서 사용되어지는 인터페이스들을 선언한다. 연결은 BaseStationC에서 이루어진다.

```
#include "AM.h"
#include "Serial.h"

module BaseStationP {
    uses {
        interface Boot;
        interface SplitControl as SerialControl;
        interface SplitControl as RadioControl;

        interface AMSend as UartSend[am_id_t id];
        interface Receive as UartReceive[am_id_t id];
        interface Packet as UartPacket;
        interface AMPacket as UartAMPacket;

        interface AMSend as RadioSend[am_id_t id];
        interface Receive as RadioReceive[am_id_t id];
        interface Receive as RadioSnoop[am_id_t id];
        interface Packet as RadioPacket;
        interface AMPacket as RadioAMPacket;

        interface Leds;
    }
}
```

[코드 7.4] BaseStataionP.nc

시리얼 통신과 무선통신을 통해 수신되는 메시지들을 버퍼링하기 위한 큐를 정의한다.

```
implementation
{
  /* 큐의 크기 정의 */
  enum {
    UART_QUEUE_LEN = 12,
    RADIO_QUEUE_LEN = 12,
  };

  /* 시리얼 통신을 위한 큐 */
  message_t  uartQueueBufs[UART_QUEUE_LEN]; /* 배열을 정의한 후 */
  message_t *uartQueue[UART_QUEUE_LEN]; /*포인터배열로 배열항목을 가리키게 한다.*/
  uint8_t    uartIn, uartOut;
  bool       uartBusy, uartFull;

  /* 무선 통신을 위한 큐 */
  message_t  radioQueueBufs[RADIO_QUEUE_LEN];
  message_t  *radioQueue[RADIO_QUEUE_LEN];
  uint8_t    radioIn, radioOut;
  bool       radioBusy, radioFull;
```

**[코드 7.5]** BaseStationP.nc

큐에 들어있는 메시지를 전송하는 부분들은 Task로 구현되어 있다.

```
/* 두 개의 태스크가 사용된다. */
task void uartSendTask();
task void radioSendTask();

void dropBlink() {
    call Leds.led2Toggle();
}

void failBlink() {
    call Leds.led2Toggle();
}
```

**[코드 7.6]** BaseStationP.nc

mote가 부팅되면 Boot.booted 이벤트가 발생한다. 큐가 초기화 되고, 무선 및 시리얼 통신을 시작한다.

```
event void Boot.booted() {
    uint8_t i;

    /* message_t 구조체 배열의 원소들의 주소를 포인터 배열에 넣는다. */
    for (i = 0; i < UART_QUEUE_LEN; i++)
      uartQueue[i] = &uartQueueBufs[i];
    uartIn = uartOut = 0; /* 큐 인텍스 초기화 */
    uartBusy = FALSE;   /* uart 사용 중 아님 */
    uartFull = TRUE;     /* 큐가 꽉 찬 상태 */

  for (i = 0; i < RADIO_QUEUE_LEN; i++)
      radioQueue[i] = &radioQueueBufs[i];

  radioIn = radioOut = 0;
  radioBusy = FALSE;
  radioFull = TRUE;

  /* 무선 통신과 시리얼 통신을 초기화한다. */
  call RadioControl.start();
  call SerialControl.start();
}
```

**[코드 7.7]** BaseStationP.nc

통신이 시작되면 radio 큐와 uart 큐를 비어 있는 상태로 초기화한다. stopDone은 사용하지 않지만 빈 함수의 형태라도 정의해야 한다.

```
event void RadioControl.startDone(error_t error) {
    if (error == SUCCESS) {
        radioFull = FALSE;
    }
}

event void SerialControl.startDone(error_t error) {
    if (error == SUCCESS) {
        uartFull = FALSE;
    }
}
event void SerialControl.stopDone(error_t error) {}
event void RadioControl.stopDone(error_t error) {}
```

**[코드 7.8]** BaseStationP.nc

receive 이벤트는 무선 패킷이 수신되면 발생한다. RadioSnoop 인터페이스는 자신의 노드를 위한 패킷이 아닌 것을 수신하고, RadioReceive 인터페이스는 자신에게 오는 패킷을 수신한다. receive 함수를 내부에서 동일하게 호출하는 방식을 사용하고 있다.

```
event message_t *RadioSnoop.receive[am_id_t id](message_t *msg, void *payload,
uint8_t len) {
    return receive(msg, payload, len);
}

event message_t *RadioReceive.receive[am_id_t id](message_t *msg, void
*payload, uint8_t len) {
    return receive(msg, payload, len);
}
```

**[코드 7.9]** BaseStationP.nc

메시지가 수신되었을 때, 실제 처리를 하는 부분이다. 수신 받은 메시지를 큐에 넣은 후, uart가 사용가능하면 전송을 하기 위해 uartSendTask를 post한다.

```
message_t* receive(message_t *msg, void *payload, uint8_t len) {
    message_t *ret = msg;

    atomic {
      /* 큐가 꽉차지 않았다면 */
      if (!uartFull)
        {
          /* 수신된 메시지가 저장될 위치를 리턴하게 될 변수에 넣어둔다. */
          ret = uartQueue[uartIn];

          /* 수신 받은 메시지를 큐에 넣는다. */
          uartQueue[uartIn] = msg;

          /* 큐의 인덱스를 증가시킨다. */
          uartIn = (uartIn + 1) % UART_QUEUE_LEN;

          /* 큐가 꽉찼는지 검사 */
          if (uartIn == uartOut)
            uartFull = TRUE;
          /* uart를 사용중이 아니라면 */
          if (!uartBusy)
            {
```

```
                    /* uart로 메시지를 전송하기 위해 uartSendTask를 post한다. */
                    post uartSendTask();
                    /* uart 사용 중으로 플래그 변경  */
                    uartBusy = TRUE;
                }
            }
        else /* 큐가 꽉찬 경우 청색 LED가 토글된다. */
          dropBlink();
        }

        return ret;
    }

uint8_t tmpLen;

/* uart로 전송하기 위한 태스크 */
task void uartSendTask() {
        uint8_t len;
        am_id_t id;
        am_addr_t addr;
        message_t* msg;
        atomic

        /* 큐가 비어있는 경우 아무 일도 안한다.*/
        if (uartIn == uartOut && !uartFull) {
                uartBusy = FALSE;
                return;
        }

        /* 큐에서 하나를 꺼내서 */
        msg = uartQueue[uartOut];

        /* 패킷에서 페이로드의 크기를 가져온다.*/
        tmpLen = len = call RadioPacket.payloadLength(msg);

        /* 무선 패킷의 목적지 주소와 메시지 type을 그대로 시리얼패킷에서도 사용된다. */
        id = call RadioAMPacket.type(msg);
        addr = call RadioAMPacket.destination(msg);

        /* 큐에서 인덱스 uartOut가 가리키는 메시지를 uart를 통해 PC로 전송한다. */
        if (call UartSend.send[id]( addr, uartQueue[uartOut], len) == SUCCESS)
            call Leds.led1Toggle();  /* 황색 LED 점멸 */
```

```
    else {
        failBlink(); /* 청색 LED 점멸 */
        post uartSendTask(); /* 전송실패이면 자신을 다시 post한다. */
    }
}
```

**[코드 7.10]** BaseStationP.nc

수신 받은 메시지를 전송하는 태스크이다. 큐에서 꺼낸 메시지를 uart를 통해 PC로 전송한다. 실패하면 다시 재귀호출 한다. uart를 통한 전송이 성공하면 메시지를 큐에서 제거한다. 전송 성공 여부와 상관없이 다음 전송을 위한 uartSendTask를 post한다.

```
event void UartSend.sendDone[am_id_t id](message_t* msg, error_t error) {
  /* 전송이 실패하면 */
  if (error != SUCCESS)
    failBlink(); /* 청색 LED 점멸 */

  /* 전송이 성공하고 */
  else
    atomic
     /* send함수 인자로 보낸 메시지와 실제로 보내진 메시지가 일치한다면 */
       if (msg == uartQueue[uartOut])
       {
         /* 현재 메시지를 큐에서 제거한다. */
          if (++uartOut >= UART_QUEUE_LEN)
            uartOut = 0;

          if (uartFull)
            uartFull = FALSE;
       }

  /* uartSendTask를 다시 post한다. */
  post uartSendTask();
}
```

**[코드 7.11]** BaseStationP.nc

시리얼을 통해 패킷이 수신되면 발생하는 이벤트 처리를 위한 핸들러 함수이다.

```
event message_t *UartReceive.receive[am_id_t id](message_t *msg,
                                                  void *payload,
                                                  uint8_t len) {
    message_t *ret = msg;
    bool reflectToken = FALSE;

    atomic
      /* radioQueue가 꽉차지 않았다면 */
      if (!radioFull)
         {
           reflectToken = TRUE;
           ret = radioQueue[radioIn];

         /* 메시지를 큐에 넣는다. */
           radioQueue[radioIn] = msg;
           if (++radioIn >= RADIO_QUEUE_LEN)
             radioIn = 0;
           if (radioIn == radioOut)
             radioFull = TRUE;

         /* 무선이 사용중이 아니라면 전송을 위해 radioSendTask를 post한다. */
           if (!radioBusy)
             {
               post radioSendTask();
               radioBusy = TRUE;
             }
           /* 사용 중이라 전송되지 못하면 다음 작업을 계속 된다. */
         }

      else
         dropBlink();

    if (reflectToken) {
      //call UartTokenReceive.ReflectToken(Token);
    }

    return ret;
  }
```

**[코드 7.12]** BaseStationP.nc

실제로 무선을 통해 메시지를 전송하는 태스크이다.

```
task void radioSendTask() {
  uint8_t len;
  am_id_t id;
  am_addr_t addr;
  message_t* msg;

  atomic
    /* 큐가 비어있다면 리턴된다. */
    if (radioIn == radioOut && !radioFull)
      {
        radioBusy = FALSE;
        return;
      }

 /* 큐에서 메시지를 가져온다. */
  msg = radioQueue[radioOut];

  len = call UartPacket.payloadLength(msg);

  /* 시리얼 패킷의 목적지 주소와 id가 그대로 무선패킷에서도 사용된다. */
  addr = call UartAMPacket.destination(msg);
  id = call UartAMPacket.type(msg);

  /* 패킷을 무선으로 전송한다. */
  if (call RadioSend.send[id](addr, msg, len) == SUCCESS)
    call Leds.led0Toggle();
  else
    {
      failBlink();
      post radioSendTask();
  }
}
```

[코드 7.13] BaseStationP.nc

패킷 전송이 완료되면 발생하는 이벤트에 대한 핸들러 함수이다.

```
event void RadioSend.sendDone[am_id_t id](message_t* msg, error_t error) {
    if (error != SUCCESS)
        failBlink();
    else
      atomic
        /* send함수 인자로 보낸 메시지와 실제로 보내진 메시지가 일치한다면 */
        if (msg == radioQueue[radioOut])
          {
            /* 큐에서 메시지를 제거한다. */
              if (++radioOut >= RADIO_QUEUE_LEN)
                  radioOut = 0;
              if (radioFull)
                  radioFull = FALSE;
          }

        /* 무선으로 전송하기 위한 태스크를 다시 post한다. */
        post radioSendTask();
    }
}
```

**[코드 7.14]** BaseStaionP.nc

## 7.3 추가 실습과제

3개의 무선 노드에 각각의 ID를 할당하고, 자신의 ID를 무선으로 송신하는 프로그램을 작성한 후, 자바 Listen 어플리케이션을 통해 데이터의 수신 결과를 확인한다.

# CHAPTER 8

# Sense & Oscilloscope

# 8.1 어플리케이션 소개

## 8.1.1 Sense 어플리케이션

Sense 어플리케이션은 TinyOS에서 센서로부터 읽은 값을 테스트하기 위한 어플리케이션이다. 일정한 주기로 센서로부터 샘플링을 하고, 읽은 값의 하위 3비트를 mote에 붙어있는 3개의 LED들에 출력한다.

## 8.1.2 Oscilloscope 어플리케이션

Oscilloscope 어플리케이션이 설치된 mote들은 주기적으로 디폴트 센서(DemoSensorC 컴포넌트 이용)로부터 센서 값을 샘플링을 한다. 10번 읽은 센서 값이 모아지면 메시지를 생성한 후, 무선으로 브로드캐스트 한다. BaseStation이 설치된 mote는 PC의 시리얼포트에 연결되어 무선을 통해 수신 받은 메시지를 시리얼을 통해 PC로 전단한다. 자바로 작성된 Oscilloscope 어플리케이션을 사용하여 mote로부터 받은 센싱 값을 화면에 출력한다. sampling rate는 디폴트로 4Hz이며, 자바 어플리케이션에서 수정가능하다. 따라서 Oscilloscope를 테스트하기 위해서는 최소한 2개의 모트가 필요하며, Oscilloscope 어플리케이션이 설치되어 센싱 값을 무선으로 전송하는 mote와 BaseStation 어플리케이션이 설치되어 수신된 무선 패킷을 PC로 전송하는 mote로 구성한다.

## 8.1.3 하드웨어 구성도

[그림 8.1]은 UBee430의 하드웨어 구성도이다. 그림에서 원으로 표시된 부분을 보면 Sense 및 Oscilloscope 어플리케이션의 동작원리를 이해할 수 있다. BAT.-MONITOR는 UBee430의 전압을 측정하고 ADC를 이용하여 MSP430에 그 값을 전달한다.

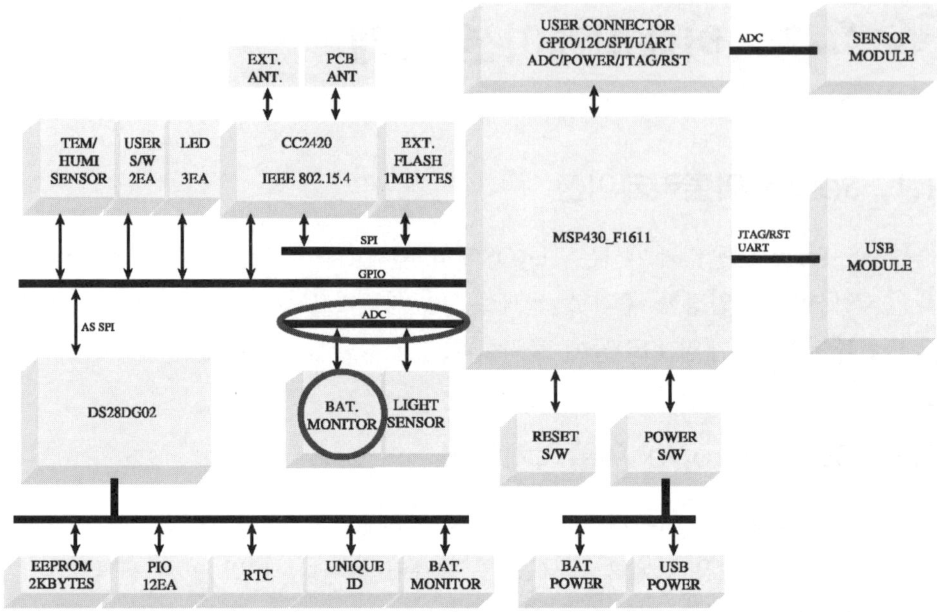


[그림 8.1] UBee430 하드웨어 구성도

## 8.1.4 소프트웨어 구성도

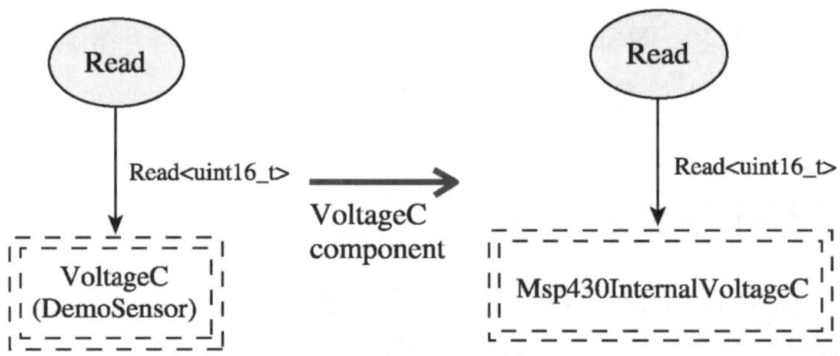


[그림 8.2] Sense 및 Oscilloscope 어플리케이션의 소프트웨어 구성도

[그림 8.2]는 Sense 및 Oscilloscope 어플리케이션의 소프트웨어 구성을 나타내고 있다. 두 어플리케이션 모두 DemoSensorC라는 컴포넌트를 사용하고 있다. 그 DemoSensorC 컴포넌트는 [그림 8.2]의 왼쪽에 있는 VoltageC 컴포넌트를 사용하고, 그 컴포넌트는 결국 MSP430 Internal Voltage C 컴포넌트에 연결되어 있음을 알 수 있다.

# 8.2 실습내용

## 8.2.1 Sense

### (1) 실행방법

```
$ cd /opt/tinyos-2.x/apps/Sense
$ make UBee430 install
```

**[명령어 8.1]** Sense 어플리케이션을 mote에 install

### (2) 수행결과

LED 3개가 센서 값을 표현하며 깜박이는 것을 볼 수 있다.

### (3) 코드설명

- SenseAppC.nc

```
configuration SenseAppC {
}

implementation {

    components SenseC, MainC, LedsC, new TimerMilliC(), new DemoSensorC() as
Sensor;

    SenseC.Boot -> MainC;
    SenseC.Leds -> LedsC;
    SenseC.Timer -> TimerMilliC;
    SenseC.Read -> Sensor;

}
```

**[코드 8.1]** SenseAppC.nc

SenseC 컴포넌트는 센서 값을 읽어오기 위해 DemoSensorC 컴포넌트가 지원하는 Read 인터페이스를 사용한다. 어느 센서의 값인지 SenseC는 알 수 없지만 동일한 인터페이스로 센서로부터 값을 가져 올 수 있다. SenseC 컴포넌트에서 Read 인터페이스를 사용하기 위해선 ReadDone 이벤트를 구현해야 한다.

- SenseC.nc

```
#include "Timer.h"

module SenseC
{
  /*
   * SenseAppC 설정 컴포넌트에서 인터페이스들을 현재 컴포넌트로 연결을
   * 해주었기 때문에 아래처럼 사용한다고 선언할 수 있다.
   */
    uses {
        interface Boot;
        interface Leds;
        interface Timer<TMilli>;

        /* 일반 인터페이스는 최소한 하나의 type 매개변수를 가진다. readDone이벤트에
           서 16비트 정수형데이터를 얻게 됨을 예상할 수 있다. */
        interface Read<uint16_t>
}
```

[코드 8.2] SenseC.nc

부팅이 완료되면 타이머를 시작한다. 현재 예제 코드는 0.1초마다 센서로부터 값을 읽어온다.

```
implementation
{
    #define SAMPLING_FREQUENCY 100

    event void Boot.booted() {
        call Timer.startPeriodic(SAMPLING_FREQUENCY);
    }
```

[코드 8.3] SenseC.nc

타이머 이벤트가 발생하면, 센서로부터 데이터를 읽기 위해 Read.read를 호출한다.

```
event void Timer.fired()
{
    call Read.read();
}
```

**[코드 8.4]** SenseC.nc

다음은 데이터 읽기가 완료되면 발생하는 이벤트에 대한 이벤트 핸들러이다. 읽은 값을 mote에 있는 세 개의 LED에 각각 출력한다.

```
  event void Read.readDone(error_t result, uint16_t data)
  {
      if (result == SUCCESS){
          if (data & 0x0004)
              call Leds.led2On();
          else
              call Leds.led2Off();
      if (data & 0x0002)
          call Leds.led1On();
      else
          call Leds.led1Off();

      if (data & 0x0001)
          call Leds.led0On();
      else
          call Leds.led0Off();
    }

  }
}
```

**[코드 8.5]** SenseC.nc

- DemoSensorC

/opt/tinyos-2.x/tos/platforms/UBee430 디렉토리를 참조한다.

```
/* DemoSensorC는 16비트값을 제공하는 전형적인 센서 디바이스이다. 어느 센서를 선택하는
지는 DemoSensorC 컴포넌트에서 정하게 되며 어플리케이션에서는 알 수 없다. VoltageC
```

```
컴포넌트를 사용하여 전압값을 읽어오는 것을 telosb 플랫폼에서 제공하는 것이다. ADC
counts를 실제 전압값으로 변환하기 위해서는 4096으로 나눈 후, 3을 곱한다.  */

generic configuration DemoSensorC()
{
    /* 센싱값을 16비트 정수형으로 제공한다. */
    provides interface Read<uint16_t>;
}
implementation
{
    /* 다른 센서를 사용하기 위해서는 아래 한 줄을 원하는 컴포넌트로 변경하면 된다. */
    components new VoltageC() as DemoSensor;

    /* 현재 컴포넌트에서 제공하는 Read 인터페이스를 위해 DemoSensor컴포넌트
       가 제공하는 Read인터페이스를 연결한다. */
    Read = DemoSensor;
}
```

**[코드 8.6]** DemoSensorC.nc

DemoSensorC 컴포넌트가 사용하는 Read 인터페이스는 VoltageC 컴포넌트(/opt/tinyos-2.x/tos/platforms/UBee430/VoltageC.nc)를 걸쳐 Msp430InternalVoltageC 컴포넌트(/opt/tinyos-2.x/tos/chips/msp430/sensors/Msp430InternalVoltageC.nc)에서 제공한다.

## 8.2.2 Oscilloscope

### (1) 실행방법 및 결과

- 센서 값을 무선으로 전송하는 Oscilloscope 어플리케이션을 컴파일하여 설치한다. 하나 이상의 mote에 설치할 경우에는 서로 구별하기 위해 ID값을 다르게 설정한다.

```
$ cd /opt/tinyos-2.x/apps/Oscilloscope
$ make UBee430 install,249
```

**[명령어 8.2]** ID값을 입력하여 Oscilloscope 어플리케이션 install

- 무선 수신 데이터를 시리얼 통신을 통해 PC로 전송해주는 BaseStation 어플리케이션을 설치한다.

```
$ cd /opt/tinyos-2.x/apps/BaseStation/
$ make UBee430 install
```

**[명령어 8.3]** ID값을 입력하지 않고 BaseStation 어플리케이션 install

- Oscilloscope 어플리케이션이 설치된 mote의 전원을 켜면, 센싱 후 패킷을 전송할 때마다 두 번째 녹색 LED가 점멸한다.
- BaseStation 어플리케이션이 설치된 mote를 PC에 연결한다. 무선 패킷이 mote를 거쳐 시리얼로 전송될 때마다 두 번째 녹색 LED가 점멸하게 된다.

```
$ motelist
Reference   CommPort   Description
------  ------   --------
FTQ1B8Z6   COM11      Huins UBee430 Platform

$ java net.tinyos.tools.Listen -comm serial@com11:UBee430
serial@com11:115200: resynchronising
00 FF FF FF FF 1C 00 93 00 00 01 00 00 F9 00 18 0F 51 0F 51 0F 51 0F 51 0F
   51 0F 52 0F 51 0F 51 0F 51 0F 51
00 FF FF FF FF 1C 00 93 00 00 01 00 00 F9 00 19 0F 4B 0F 49 0F 4A 0F 49 0F
   4A 0F 4B 0F 49 0F 4A 0F 4A 0F 4B
00 FF FF FF FF 1C 00 93 00 00 01 00 00 F9 00 1A 0F 4F 0F 4F 0F 4F 0F 4F 0F
   50 0F 50 0F 50 0F 51 0F 51 0F 50
00 FF FF FF FF 1C 00 93 00 00 01 00 00 F9 00 1B 0F 4A 0F 49 0F 48 0F 4A 0F
   49 0F 47 0F 49 0F 49 0F 48 0F 48
```

**[결과 8.1]** Serial로 들어오는 패킷 데이터

- 이제 Oscilloscope 자바 어플리케이션에서 출력해 보자. SerialForwarder 자바 프로그램을 먼저 백그라운드로 실행시킨다. 패킷이 수신되어 BaseStation이 설치된 mote의 황색 LED가 점멸될 때마다, Serial Forwarder 자바 어플리케이션의 Pckts Read의 숫자가 1씩 증가되는 것을 볼 수 있다.

```
$ java net.tinyos.sf.SerialForwarder -comm serial@COM11:UBee430 &
[1] 2308
```

**[명령어 8.4]** SerialForwarder를 통한 패킷 데이터 확인

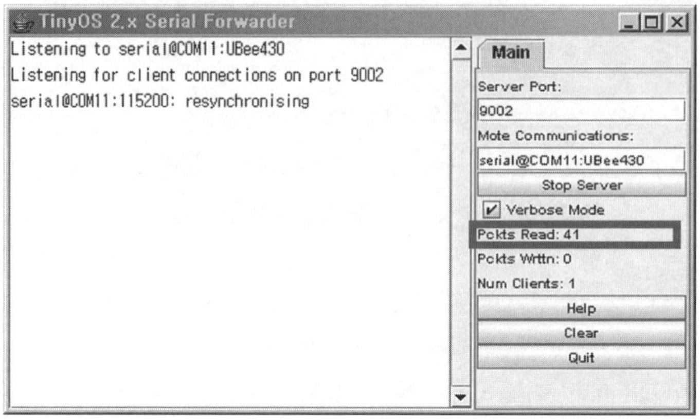


[그림 8.3] SerialForwarder를 사용한 결과

- Oscilloscope 어플리케이션의 자바 서브디렉터리로 이동하여 make 명령으로 컴파일한 후 ./run 명령을 실행한다. 센싱되는 값을 자세히 보기 위해서 오른쪽 아래의 Y값을 5000으로 바꾼다. 일정한 값이 계속 전달됨을 그래프로 볼 수 있다. 실제 전압 값이 아니라 센서에서 가져온 ADC count이다.

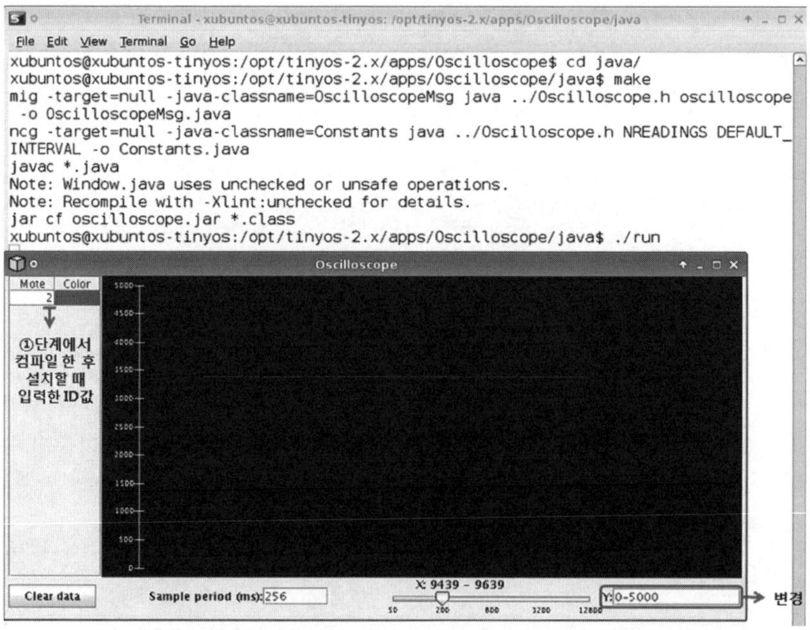


[그림 8.4] 자바 어플리케이션을 사용한 Oscilloscope 어플리케이션 결과

## (2) 코드설명

- Oscilloscope.h

nesC 어플리케이션이 전송하는 패킷에 맞추어 자바 어플리케이션에서 접근하는 함수들을 만들기 위한 헤더파일이다. 어플리케이션에서 사용되는 상수들도 정의되어 있다.

```
#ifndef OSCILLOSCOPE_H
#define OSCILLOSCOPE_H

enum {
  /* 메시지당 저장되는 센싱 값의 개수. 이 값을 증가시키려면 message_t 구조체의 크기
     를 증가시켜야 한다. */
  NREADINGS = 10,
  /* 디폴트 샘플링 주기 */
  DEFAULT_INTERVAL = 256,

  /* 메시지 타입 */
  AM_OSCILLOSCOPE = 0x93
};

/* 전송을 위한  메시지 구조체 및 현재 mote상태를 저장하는 용도로 사용 */
typedef nx_struct oscilloscope {
  nx_uint16_t version; /* interval(샘플링 주기)의 버전 */
  nx_uint16_t interval; /* 샘플링 주기 */
  nx_uint16_t id;       /* 패킷 전송하는 mote의 ID */
  nx_uint16_t count; /* The readings are samples count * NREADINGS onwards */
  nx_uint16_t readings[NREADINGS];
} oscilloscope_t;

#endif
```

**[코드 8.7]** Oscilloscope.h

- OscilloscopeAppC.nc

DemoSensorC 컴포넌트에서 제공하는 인터페이스를 사용하여 센서 값을 얻는다. 무선 패킷을 송수신하기 위해 ActiveMessageC, AMSenderC, AMReceiverC 컴포넌트가 제공하는 인터페이스들을 사용한다.

```
configuration OscilloscopeAppC { }
implementation
{
```

```
    components OscilloscopeC, MainC, ActiveMessageC, LedsC,
    new TimerMilliC(), new DemoSensorC() as Sensor,
    new AMSenderC(AM_OSCILLOSCOPE), new AMReceiverC (AM_OSCILLOSCOPE);

    OscilloscopeC.Boot -> MainC;
    OscilloscopeC.RadioControl -> ActiveMessageC;
    OscilloscopeC.AMSend -> AMSenderC;
    OscilloscopeC.Receive -> AMReceiverC;
    OscilloscopeC.Timer -> TimerMilliC;
    OscilloscopeC.Read -> Sensor;
    OscilloscopeC.Leds -> LedsC;

}
```

**[코드 8.8]** OscilloscopeAppC.nc

- OscilloscopeC.nc

OscilloscopeC 컴포넌트에서 사용하는 인터페이스는 다음과 같다.

```
module OscilloscopeC
{
    uses {
        /* 모트 부트를 위해 사용 */
        interface Boot;

        /* 무선을 시작을 위해 사용 */
        interface SplitControl as RadioControl;

        /* 메시지 전송 */
        interface AMSend;

        /* 동기화 목적 */
        interface Receive;

        /* 주기적으로 센서값을 얻어오기 위해 사용 */
        interface Timer<TMilli>;

        /* 센서로부터 값을 읽기 위해 사용 */
        interface Read<uint16_t>;

        /* led 제어를 위해 사용 */
```

```
        interface Leds;
    }
}
```

**[코드 8.9]** OscilloscopeC.nc

사용되는 전역변수 및 LED 제어관련 함수를 정의한다.

```
/* 전송할 데이터를 넣어서 보내기 위해 메시지 선언 */
message_t sendbuf;

/* 무선 사용가능 여부 */
bool sendbusy;

/* 현재 로컬 상태 - interval, version과 저장된 센싱 값들 */
oscilloscope_t local;

/* 센싱 횟수를 기록하는 인덱스. 0에서 NREADINGS까지 증가.*/
uint8_t reading;

/* Oscilloscope메시지를 다룰 때, 샘플 count를 검사해야 한다.
   만약 count의 로컬 값보다 수신된 값이 더 크다면, 해당 값으로 로컬 값을 변경해야 한
   다. 그리고 나서 다음 count가 증가하지 못하도록 해야 한다. 이때 사용되는 플러그 변
   수이다. 시간 동기화의 가장 간단한 형태이다.  */
bool suppress_count_change;

/* Mote에서 상태를 나타내기 위해 3개의 LED를 사용한다. */
void report_problem() { call Leds.led0Toggle(); } /* 문제 발생 시 */
void report_sent() { call Leds.led1Toggle(); }      /* 전송 시 */
void report_received() { call Leds.led2Toggle(); } /* 수신 시 */
```

**[코드 8.10]** OscilloscopeC.nc

부팅이 되면, 무선통신을 시작하기 위해서 RadioControl.start를 호출한다.

```
event void Boot.booted() {
    /* 기본 샘플링 주기 */
    local.interval = DEFAULT_INTERVAL;

    /* 현재 노드 ID */
    local.id = TOS_NODE_ID;
```

```
    /* 무선 시작한다. */
    if (call RadioControl.start() != SUCCESS)
    report_problem(); /* 실패하면 첫 번째 LED가 점멸한다. */
}
```

**[코드 8.11]** OscilloscopeC.nc

무선통신이 성공적으로 시작되면 타이머를 시작하기 위해 startTimer()를 호출한다.

```
event void RadioControl.startDone(error_t error) {
    startTimer();
}
```

**[코드 8.12]** OscilloscopeC.nc

local.interval값을 사용하여 타이머를 시작하고 센싱한 횟수를 0으로 초기화 한다.

```
void startTimer() {
    call Timer.startPeriodic(local.interval);
    reading = 0;
}
```

**[코드 8.13]** OscilloscopeC.nc

일정한 주기로 타이머 이벤트가 발생할 때마다, 센서로부터 데이터를 읽어온다.

```
event void Timer.fired() {

    /* 원하는 만큼 센서로부터 데이터를 얻게되면( NREADINGS = 10 ) */
    if (reading == NREADINGS)
    {
      .........................................................................................
    }

    /* 센서로부터 데이터를 얻기 위해 Read 인터페이스의 read 커맨드를 사용한다. */
    if (call Read.read() != SUCCESS)
        report_problem(); /* 읽지 못하면 첫 번째 LED를 점멸한다. */
}
```

**[코드 8.14]** OscilloscopeC.nc

센싱 데이터를 읽게 되면 배열에 저장하고, 읽은 횟수를 나타내는 reading 변수를 증가시킨다.

```
event void Read.readDone(error_t result, uint16_t data) {

  if (result != SUCCESS) /* 읽는 것이 성공적이지 못하면 */
   {
         data = 0xffff;
         report_problem(); /* 첫 번째 LED를 점멸한다. */
   }

  /* 이번에 얻은 데이터를 배열에 저장하고 인덱스를 증가시킨다. */
  local.readings[reading++] = data;
}
```

**[코드 8.15]** OscilloscopeC.nc

정해진 횟수만큼 센서에서 값을 읽게 되면, 패킷을 생성하여 전송한다. 그리고 읽은 횟수를 초기화 한 후, 다시 센서 읽기 과정을 반복한다.

```
event void Timer.fired() {
  /* 정해진 횟수만큼 센서로부터 데이터를 읽게 되면*/
  if (reading == NREADINGS)
  {
      /* 무선이 사용가능하고 최대 payload 길이보다 데이터를 저장한 구조체의 크기가
         초과하지 않으면 */
      if (!sendbusy && sizeof local <= call AMSend.maxPayloadLength())
      {
          /* 패킷을 생성하여 데이터를 복사한다. */
            memcpy(call AMSend.getPayload(&sendbuf), &local, sizeof local);

          /* 브로드캐스트로 데이터를 전송한다. */
            if (call AMSend.send(AM_BROADCAST_ADDR, &sendbuf, sizeof local)
                == SUCCESS) sendbusy = TRUE;
      }

        /* 무선이 사용가능하지 않다면 첫 번째 (붉은색) LED를 점멸한다. */
        if (!sendbusy)
            report_problem();

        /* 인덱스를 0으로 초기화 한다. */
```

```
      reading = 0;

      /* 시간동기화를 위해, count가 수신된 count로 변경된 적이 없는 경우에만
         count를 증가시킨다. */
      if (!suppress_count_change)
         local.count++;

      suppress_count_change = FALSE;
   }

   /* 센서로부터 데이터를 얻기 위해 Read인터페이스의 read커맨드를 사용한다. */
   if (call Read.read() != SUCCESS)
      report_problem(); /* 읽지 못하면 첫 번째 LED를 점멸한다. */
```

**[코드 8.16]** OscilloscopeC.nc

주변의 다른 mote로부터 메시지가 수신되면, 자신의 count와 비교하여 동기화를 시도한다.

```
event message_t* Receive.receive(message_t* msg, void* payload, uint8_t len) {

   /* 수신된 메시지를 구조체로 변환해서 */
   oscilloscope_t *omsg = payload;

   /* 수신받으면 세 번째 LED가 점멸한다. */
   report_received();

   /* PC의 GUI에서 interval을 변경하게 되면 mote는 새로운 버전을 수신받게 된다. 그
      러면 mote는 로컬의 version과 interval을 업데이트한다. 그리고 나서 타이머를 변
      경된 주기로 다시 시작한다.*/
   if (omsg->version > local.version)
     {
        local.version = omsg->version;
        local.interval = omsg->interval;
        startTimer();
     }

   /* 수신된 메시지의 count가 로컬의 count보다 크다면 */
   if (omsg->count > local.count)
   {
      /* 현재 count를 수신된 메시지의 count로 변경한다. */
```

```
        local.count = omsg->count;

      /* 이번에 값이 증가되지 않도록 막는다. */
        suppress_count_change = TRUE;
    }

    return msg;
  }
```

[코드 8.17] OscilloscopeC.nc

## 8.3 추가 실습과제

2개 이상의 mote에 Oscilloscope 어플리케이션을 install하여 동작 결과를 확인하여 보자.

# CHAPTER 9

# 온/습도 및 조도 센서

# 9.1 센서 소개

## 9.1.1 온/습도(Sht11) 센서

Sht11은 온도 및 습도를 측정할 수 있는 단일 칩 센서이며, 상대온도 및 습도를 보정된 디지털 값으로 산출한다. telos 계열에서 제공되는 SensirionSht11C 컴포넌트를 사용하여 센서 값을 가져올 수 있다.

### (1) 특징

스위스 Sensirion AG(www.sensirion.com)사에서 상표 등록한 CMOSens® 기술을 바탕으로 설계된 디지털출력 센서로서 단일 CMOS 칩에 온도, 습도 센서, 14bit A/D converter, 보정된 메모리값이 저장된 EPROM, 그리고 디지털 2-wire 인터페이스를 3.08*1.3*0.5mm에 집적한 제 3세대 센서이다.

또한 전통적인 습도 센서의 문제점을 해결하기 위해, MEMS(Micro Electro Mechanical System) 기술을 응용한 Finger Electrode System은 정전 용량을 형성하고 그 위에 다양한 보호층과 폴리머 커버층을 형성하여 인터페이스로부터 센서를 보호하는 퓨전 센서이다. 이러한 기술들은 기존의 정전 용량 및 저항형 방식의 습도 센서의 단점인 응축 및 침수 시 센서의 수명을 다하는 단점들을 극복함으로써 전통적인 방식의 센서로는 불가능한 완전히 새로운 응용 영역에 대한 가능성을 열었다.

- 온도 및 습도 센서 내장
- 정밀한 이슬점 가능(온도, 습도 센서 거리 0.1μm)
- 습도 측정 범위 및 정밀도 : 0-100% RH
- 온도 측정 범위 : -40~123.8℃
- 보정된 디지털 출력(온도 14bit, 습도 12bit 출력), 다른 부품이 필요 없음
- 보정 없이 교환 가능
- 빠른 반응 속도 < 4 sec @ 1/e(63%)
- 저 전력(typ. 30μW @ 5V, 12-bit로 매 2sec씩 측정 시)
- 센서 표면 응축 및 침수 후 변화율 +2%(신뢰성 데이터 제공)
- Self test 가능

- 자체 히터 내장(~8mA @ 5V 사용시 5~15도 상승)
- 자동 파워 다운 기능

## 9.1.2 조도(TSL251R) 센서

UBee430은 조도를 측정할 수 있는 TSL251R 센서를 기본적으로 장착하고 있다. TSL251R 센서는 조도에 따라 출력 전압이 변화되는 센서이다. 휴인스의 UBee430 플랫폼은 LightToVoltageC 컴포넌트를 제공함으로써 사용자가 조도센서를 이용할 수 있다.

### (1) 특징

- Monolithic Silicon IC Containing Photodiode, Operational Amplifier, and Feedback Components
- Converts Light Intensity to a Voltage
- High Irradiance Responsivity, Typically 137mV/(W/cm2) at p = 635nm(TSL250R)
- Compact 3-Lead Clear Plastic Package
- Single Voltage Supply Operation
- Low Dark(Offset) Voltage....10mV Max
- Low Supply Current......1.1mA Typical
- Wide Supply-Voltage Range.... 2.7V to 5.5V

Functional Block Diagram

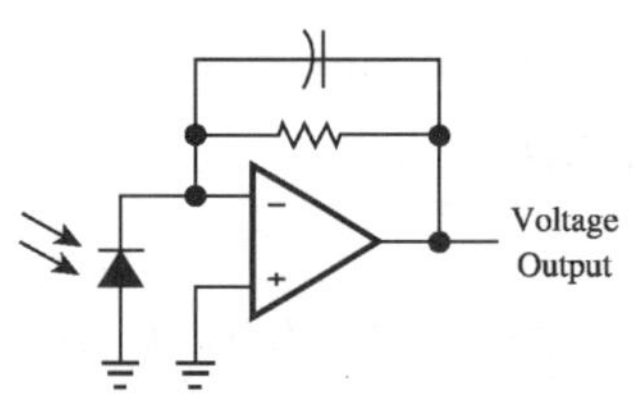


Typical Characteristics

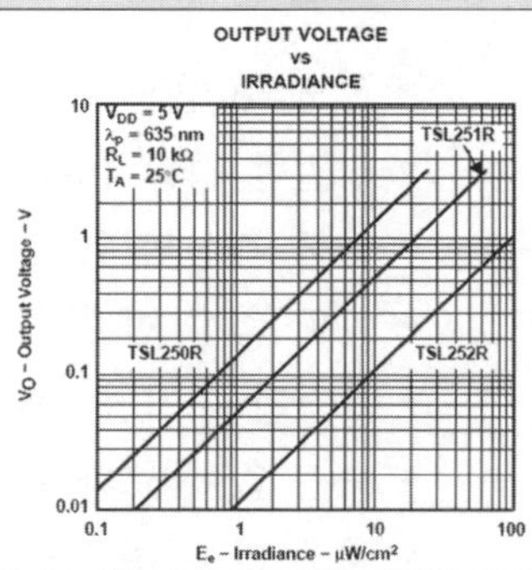


[그림 9.1] TSL251R의 특징

# 9.2 실습

## 9.2.1 Sht11Sensing

### (1) 실행방법

- EX_Sht11Sensing_H 어플리케이션 디렉터리로 이동하여 컴파일 후, mote에 설치한다.

```
$ cd /opt/tinyos-2.x/apps/EX_Sht11Sensing_H
$ make UBee430 install
```

**[명령어 9.1]** Sht11Sensing 어플리케이션을 mote에 install

- motelist 명령으로 mote가 연결된 포트를 확인한다.

```
$ motelist
Reference    CommPort    Description
--------    ---------    ---------
FTQ0UR7B     COM4       Huins UBee430 Platform
```

**[명령어 9.2]** motelist 명령어를 이용하여 현재 연결되어 있는 mote의 port 확인

- 하이퍼터미널을 실행시킨 후, motelist 명령을 통해 확인되는 포트로 설정을 바꾼다.

i) "파일" -> "새 연결"을 클릭하면 아래와 같은 화면이 나오고 연결에 대한 이름을 입력하고 확인 버튼을 누른다.

[그림 9.2] 하이퍼터미널의 실행 및 설정(1)

ii) 확인 버튼을 누르면 아래와 같은 화면이 나타나게 된다.

- 연결에 사용할 모뎀부분에 motelist 명령으로 확인된 포트로 설정을 한다.

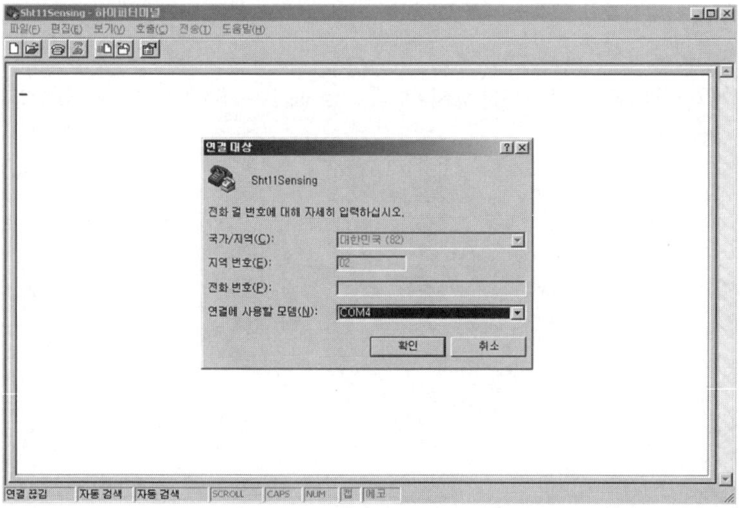

[그림 9.3] 하이퍼터미널의 실행 및 설정(2)

iii) 확인 버튼을 누르고 나면 아래와 같은 화면이 나오는데 다음 조건으로 설정하고 확인 버튼을 누른다.

- 비트/초(B) : 115200
- 데이터 비트(D) : 8
- 패리티(P) : 없음
- 정지 비트(S) : 1
- 흐름 제어(F) : 없음

**[그림 9.4]** 하이퍼터미널의 실행 및 설정(3)

iv) 확인 버튼은 누르면 아래 화면과 같이 시리얼을 통해 전달되는 데이터를 확인할 수 있다.

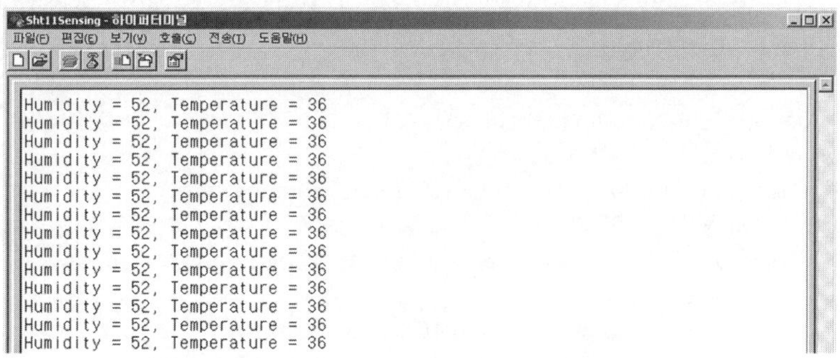


**[그림 9.5]** 하이퍼터미널을 이용한 센서 데이터 확인

### (2) 코드 설명

TinyOS에서는 telos 계열의 mote를 위해서 Sht11 센서에서 값을 얻기 위한 컴포넌트들을 제공하고 있다.

```
$ ls /opt/tinyos-2.x/tos/platforms/telosa/chips/sht11/
HalSensirionSht11C.nc  HplSensirionSht11P.nc
HplSensirionSht11C.nc  SensirionSht11C.nc

$ ls /opt/tinyos-2.x/tos/chips/sht11/
HalSht11Advanced.nc  SensirionSht11.h   SensirionSht11LogicP.nc
HalSht11ControlP.nc  SensirionSht11.nc  SensirionSht11ReaderP.nc
```

**[명령어 9.3]** sht11 센서 컴포넌트의 확인

플랫폼 디렉터리 내에 있는 SensirionSht11C 컴포넌트에서 제공하는 인터페이스를 사용하면, Sht11에서 제공하는 온도 및 습도 값을 가져 올 수 있다. 아래는 Sensirion-Sht11C 컴포넌트가 제공하는 센싱 값을 읽어오기 위해 사용되는 Read 인터페이스와 센싱 값 중 유효비트를 알려주는 DeviceMetadata 인터페이스이다.

```
generic configuration SensirionSht11C() {
    provides interface Read<uint16_t> as Temperature;
    provides interface DeviceMetadata as TemperatureMetadata;
    provides interface Read<uint16_t> as Humidity;
    provides interface DeviceMetadata as HumidityMetadata;
}
```

**[코드 9.1]** SensirionSht11C.nc

/opt/tinyos-2.x/tos/platforms/UBee430/Sht11C.nc를 통해서 SensirionSht11C 컴포넌트가 제공하는 인터페이스를 받아온다.

```
generic configuration Sht11C() {
  /* 센싱한 온도값 */
  provides interface Read<uint16_t> as Temperature;
  /* 사용하는 ADC가 아나로그 값을 디지털로 변환시 몇 비트까지 유효한지 나타내는 값*/
  provides interface DeviceMetadata as TemperatureMetadata;
  /* 센싱한 습도값 */
  provides interface Read<uint16_t> as Humidity;
```

```
    /* 사용하는 ADC가 아나로그 값을 디지털로 변환시 몇 비트까지 유효한지 나타내는 값*/
    provides interface DeviceMetadata as HumidityMetadata;
  }
  implementation {
    components new SensirionSht11C();

    /* SensirionSht11C 컴포넌트가 제공하는 인터페이스를 연결한다. */
    Temperature = SensirionSht11C.Temperature;
    TemperatureMetadata = SensirionSht11C.TemperatureMetadata;
    Humidity = SensirionSht11C.Humidity;
    HumidityMetadata = SensirionSht11C.HumidityMetadata;
  }
```

**[코드 9.2]** Sht11C.nc

- Sht11SensingAppC.nc

센서 값을 가져오기 위해 Sht11 컴포넌트를 사용하며, 시리얼로 데이터를 전송하기 위해서 PlatformSerialC 컴포넌트를 사용한다.

```
configuration Sht11SensingAppC{
}
implementation
{
        components Sht11SensingC as App, LedsC, MainC;
        components new TimerMilliC() as Timer0;

        /* 센서에서 값을 가져오는 컴포넌트 */
        components new Sht11C() as Sensor;

        /* Sht11SensingC에서 사용하는 인터페이스에 연결한다. */
        App.Boot -> MainC.Boot;
        App.Leds -> LedsC;
        App.Timer0 -> Timer0.Timer;

        /* Sht11SensingC에서 사용하는 인터페이스와 Sht11C에서 제공하는
         * 인터페이스를 연결한다. */
        App.Temperature->Sensor.Temperature;
        App.TemperatureMetadata->Sensor.TemperatureMetadata;
        App.Humidity -> Sensor.Humidity;
```

```
        App.HumidityMetadata->Sensor.HumidityMetadata;

        /* Uart로 전송하기 위한 인터페이스 연결 */
        components PlatformSerialC  ;
        App.Ucontrol -> PlatformSerialC.StdControl ;
        App.UartStream -> PlatformSerialC.UartStream ;
}
```

**[코드 9.3]** Sht11SensingAppC.nc

- Sht11SensingC.nc

sprintf 함수를 사용하기 위해 stdio.h 헤더파일을 추가한다.

```
#include <stdio.h>
```

**[코드 9.4]** Sht11SensingC.nc

사용할 인터페이스들을 연결한다.

```
module Sht11SensingC {
  uses {
    interface Leds;
    interface Boot;
    interface Timer<TMilli> as Timer0;

    /* 센서에서 값을 읽어오기 위한 인터페이스 */
    interface Read<uint16_t> as Temperature;
    interface Read<uint16_t> as Humidity;
    interface DeviceMetadata as TemperatureMetadata;
    interface DeviceMetadata as HumidityMetadata;

    /* Uart로 전송하기 위한 인터페이스 */
    interface UartStream ;
    interface StdControl as Ucontrol ;
  }
}
```

**[코드 9.5]** Sht11SensingC.nc

humidity, temperature는 센싱 값을 저장하기 위해서 사용한다. count는 센싱 완료 후, 전송이 되도록 동기화를 위해 사용된다.

```
uint8_t humidity;
uint8_t temperature;
uint8_t count=0;
```

**[코드 9.6]** Sht11SensingC.nc

부팅이 완료되면, uart를 시작하기 위해 초기화하고 타이머를 시작한다.

```
event void Boot.booted()
{
        call Ucontrol.start();
        call Timer0.startPeriodic(300);
}
```

**[코드 9.7]** Sht11SensingC.nc

타이머 이벤트가 발생하면, read 함수를 호출한 후, 전송을 하기 위해 Send 태스크를 post한다.

```
event void Timer0.fired()
{
        call Leds.led0On();
        call Leds.led1On();

        /* 온도와 습도를 읽기 위해 read함수를 호출한다. */
        call Temperature.read();
        call Humidity.read();

        post Send();
}
```

**[코드 9.8]** Sht11SensingC.nc

readDone에서 센서 값을 실제 온도 및 습도 값으로 변환하여 전역변수에 넣는다. 작업을 완료하면 count 변수를 각각 1씩 증가시킨다.

```
/* 습도 읽기가 완료되면 호출되는 이벤트 */
event void Humidity.readDone(error_t result, uint16_t data)
{
        uint8_t sig;
        uint16_t t, sorh;

        if (result == SUCCESS){

        /* sht11에서 12가 넘어왔다. 12bit ADC를 사용하기 때문*/
        sig = (uint8_t)call HumidityMetadata.getSignificantBits();

        /*
        RH = c1 + c2*sorh + c3*sorh*sorh
        c1 = -4
        c2 = 0.0405
        c3 = -2.8*0.000001
        */
        t = (1<<sig) - 1;
        sorh = (u_int16_t)(t&data);
        humidity = (uint8_t) ( -4 + 0.0405*sorh - 2.8*0.000001*sorh*sorh );
        }

        count++; /*동기화*/
}

/* 온도 읽기가 완료되면 호출되는 이벤트 */
event void Temperature.readDone(error_t result, uint16_t data)
{
        uint8_t sig;
        uint16_t t;

        if (result == SUCCESS) {

        sig = (uint8_t)call TemperatureMetadata.getSignificantBits();
        /* sht11에서 14가 넘어왔다. 14bit ADC를 사용하기 때문*/
        /*
         * temperature = d1 + d2 + sot
         * VDD=3V? , significant bit = 14bit
         * d1 = -39.60 + 0.01 * sot
         */
        t = (1<<sig) - 1;
        temperature = (uint8_t) ( -39.60 + 0.01 * (t&data) ); /* 온도 */
```

```
        }
        count++; /*동기화*/
}
```

**[코드 9.9]** Sht11SensingC.nc

count값이 2를 넘을 때까지 자신을 계속 post한다. 온도 및 습도 센서 읽기가 완료되어 count값이 2가 되면, uart로 출력한 문자열을 조합한 후, send 함수로 전송한다.

```
task void Send()
{
        uint8_t sig, size;
        uint8_t buf[255];

                    if ( count < 2 ) post Send();
        else{
                size=sprintf( buf, "Humidity = %d, Temperature = %d\r\n", humidity,
                        \ntemperature );

                call Leds.led0Off();
                call Leds.led1Off();
                call Leds.led2On();
                call UartStream.send( buf, size );
        }
}
```

**[코드 9.10]** Sht11SensingC.nc

UartStream 인터페이스를 사용하기 위해서는 다음 이벤트들을 구현해야 한다.

```
async event void UartStream.sendDone( uint8_t* buf, uint16_t len, error_t error ){
        call Leds.led2Off();
        count = 0;
}

async event void UartStream.receiveDone( uint8_t* buf, uint16_t len, error_t error ){
}

async event void UartStream.receivedByte( uint8_t byte ){}
```

**[코드 9.11]** Sht11SensingC.nc

## 9.2.2 LightToVoltageSensor

### (1) 실행방법

- 어플리케이션 디렉터리로 이동하여 컴파일 후, mote에 설치한다.

```
$ cd /opt/tinyos-2.x/apps/EX_Sht11Sensing_H
$ make UBee430 install
```

**[명령어 9.4]** LightToVoltageSensor 어플리케이션을 mote에 install

- motelist 명령으로 mote가 연결된 포트를 확인한다.

```
$ motelist
Reference   CommPort    Description
---------  ---------- ----------------------------------------
FTQ0UR7B   COM23       Huins UBee430 Platform
```

**[명령어 9.5]** motelist 명령어로 현재 연결된 mote의 포트 확인

- 자바 어플리케이션을 실행시켜서 센서 값을 확인한다.

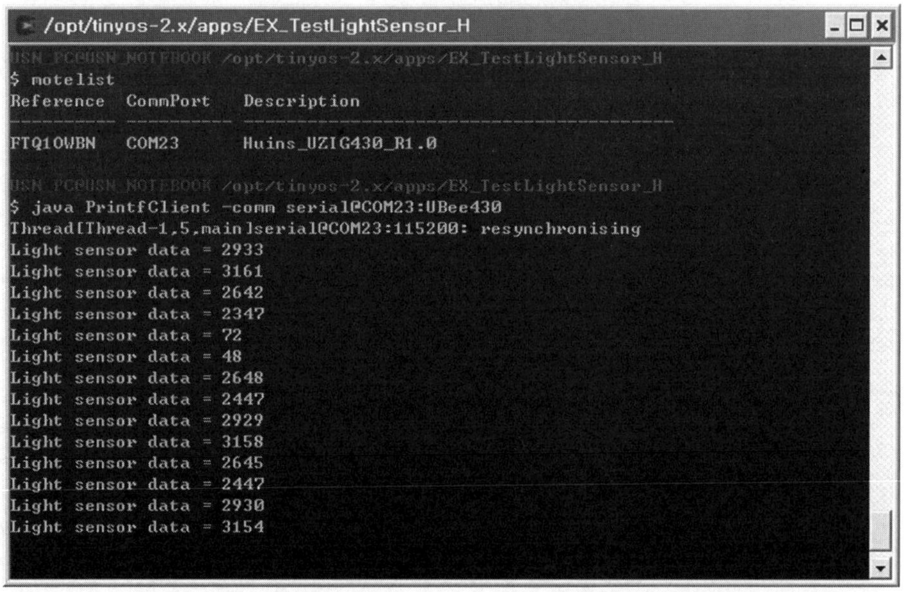


**[그림 9.6]** LightToVoltageSensor 어플리케이션의 실행결과

## (2) 코드설명

- TestLightSensorAppC.nc

```
#include "printf.h"
configuration TestLightSensorAppC{
}
implementation {
  components MainC, TestLightSensorC as app ;
  components LedsC;
  /* 센싱한 센서 정보를 확인하기 위하여 PrintfC 컴포넌트를 사용한다. */
  components PrintfC;
  /* TSL251R을 사용하도록 해당 컴포넌트를 추가시킨다. */
  components new LightToVoltageC() as Sensor;

  app.Boot -> MainC;
  app.Leds -> LedsC;
  app.PrintfControl -> PrintfC;
  app.PrintfFlush -> PrintfC;

  components new TimerMilliC() as Timer0;
  app.Timer0 -> Timer0;
  app.Read -> Sensor;
}
```

[코드 9.12] TestLightSensorAppC.nc

- TestLightSensorC.nc

```
#include "Timer.h"
module TestLightSensorC {
  uses {
    interface Boot;
    interface Leds;
    interface SplitControl as PrintfControl;
    interface PrintfFlush;
    interface Timer<TMilli> as Timer0;
    interface Read<uint16_t>;
  }
}
implementation {
  event void Boot.booted() {
```

```
    call PrintfControl.start();
    call Timer0.startPeriodic( 1000 );
  }
  event void PrintfControl.startDone(error_t error) {
          call PrintfFlush.flush();
  }
  event void PrintfControl.stopDone(error_t error) {

          call PrintfFlush.flush();
  }
  event void PrintfFlush.flushDone(error_t error) {}
  /* Timer0 이벤트에서 주기적으로 조도센서를 읽는다. */
  event void Timer0.fired()
  {
    call Read.read();
  }
  /* 조도센서 읽기가 완료되면 printf를 이용하여 출력 한다.*/
  event void Read.readDone(error_t result, uint16_t data)
  {
   printf("Light sensor data = %d₩n",data);
   call PrintfFlush.flush();
  }
}
```

**[코드 9.13]** TestLightSensorC.nc

## 9.3 추가 실습과제

Sht11Sensing 및 LightToVoltage 어플리케이션을 하나로 통합하여, 온/습도, 조도를 동시에 획득할 수 있는 어플리케이션을 구현하여 보자.

# CHAPTER 10

# 다양한 센서의 응용

# 10.1 목적

휴인스의 UBee430 플랫폼에서 제공하는 ADCZero 컴포넌트를 이용하여 센서의 동작 상태를 확인한다. UBee430 센서 노드와 연동되는 USM-xxx 시리즈의 센서모듈은 대부분 ADC0로 연결된다. ADCZero 컴포넌트는 ADC0로 연결되는 센서의 센싱 기능을 제공한다. 이 실습에서는 ADCZero 컴포넌트를 이용하여 센싱된 정보를 printf 함수를 통해 확인해본다.

# 10.2 센서 특징

## 10.2.1 지자기센서(USM-103)

지자기센서는 자기를 측정하여 진북 위치 또는 주위의 자성체의 위치를 제공한다.

■ **지자기센서(HMC1052L)**

- Miniature Surface-Mount Packages
- Leaded and Leadless Packages
- Low Voltage Operations(1.8V)
- Low Cost
- Tape & Reel Packaging Options
- 4-Element Wheatstone Bridge
- Wide Magnetic Field Range(+/-6 Oe)
- Patented Offset and Set/Reset Straps

지자기센서는 내부에 2개의 Wheatstone Bridge 회로가 내장되어 있다. 이 Wheatstone Bridge의 출력 변화는 주위의 자기 변화에 따라서 차동 신호가 출력된다. 출력되는 차

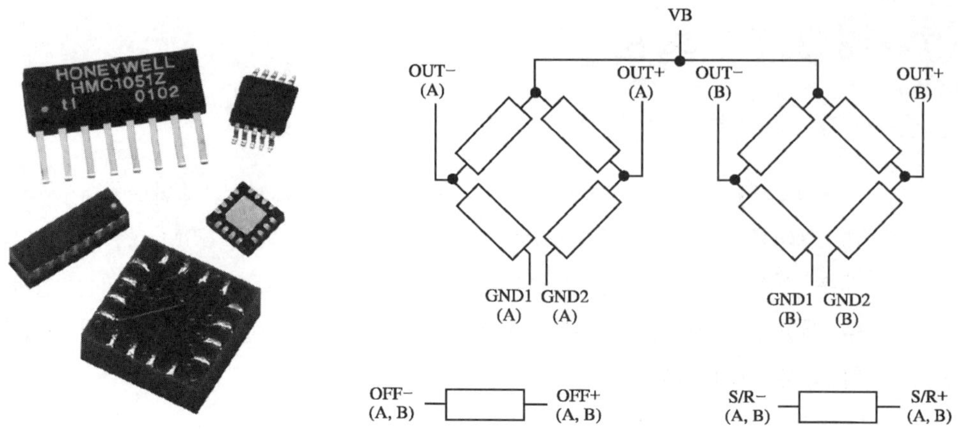


[그림 10.1] 지자기센서

동 신호는 매우 미소한 신호 레벨이기 때문에 지자기센서 출력을 여러 단의 증폭기를 이용하여 신호를 증폭해야 MSP430에서 인식할 수 있는 신호 레벨이 될 것이다.

지자기센서 → 차동 증폭기 → 비 반전 증폭기

이때 차동 증폭기나 비반전 증폭기는 배터리 전압으로 동작 가능한 증폭기로 사용되어야 한다.

■ **응용 예**

- 진북 추적을 위한 전자 나침반
- 센서 노드의 자세 변화 모니터링(상, 하, 좌, 우 자세 변화 모니터링)
- 주위의 자성체를 모니터링

## 10.2.2 소리센서(USM-305)

소리센서는 고성능 소리센서 및 OP-AMP를 이용하여 미세한 소리감지가 가능하다.

■ **소리센서**(OB-27P30)

- Sensitivity : -40 ± 3dB

- Impedance : Max 2.2KΩ
- Standard Power Supply : 2V DC
- Current consumption :Max 0.5mA
- Sensitivity reduction : Within-3dB at 1.5V
- S/N ratio : More than 58dB
- Directivity : Omnidirectional

[그림 10.2] 소리센서

소리센서는 일반적으로 사용되는 마이크를 이용한다. 마이크는 지향성 마이크와 무지향성 마이크로 분류된다. 마이크의 출력 신호는 미소하여 OP-AMP로 증폭해야 ADC로 센싱할 수 있는 신호 레벨이 된다. 이때 두 가지 사항에 대하여 주의해야 한다. 첫 번째는 OP-AMP의 동작 전압이 배터리 전압으로 구동이 가능한지 확인해야 하고, 두 번째는 OP-AMP의 Bandwidth가 소리신호를 충분히 통과시키고 증폭이 가능한지 확인해야 한다.

소리센서 → 비 반전 증폭기 → 비 반전 증폭기

■ **응용 예**

- 음성 인식 보안 응용(침입시 소리 감지)
- 사람 및 사물의 움직임 감시
- 소리 반응형 점등 제어

### 10.2.3 진동센서(USM-304)

진동센서는 진동의 유무와 크기를 측정한다. 진동센서의 출력은 아날로그 형태로 출력되고 MSP430의 ADC를 이용하여 센싱한다.

■ **진동센서**(Minisense 100)

- 진동 센서 모듈
- High voltage sensitivity(1V/g)
- Up to 40Hz(2400rpm) operation below resonance
- Over 5V/g at resonance
- 1% Linearity

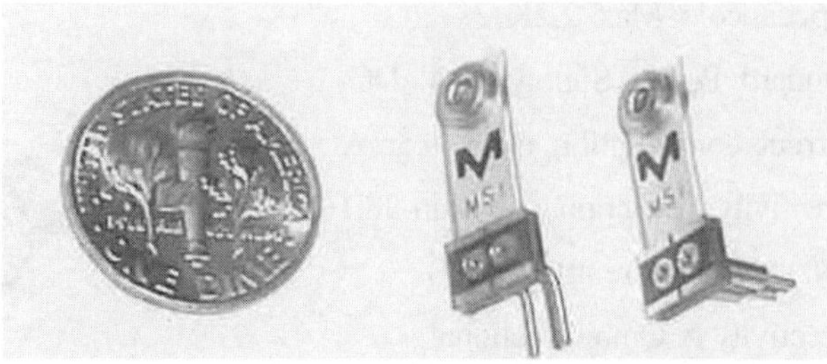

[그림 10.3] 진동센서

진동센서는 다른 센서와 달리 피에조 효과를 이용하여 센싱되므로 진동센서를 구동하기 위한 전원 공급이 필요없다.

■ **응용 예**
- 교량 모니터링 시스템
- 진동 감지를 이용한 보안 솔루션 응용

### 10.2.4 가속도센서(USM-303)

가속도센서는 센서의 진동시 X, Y축에 대하여 가속도를 측정 가능하게 한다. 진동센서의 출력은 아날로그 형태로 출력되고 MSP430의 ADC0, ADC1 포트를 이용하여 센싱한다.

■ **가속도센서**(ADXL210E)
- 가속도센서 모듈
- 2-Axis accelerometer, 2-Axis Tilt Sensing
- 2mg Resolution at 60Hz
- Low Power < 0.6mA
- Ultrasmall Chip Scale Package

■ **응용 예**
- 센서노드의 움직임 감지 및 가속도 모니터링(X, Y축 감지)

### 10.2.5 인체감지센서(USM-203)

인체감지센서는 적외선을 띤 물체가 IR Detector로 감지되어 일정한 양의 적외선 변화가 있게 되면 출력을 내보내고, 변화가 없을 때는 출력을 내지 않는다. 인체감지센서의 출력은 아날로그 형태로 출력되고 MSP430의 ADC를 이용하여 센싱한다.

- **인체감지센서(PIR Sensor)**
  - 인체감지센서 모듈
  - Field of view : 138°
  - Filter substrate : Silicon
  - OPERATING VOLTAGE : 3~10V DC(Rs : 47KΩ)

- **응용 예**
  - USN 보안센서
  - 전등 제어를 위한 인체 감지
  - 사용자의 위치 탐지

## 10.3 ADCZero 실습

### 10.3.1 실행방법 및 결과

EX_ADCZeroSensor_H 응용 프로그램을 테스트하려면 UBee430에 USM-xxx 센서 모듈을 장착 후 실행해야 한다.

제공되는 CD에서 EX_ADCZeroSensor_H 폴더를 tinyos-2.x/apps 폴더로 복사하고 어플리케이션 디렉터리로 이동하여 컴파일 후, UBee430에 설치한다.

```
$ cd EX_ADCZeroSensor_H
$ make UBee430 install
```

자바 어플리케이션을 실행시켜서 센서 값을 확인한다.

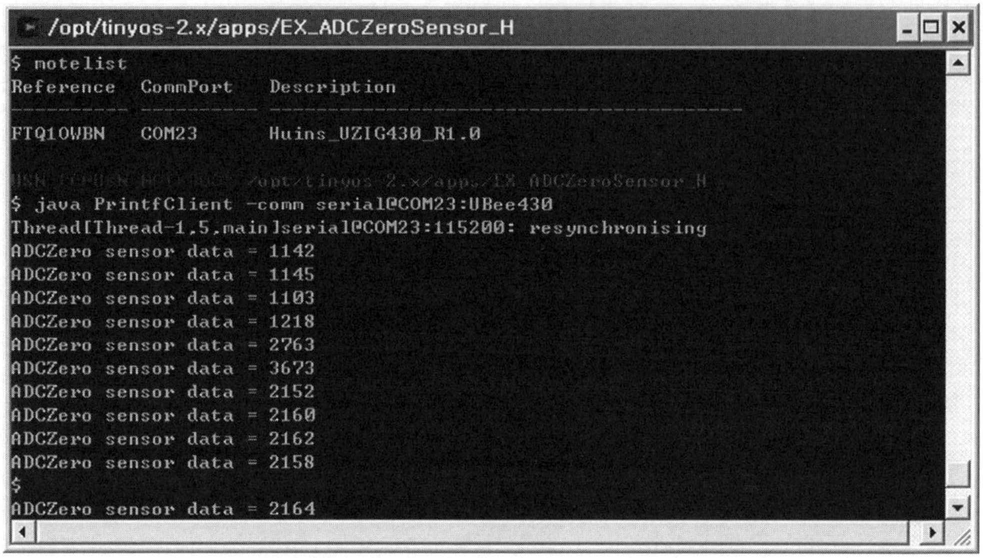


**[그림 10.4]** ADCZero 어플리케이션의 실행결과

여러 종류의 USM-xxx 센서 모듈을 교체하면서 센서의 변화를 확인한다.

## 10.3.2 코드설명

### (1) ADCZeroSensorAppC.nc

```
#include "printf.h"
configuration ADCZeroSensorAppC{
}
implementation {
  components MainC, ADCZeroSensorC as app ;
  components LedsC;
  components PrintfC;
  // AdcZero 컴포넌트를 추가시킨다. 그리고 Sensor로 리네임시킨다.
  components new AdcZeroC() as Sensor;

  app.Boot -> MainC;
  app.Leds -> LedsC;
  app.PrintfControl -> PrintfC;
```

```
    app.PrintfFlush -> PrintfC;

    components new TimerMilliC() as Timer0;
    app.Timer0 -> Timer0;
    app.AdcZero -> Sensor;
}
```

[코드 10.1] ADCZeroSensorAppC.nc

## (2) ADCZeroSensorC.nc

```
#include "Timer.h"
module ADCZeroSensorC {
  uses {
    interface Boot;
    interface Leds;
    interface SplitControl as PrintfControl;
    interface PrintfFlush;
    interface Timer<TMilli> as Timer0;
    interface Read<uint16_t> as AdcZero;
  }
}
implementation {
  event void Boot.booted() {
    /* Printf 서비스를 시작시킨다. */
    call PrintfControl.start();
    /* 부트가 완료되면 1초 주기로 Timer를 시작시킨다. */
    call Timer0.startPeriodic( 1000 );
  }
  event void PrintfControl.startDone(error_t error) {
         call PrintfFlush.flush();
  }
  event void PrintfControl.stopDone(error_t error) {
         call PrintfFlush.flush();
  }
  event void PrintfFlush.flushDone(error_t error) {}
  /* Timer 이벤트는 1초에 한 번씩 발생된다 */
  event void Timer0.fired()
  {
    /* MPS430 ADC0 입력을 받는다. */
```

```
    call AdcZero.read();
  }
  /* ADC 변환이 완료되면 이벤트가 발생된다. */
  event void AdcZero.readDone(error_t result, uint16_t data)
  {
   printf("ADCZero sensor data = %d₩n",data);
   /* PrintfFlush.flush() 함수의 call시 실제적으로 시리얼 라인으로 전송된다. */
   call PrintfFlush.flush();
  }
}
```

[코드 10.2] ADCZeroSensorC.nc

## 10.4 추가 실습과제

인체감지센서를 이용하여 사람의 접근이 감지되었을 경우 패킷을 전송하여 Base-Station의 LED가 전부 점등되도록 어플리케이션을 구현해 본다.

# CHAPTER 11

# User Switch

# 11.1 User Switch 소개

## 11.1.1 개요

MSP430을 기반으로 설계된 UBee430 모듈은 주변장치로써 User Switch를 가지고 있다. UBee430 모듈은 총 19개의 GPIO를 가지고 있는데 이 중 7개가 MSP GPIO, 12개가 확장 GPIO이며 User Switch는 MSP GPIO 중 2개를 차지하고 있다. 사용자는 이 2개의 User Switch를 이용하여 여러 가지 응용 동작을 취할 수 있다.

## 11.1.2 Components & Wiring

[그림 11.1]에서 볼 수 있듯이 이 연결에서 사용되는 컴포넌트 중 가장 중요한 컴포넌트는 UserSwitchC라는 컴포넌트이다. 이 컴포넌트는 [그림 11.2]에서 볼 수 있듯이 UBee430에 있는 UserSwitch 칩의 HAA의 구성 중, HW/SW 경계 상에서 둘을 직접적으로 연결해주는 HPL 수준의 HplUserSwitchC 컴포넌트와 UserSwitch 내의 GPIO를 generic layer로 변경해주는 역할을 담당하는 UserSwitchToggleC 컴포넌트, 그리고 UBee430 플랫폼 상에 존재하는 UserSwitch 칩의 동작을 실제 구현하고 있는 UserSwitchP 컴포넌트를 서로 연결해주거나 외부에 제공하여 상위 어플리케이션에서 접근할 수 있도록 해주는 컴포넌트이다. 이와 같이 Lower-layer에서 제공되는 인터페이스를 어플리케이션에서 실제구현을 담당하는 TestUserSwitchC의 uses 인터페이스와 연결해주고 있으며, 또한 스위치 동작의 유무를 확인할 수 있도록 Led 관련 LedsC 컴포넌트를 선언하고 제공 인터페이스와 연결하고 있다.

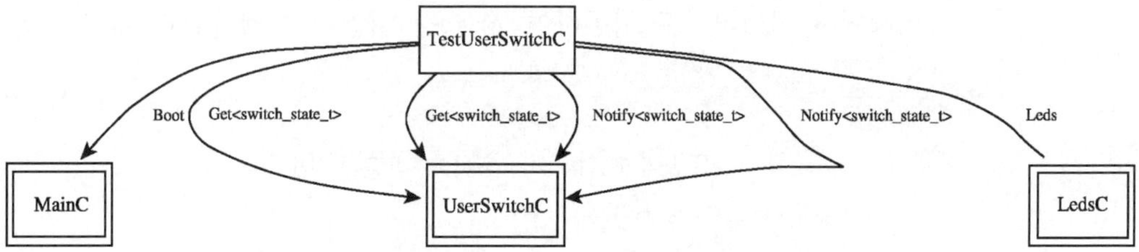


[그림 11.1] TestUserSwitchC 컴포넌트의 구성과 연결(wiring)

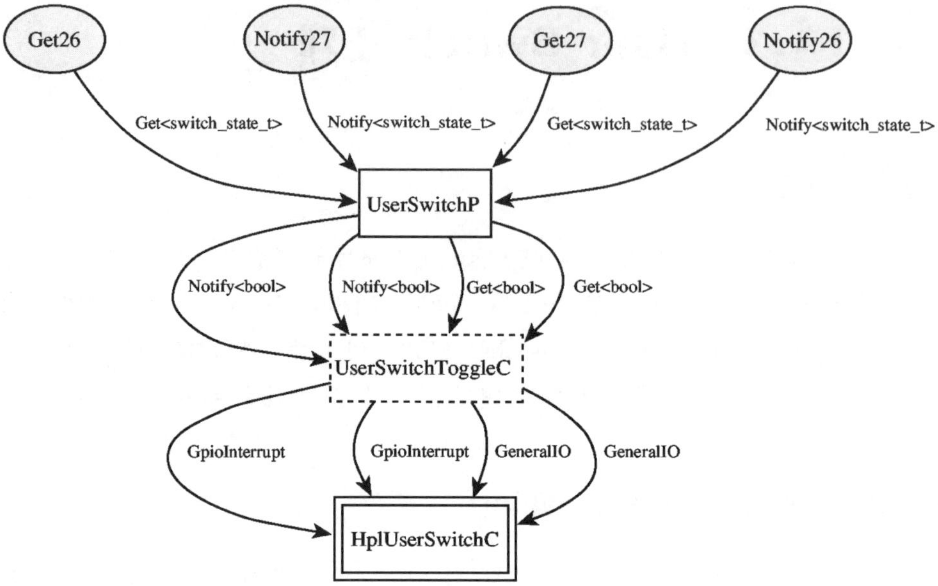


[그림 11.2] UserSwitchC 컴포넌트의 구성과 연결(wiring)

# 11.2 User Switch 실습

## 11.2.1 실행방법 및 결과

TinyOS에서는 make를 사용하여 컴파일과 mote에 설치하는 작업을 진행한다. 자주 사용하는 명령은 다음과 같다.

어플리케이션 디렉터리로 이동하여, make를 사용하여 컴파일과 설치를 진행한다.

```
$ make UBee430 install
```

[명령어 11.1] UserSwitch 어플리케이션의 install

[표 11.1] 실행결과

| UBee430 | |
|---|---|
| 입력상태<br>SW1 | 수행결과<br>LED |
| PIN1 - ON | LED1(녹색) : ON |
| OFF | LED1(녹색) : OFF |
| PIN2 - ON | LED0(적색) : ON |
| OFF | LED0(적색) : OFF |

## 11.2.2 코드설명

### (1) TestUserSwitchAppC.nc

TestUserSwitchAppC라는 configuration 형식의 컴포넌트로써 TestUserSwitchC.nc의 signature에서 정의하고 있는 인터페이스에 관련된 컴포넌트를 선언하거나 인스턴스를 생성한 후에 wiring을 실행한다. 여기서 본 어플리케이션에 사용되는 인터페이스를 살펴보자.

```
module TestUserSwitchC {
    uses {
        interface Boot;

/* 어플리케이션은 플랫폼에서 제공해주는 인터페이스를 사용해서 작성된다. 아래의 Get26, Get27번은 스위치에 연결된 GPIO핀 26번과 27번의 상태를 읽어오거나 변경할 때 사용하는 인터페이스다. */

        interface Get<switch_state_t> as Get26;
        interface Get<switch_state_t> as Get27;

/* 또한 이 인터페이스는 enable과 disable()라는 2개의 command를 존재하는데 이들은 단일 특정 클라이언트에 의해서 사용되는 인터페이스의 인스턴스를 위한 event들의 인지를 가능하게 하거나 불가능하게 할 수 있다. 또한 이들은 센서들의 전원 상태와는 별개로 동작한다. 예를 들어서, 만약 사용가능한 상태의 센서가 전원이 꺼졌다면, 그리고 이후에 전원을 다시 켰다면 반드시 사용가능한 상태를 유지하게 된다. */
```

```
        interface Notify<switch_state_t> as Notify26;
        interface Notify<switch_state_t> as Notify27;
        interface Leds;

    }
}
```

[코드 11.1] TestUserSwitchAppC.nc

따라서 TestUserSwitchAppC에서는 이 인터페이스를 제공해주는 컴포넌트를 선언하고 연결시켜야 한다.

```
configuration TestUserSwitchAppC {}
implementation {

        components TestUserSwitchC;

        components MainC;
        TestUserSwitchC.Boot -> MainC;
       /*실제 구현이 되어있는 인터페이스를 Export해주는 컴포넌트로서 Ubee430 플랫
        폼에 존재한다.*/
        components UserSwitchC;

        TestUserSwitchC.Get26 -> UserSwitchC.Get26;
        TestUserSwitchC.Get27 -> UserSwitchC.Get27;

        TestUserSwitchC.Notify26 -> UserSwitchC.Notify26;
        TestUserSwitchC.Notify27 -> UserSwitchC.Notify27;

        components LedsC;
        TestUserSwitchC.Leds ->LedsC;
}
```

[코드 11.2] TestUserSwitchAppC.nc

### (2) TestUserSwitchC.nc

실제 어플리케이션 로직을 구현하고 있는 module로서 boot sequence가 끝났을 때 전달되는 booted event를 통해 시작된다.

```
// TinyOS의 boot sequence가 완료되었음을 시그널 해주는 이벤트이다.
event void Boot.booted() {
// 부팅이 완료되면 GPIO 26번과 27번 핀의 event들의 인지를 가능하게 한다.
	call Notify26.enable();
	call Notify27.enable();
}
```

**[코드 11.3]** TestUserSwitchC.nc

Notify 인터페이스는 enable()과 disable()라는 2개의 command를 제공하는데 이들은 단일특정 클라이언트에 의해서 사용되는 인터페이스의 인스턴스를 위한 event들의 인지를 가능하게 하거나 불가능하게 할 수 있는 command이다. 따라서 26번과 27번 GPIO핀과 연결된 스위치에서 발생하는 event를 검색하려면 이 핀에 연결된 Notify 인터페이스의 enable() command를 호출해서 가능하게 만든다.

```
event void Notify26.notify( switch_state_t state ) {
    if (state == SWITCH_ON) {
        call Leds.led0On();
    } else if (state == SWITCH_OFF) {
        call Leds.led0Off();
    }
}

event void Notify27.notify( switch_state_t state ) {
    if (state == SWITCH_ON) {
        call Leds.led1On();
    } else if (state == SWITCH_OFF) {
        call Leds.led1Off();
    }
}
```

**[코드 11.4]** TestUserSwitchC.nc

GPIO 26번과 27번 핀에 연결된 UserSwitch가 작동되면 인터럽트가 발생하며, 이때 해당 핀이 enable 상태이라면 notify event를 발생시켜 인지할 수 있다. 따라서 각 핀의 notify event를 통해서 변경된 state를 가져와 각 상태에 맞게 led를 on/off 제어한다.

## 11.3 추가 실습과제

9장의 온/습도 예제를 수정하여 UserSwitch가 ON이 될 경우에만 패킷을 송신하는 프로그램을 작성하고 하이퍼 터미널에서 동작 결과를 확인해 보자.

# CHAPTER 12

# Flash Memory

# 12.1 Flash Memory 소개

이 장에서는 UBee430에서 사용한 flash memory의 특징을 이해하고, 플래쉬 칩의 마운팅 및 접근 방법을 실습을 통하여 학습한다.

## 12.1.1 특징

전기적인 처리에 의해 기억 내용을 소거할 수 있다는 점에서는 EEPROM과 유사하지만, EEPROM은 한 번에 1바이트씩 소거할 수 있는데 비해 플래시 메모리는 블록 단위로 빠르게 소거하는 특징을 지닌다. 이 특성 때문에 플래시 메모리는 흔히 휴대형 컴퓨터의 하드디스크 대용 또는 보충용으로 사용된다. Flash Memory의 일반적인 특징을 나열하면 다음과 같다.

- 비휘발성의 데이터 저장 매체이다.
- 데이터 program(또는 write) 시에는 페이지 단위로 접근해서 저장할 수 있다.
- 데이터 erase 시에는 블록(또는 섹터) 단위로 삭제한다.
- 일반적으로 블록 당 10만 번 정도로 쓰기 횟수에 제약이 있다.
- 이미 데이터가 저장된 공간에 다시 저장(쓰기)을 할 경우 해당 블록의 erase과정이 선행되어야 한다.

또한, [표 12.1]은 기존의 SDRAM이나 SRAM 등의 휘발성 메모리와 NOR, NAND 플래쉬 메모리의 성능 특징을 요약한 것이다. 특히 NAND 플래쉬와 NOR 플래쉬 메모리는 읽기 접근 시간에서 큰 차이를 보이는데, 읽기 접근 속도는 NAND가 약간 우수하지만, 쓰기 속도에서는 NOR 플래쉬가 크게 앞선다. 한편 NOR 플래쉬는 바이트 단위 접근이 가능하나 NAND 플래쉬는 디스크와 같이 블록 단위의 접근만을 허용하고, 집적도 측면에서는 NAND 플래쉬가 우수해 대용량 플래쉬 메모리에 적합한 특징을 갖는다.

[표 12.1] 메모리의 성능 특징 비교

| Memory | $/Gb | Idle(mA) | Active(mA) | Read | Write | Erase |
|---|---|---|---|---|---|---|
| Mobile SDRAM | 48 | 0.5 | 75 | 90ns | 90ns | N/A |
| LowPower SRAM | 320 | 0.005 | 3 | 55ns | 55ns | N/A |
| Fast SRAM | 614 | 5 | 65 | 10ns | 10ns | N/A |
| NOR Flash | 96 | 0.03 | 32 | 200ns | 210.5µs | 1.2sec |
| NAND Flash | 21 | 0.01 | 10 | 10.1µs | 200.5µs | 2ms |

## 12.1.2 구조

Flash Memory는 블록(또는 섹터), 페이지, spare array로 구성이 된다. 전체 Flash Memory를 구성하는 기본 접근단위는 블록이며, 하나의 블록은 여러 개의 page들로 구성된다. 그리고 각 page의 에러 여부를 저장하는 spare array를 가지고 있다. 예를 들면 32MB의 크기를 갖는 Flash memory의 경우 32MB의 메모리는 2048개의 블록(16KB)으로 이루어지고 각 Block은 32개의 페이지(512Byte)로 구성된다. 프로그래머의 관점에서는 블록(block)과 페이지(page)는 중요한 의미를 가진다. 메모리 엑세스(access)시에 Wirte/Erase의 여부에 따라 접근하는 방법이 달라지기 때문이다. 보통 wirte시에는 페이지 단위, erase시에는 블록단위의 접근이 이루어지기 때문에 데이터를 메모리에 저장하기 위한 파일시스템 설계에 초점을 맞추어야 한다.

Flash memory 구조를 크게 두 부분으로 나눌 수 있다. 먼저 데이터를 저장하는 영역과 각 페이지를 구성하는 셀(cell)의 오류 여부를 체크하여 저장하는 부분(data array)이다. 앞서 설명한 것처럼 하나의 페이지는 10만 번 정도 사용이 가능하다. 그러므로 지속적으로 한 페이지만을 사용하여 데이터를 쓰기/읽기/삭제하는 것은 비효율적이므로 여러 페이지를 균일하게 사용하는 기법(wear-leveling)이 적용되고 있다. 이 기법에서 결함 페이지의 접근을 막기 위해 spare array를 이용한다. 페이지를 검사하여 비트의 오류가 생기면 spare array에 해당 페이지의 오류를 기록하고 이를 통해 데이터를 안정적으로 저장한다.

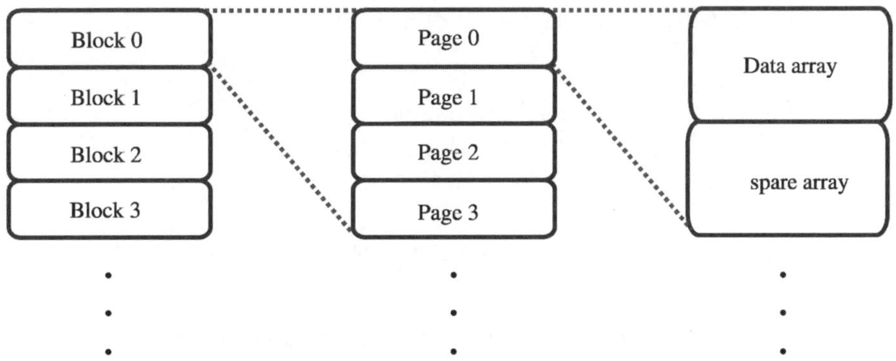


[그림 12.1] 플래쉬 메모리 구성의 예

## 12.1.3 M25P80

UBee430에서 사용하는 ST M25P80 Flash Memory의 특징은 다음과 같다.

- 8Mbit of Flash Memory
- Page Program(up to 256Bytes) in 1.4ms(typical)
- Sector Erase(512Kbit) in 1s(typical)
- Bulk Erase(8Mbit) in 10s(typical)
- 2.7 to 3.6V Single supply voltage
- SPI Bus Compatible Serial Interface
- 40MHz Clock Rate(maximum)
- Deep Power-down Mode 1μA(typical)
- Electronic Signature(13h)

TinyOS 2.x에서는 ST Microelectronics M25Pxx family를 지원하는 컴포넌트 및 인터페이스들을 제공한다. TinyOS 2.x에서 플래시 칩은 하나 이상의 고정된 크기의 볼륨으로 나뉜다. 이는 앞서 설명한 것처럼 데이터의 효과적인 관리를 위해 고정된 크기로 분할한다. 분할되는 볼륨의 정보(볼륨의 이름, 크기)는 XML 파일로 어플리케이션의 디렉터리에 저장한다. 본 실습에서는 이 볼륨 정보를 volumes-stm25p.xml이라는 파일로 작성 관리한다. size의 매개변수는 삭제 단위의 배수이다. M25Pxx family의 경우 삭제 단위는 64~128KB이다. BlinkConfig 어플리케이션에서 사용하는 XML 파일에서는

65536, 즉 64KB의 배수로 size를 정하고 있다.

```
<volume_table>
<volume   name="LOGTEST" size="262144"/>
<volume   name="CONFIGTEST" size="131072"/>
</volume_table>
```

**[코드 12.1]** volumes-stm25p.xml

컴파일 시 Python 스크립트인 /usr/bin/tos-storage-stm25p은 이 파일을 참조하여 ./build /UBee430/StorageVolumes.h 파일을 생성하고, 생성된 헤더파일을 ConfigStorageC 컴포넌트를 선언한 파일(BlinkConfigAppC.nc)에 추가해야 한다.

플랫폼마다 사용하는 플래시 칩이 다르기 때문에, xml 파일과 Python 스크립트명은 /opt/tinyos-2.x/support/make/플랫폼명.target에 정의되며 컴파일시 참고된다.

# 12.2 실습내용

플래시 칩을 마운트한 뒤, 데이터를 기록했다가 다시 읽어오는 과정을 실습한다.

## 12.2.1 실행방법(BlinkConfig)

```
$ cd  /opt/tinyos-2.x/apps/tutorials/BlinkConfig
$ make UBee430  install
```

**[명령어 12.1]** BlinkConfig 어플리케이션의 install

TinyOS 2.0.2에선 Python 컴파일 부분에서 subprocess 관련 에러가 발생하는데, 다음 방법을 통해 컴파일을 수행한다.

Python 2.4를 다운로드 받아서 subprocess.py를 복사한다.

```
$ wget   ftp://ftp.dti.ad.jp/pub/lang/python/2.4/Python-2.4.tar.bz2
$ tar xvjf   Python-2.4.tar.bz2
$ cp   Python-2.4/Lib/subprocess.py /lib/python2.3/
```

**[명령어 12.2]** Python의 실행

또는 제공되는 CD의 Python-2.4.tar.bz2을 BlinkConfig 폴더에 복사한 후 다시 컴파일을 시도한다.

```
$ tar xvjf   Python-2.4.tar.bz2
$ cp   Python-2.4/Lib/subprocess.py /lib/python2.3/
$ make UBee430   install
```

**[명령어 12.3]** BlinkConfig 어플리케이션의 install

## 12.2.2 코드 설명

### (1) BlinkConfigAppC.nc

ConfigStorageC 컴포넌트(/opt/tinyos-2.x/tos/chips/stm25p/ConfigStorageC.nc)가 지원하는 인터페이스 Config, Mount를 사용하기 위해 연결하고 있다.

```
#include    "StorageVolumes.h"
#include    "Timer.h"
/**
* Application    to demonstrate the ConfigStorageC abstraction. A timer
* period is    read from flash, divided by two, and written back to
* flash. An    LED is toggled each time the timer fires.
*
* @author    Prabal Dutta <prabal@cs.berkeley.edu>
*/
configuration    BlinkConfigAppC {
}
implementation    {
components    BlinkConfigC as App;
components new    ConfigStorageC(VOLUME_CONFIGTEST);
components    MainC, LedsC, PlatformC, SerialActiveMessageC;
```

```
components new   TimerMilliC() as Timer0;
App.Boot ->   MainC.Boot;
App.Config   -> ConfigStorageC.ConfigStorage;
App.Mount   -> ConfigStorageC.Mount;
App.Leds ->   LedsC;
App.Timer0   -> Timer0;
}
```

[코드 12.2] BlinkConfigAppC.nc

### (2) BlinkConfigC.nc

BlinkConfigC 컴포넌트에서 사용하는 인터페이스들을 uses문으로 선언한다. 플래시 칩 사용 전에 마운트하기 위해 Mount 인터페이스를 사용하고 실제로 플래시 칩으로부터 읽거나 쓰기 위해 ConfigStorage 인터페이스를 사용한다.

```
module   BlinkConfigC {
    uses {
        interface   Boot;
        interface   Leds;
        interface   ConfigStorage as Config;
        interface   Mount as Mount;
        interface   Timer<TMilli> as Timer0;
    }
}
```

[코드 12.3] BlinkConfig module

version은 볼륨을 처음 사용할 때, 적절한 초기 조치를 위해 볼륨의 버전(version)을 관리하며, period는 LED가 깜박거리는 주기를 기록한다.

```
typedef struct   config_t {
    uint16_t   version;
    uint16_t   period;
} config_t;
```

[코드 12.4] Config_t

CONFIG_ADDR은 플래시 칩에서 읽어오거나 기록할 때 사용되는 주소이다. CONFIG_VERSION은 초기동작 이후로 version의 값이다. DEFAULT_PERIOD는 디폴트로 주어지는 LED 점멸 주기로 약 1초이다. MIN_PERIOD와 MAX_PERIOD로 지정되는 범위 내에서만 주기가 한정된다.

```
enum {
    CONFIG_ADDR =    0,
    CONFIG_VERSION    = 1,
    DEFAULT_PERIOD    = 1024,
    MIN_PERIOD =    128,
    MAX_PERIOD =    1024
};
```

**[코드 12.5]** BlinkConfig에서 사용하는 값의 정의

config_t 구조체를 선언한다. 초기 값은 정해지지 않은 상태이다.

```
config_t conf;
```

**[코드 12.6]** 구조체의 선언

- mote에 프로그램이 설치된 후, 바로 mote가 리셋되고 나면, 먼저 디폴트 LED주기가 conf.period에 입력된다. 그리고 나서 플래시 칩을 마운트하기 위해서 Mount.mount()를 호출한다. 플래시 칩을 사용하기 전에 마운트가 되었다는 것을 보장하기 위해서 split-phase 방식을 사용한다(mount, mountDone).

```
event void    Boot.booted() {
    conf.period =    DEFAULT_PERIOD;
    if (call    Mount.mount() != SUCCESS) {
    // Handle    failure
    }
}
```

**[코드 12.7]** Boot event 핸들러

마운트가 성공적이었다면 mountDone 이벤트가 발생한다. 처음 이 어플리케이션이 동작하는 것이라면 볼륨이 아직 유효하지 않기 때문에, Config.commit()를 호출하여 볼륨을 유효하게 한다.

```
event void   Mount.mountDone(error_t error) {
    if (error ==   SUCCESS) {
        if (call   Config.valid() == TRUE) {
            if (call    Config.read(CONFIG_ADDR, &conf, sizeof(conf)) != SUCCESS)
{
                // Handle   failure
            }
        }
        else {
            call   Leds.led1On();
            if (call   Config.commit() == SUCCESS) {
                call   Leds.led0On();
            }
            else {
                // Handle   failure
            }
        }
    }
    else{
        // Handle   failure
    }
}
```

**[코드 12.8]** mountDone event 핸들러

만약 이전에 설치했던 볼륨 때문에 다르게 동작한다면 아래 파일을 수정하면 된다. size가 65536의 배수가 되도록 65536을 뺀 값 또는 더한 값으로 변경하면 된다.

```
<volume_table>
<volume   name="LOGTEST" size="196608"/>
```

**[코드 12.9]** volumes-stm25p.xml

commit 연산 초기화 후, 버퍼에 있는 내용이 모두 플래시 칩에 기록되었다면 commitDone 이벤트가 발생한다. 이때 Timer0의 주기를 conf.period에 있는 값으로 변경하게 된다. booted 이벤트에서 DEFAULT_PERIOD(1024=1초)가 주어진다. 이제 mote는 1초에 한 번 Timer0.fired 이벤트가 발생할 때마다 LED2를 토글한다.

```
event void  Config.commitDone(error_t err) {
    call  Leds.led0Off();
    call  Timer0.startPeriodic(conf.period);
    if (err ==  SUCCESS) {
        // Handle  failure
    }
}
event void  Timer0.fired() {
    call  Leds.led2Toggle();
}
```

**[코드 12.10]** commitDone과 Timer event 핸들러

- 이제 mote를 PC에서 분리시켰다가 다시 연결하자. 처음과 동일하게 booted 이벤트에서 Mount.mount()를 호출하면, mountDone 이벤트가 발생하게 된다. 이전과 달리 이제는 볼륨이 유효하기 때문에, CONFIG_ADDR번지(=0)에서 데이터를 읽어와서 conf 구조체에 저장한다.

```
event void  Mount.mountDone(error_t error) {
    if (error ==  SUCCESS) {
    if (call  Config.valid() == TRUE) {
        if (call  Config.read(CONFIG_ADDR, &conf, sizeof(conf)) != SUCCESS) {
            // Handle  failure
        }
    }
    else {
        call  Leds.led1On();
        if (call  Config.commit() == SUCCESS) {
            call  Leds.led0On();
        }
    }
}
```

**[코드 12.11]** mountDone event 핸들러

플래시 칩으로부터 데이터를 읽는 시도가 성공하면 readDone 이벤트가 발생한다. 처음에는 플래시 0번지에 기록된 값이 없었기 때문에 읽어온 값 conf.version이 기대하는 값 CONFIG_VERSION과 일치하지 않는다. 디폴트값으로 구조체를 채운 후, 플래시 칩에 기록하기 위해 write 함수를 호출한다.

```
event void   Config.readDone(storage_addr_t addr, void* buf,
     storage_len_t   len, error_t err) __attribute__((noinline)) {
     if (err ==    SUCCESS) {
          memcpy(&conf,    buf, len);
          if    (conf.version == CONFIG_VERSION) {
             conf.period = conf.period/2;
             conf.period = conf.period > MAX_PERIOD ? MAX_PERIOD : conf.period;
             conf.period = conf.period < MIN_PERIOD ? MAX_PERIOD : conf.period;
           }
           else {
               call   Leds.led1On();
               conf.version =    CONFIG_VERSION;
               conf.period =    DEFAULT_PERIOD;
           }
           call   Leds.led0On();
           call   Config.write(CONFIG_ADDR, &conf, sizeof(conf));
      }
      else {
          // Handle   failure.
      }
}
```

**[코드 12.12]** readDone event 핸들러

write 함수가 성공하면 발생하는 writeDone 이벤트에서 데이터가 확실히 플래시에 기록되도록 Config.commit()를 호출한다. 플래시 칩에 데이터 기록이 끝난 후, Config.-commitDone 이벤트가 발생하면 현재 conf.period 값으로 타이머가 재시작된다.

```
event void    Config.writeDone(storage_addr_t addr, void *buf, storage_len_t   len,
error_t err) {
// Verify addr   and len
    if (err ==   SUCCESS) {
        if (call   Config.commit() != SUCCESS) {
           // Handle   failure
        }
```

```
    }
    ..................................................................................
}
```

[코드 12.13] writeDone event 핸들러

- 이제 mote를 PC에서 분리했다가 다시 연결하자. 이젠 플래시 칩에서 읽어온 값이 CONFIG_VERSION와 일치한다. conf.period 값을 2로 나눈 값으로 변경한다. 이후, 다시 플래시 칩에 새로 바뀐 데이터를 기록하기 위해 write, writeDone, commit, commitDone을 거치게 된다. commitDone 이벤트에서 새로 바뀐 conf.period 값에 따라 타이머가 재시작된다. LED의 점멸 속도가 더 빨라지게 된다.

```
event void   Config.readDone(storage_addr_t addr, void* buf,
storage_len_t   len, error_t err) __attribute__((noinline)) {
    if (err ==   SUCCESS) {
        memcpy(&conf,   buf, len);
        if(conf.version == CONFIG_VERSION) {
            conf.period = conf.period/2;
            conf.period = conf.period > MAX_PERIOD ? MAX_PERIOD : conf.period;
            conf.period = conf.period < MIN_PERIOD ? MAX_PERIOD : conf.period;
        }
        else {
            call   Leds.led1On();
            conf.version =   CONFIG_VERSION;
            conf.period =   DEFAULT_PERIOD;
        }
        call   Leds.led0On();
        call   Config.write(CONFIG_ADDR, &conf, sizeof(conf));
    }
    else {
        // Handle   failure.
    }
}
```

[코드 12.14] readDone event 핸들러

mote를 다시 연결할수록 LED가 깜박이는 속도가 빨라지다가, MIN_PERIOD보다 더 작은 주기를 가지게 되면 점멸주기는 다시 1초가 된다.

### 12.2.3 실행방법(Block)

storage 어플리케이션 디렉터리로 이동하여 컴파일과 설치를 진행한다. 컴파일시 문제가 생기면 8장의 BlinkConfig에서 Python 모듈을 추가 설치하는 부분을 참고한다.

```
$ cd  /opt/tinyos-2.x/apps/tests/storage/Block
$ ls
Makefile  RandRWAppC.nc RandRWC.nc volumes-stm25p.xml .........
$ make UBee430  install
mkdir -p  build/UBee430
compiling  RandRWAppC to a UBee430 binary
ncc -o  build/UBee430/main.exe -Os -O -mdisable-hwmul -Wall -Wshadow
   -DDEF_TOS_AM
_GROUP=0x7d  -Wnesc-all -target=UBee430 -fnesc-cfile=build/UBee430/
   app.c -board=
-Ibuild/UBee430  -DIDENT_PROGRAM_NAME=\"RandRWAppC\"  -DIDENT_USER_ID
   =\"hakisung\"
-DIDENT_HOSTNAME=\"your-uc6tz2s7vy\"  -DIDENT_USER_HASH=0x8e20e03bL
   -DIDENT_UNIX
_TIME=0x46d55509L  -DIDENT_UID_HASH=0x746f0d4eL RandRWAppC.nc -lm
compiled  RandRWAppC to build/UBee430/main.exe
10358 bytes in  ROM
1462 bytes in  RAM
msp430-objcopy  --output-target=ihex build/UBee430/main.exe build/
   UBee430/main.ih
ex
writing TOS  image
cp  build/UBee430/main.ihex build/UBee430/main.ihex.out
found mote on  COM14 (using bsl,auto)
installing  UBee430 binary using bsl
tos-bsl  --telosb -c 13 -r -e -I -p build/UBee430/main.ihex.out
MSP430  Bootstrap Loader Version: 1.39-telos-8
Mass Erase...
Transmit  default password ...
Invoking  BSL...
Transmit  default password ...
Current  bootstrap loader version: 1.61 (Device ID: f16c)
Changing  baudrate to 38400 ...
Program ...
10390 bytes  programmed.
Reset device  ...
rm -f  build/UBee430/main.exe.out build/UBee430/main.ihex.out
```

**[명령어 12.4]** Block 어플리케이션의 install

## 12.2.4 결과

테스트가 성공했다면 몇 초 동안 청색 LED 켜졌다가 꺼진 후 잠시 깜박인다. 그리고 나서 청색과 녹색 LED가 거의 동시에 켜진다. 테스트가 실패했을 때는 적색 LED가 켜진다. 테스트가 성공하면 0x80을 시리얼로 전송하고, 실패하면 변수 e의 값을 시리얼로 전송하는데 아래는 성공했을 경우이다. 녹색 LED가 켜지기 전에 자바 어플리케이션을 실행시켜야 아래와 같은 결과를 볼 수 있다.

```
$ java  net.tinyos.tools.Listen -comm serial@com14:UBee430
serial@com14:115200:  resynchronising
00 FF FF 00 00  01 00 01 80
```

**[명령어 12.5]** 자바 Listen 프로그램을 통한 결과 확인

## 12.2.5 코드설명

### (1) RandRWAppC.nc

RandRWAppC는 컴포넌트들 간에 제공하거나 사용되는 인터페이스들을 서로 연결을 하기 위한 설정(configuration) 컴포넌트이다.

```
configuration   RandRWAppC { }
implementation    {
    components    RandRWC, new BlockStorageC(VOLUME_BLOCKTEST),
    MainC, LedsC,    PlatformC, SerialActiveMessageC;
    MainC.Boot    <- RandRWC;
    RandRWC.SerialControl    -> SerialActiveMessageC;
    RandRWC.AMSend    -> SerialActiveMessageC.AMSend[1];
    RandRWC.BlockRead    -> BlockStorageC.BlockRead;
    RandRWC.BlockWrite    -> BlockStorageC.BlockWrite;
    RandRWC.Leds    -> LedsC;
}
```

**[코드 12.15]** RandRWAppC.nc

실제로 구현되는 컴포넌트인 RandRWC에 사용할 인터페이스들이 연결되고 있다. RandRWC 컴포넌트는 부팅이 완료되는 시점을 알기 위해 Boot 인터페이스를 사용해

야 한다. 시리얼 통신을 초기화하고 시작하기 위해서 SerialControl 인터페이스가 사용되며, 전송하기 위해서 AMSend 인터페이스가 사용된다. BlockRead와 BlockWrite 인터페이스는 플래시 칩에 기록하거나 읽기 위해서 사용된다.

BlockStorageC 컴포넌트는 인자로 volume id를 요구하는데, volumes_stm25p.xml에 정의된 volume name을 인자로 사용해야 컴파일 시 아래와 같은 에러가 발생하지 않는다.

**[그림 12.2]** volume id 에러 화면

아래 파일에 정의되어 있는 volume name을 사용해야 한다.

```
<volume_table>
<volume    name="BLOCKTEST" size="262144"/>
</volume_table>
```

**[코드 12.16]** volumes-stm25p.xml

본 어플리케이션은 비휘발성 저장장치인 flash chip상에 데이터를 기록하고 읽기를 테스트하는 것이 목적이다. 플래시 칩은 여러 개의 볼륨으로 나누어지며, 각 볼륨은 연속된 저장영역이다. 플래시 칩의 볼륨에 접근하기 위한 기본 포맷 형식에는 Logging과 Block이 있으며, 각각 관련 인터페이스를 제공한다. Logging은 append-only write와 streamming read를 위한 것이고, Block 인터페이스는 separate commit 연산을 한다.

RandRWC 어플리케이션에서는 Block 포맷에 대한 읽고 쓰기 위해 BlocStorageC에서 제공하는 BlockWirte와 BlockRead를 연결해서 사용한다.

```
RandRWC.BlockRead    -> BlockStorageC.BlockRead;
RandRWC.BlockWrite   -> BlockStorageC.BlockWrite;
```

**[코드 12.17]** block 접근을 위한 wiring

시리얼 통신을 하기 위해 SerialActiveMessageC 컴포넌트가 제공하는 SplitControl 인터페이스와 AMSend 인터페이스를 연결한다. 시리얼 통신의 전송이 split-phase 방식으로 이루어지기 때문에, SplitControl 인터페이스를 사용한다.

```
RandRWC.SerialControl     -> SerialActiveMessageC;
RandRWC.AMSend     -> SerialActiveMessageC.AMSend[1];
```

**[코드 12.18]** serial 통신을 위한 wiring

### (2) RandRWC.nc

RandRWC 어플리케이션은 Boot.booted 이벤트에서 시작한다. 이때 start command를 호출하여 시리얼 통신을 시작하면서 어플리케이션이 시작된다.

```
event void    Boot.booted() {
    call    SerialControl.start();
}
```

**[코드 12.19]** Boot event 핸들러

SpiltControl(SerialControl) 인터페이스를 사용하기 위해서는 시리얼통신을 사용하거나 중단시켰을 때, 각각 발생하는 startDone()과 stopDone() 이벤트를 구현해 주어야 한다.

start() command 호출로 시리얼 통신을 시작하기 위한 처리가 완료되면, startDone() event가 발생한다. 이때 성공여부를 확인하기 위해 변수 e를 검사하여 실패시 적색 LED를 켜주고, 해당 루틴을 종료하여 어플리케이션이 더 이상 아무런 일도 하지 않는다. 성공했다면 랜덤 생성 함수인 resetSeed()를 호출하여 seed 값을 산출한 뒤, 그 seed 값을 사용하는 rand() 함수를 호출하여 16-bit 난수를 생성하고 이를 uint_8형 배열인 data에 저장한다. 그리고 마지막으로 done() 함수를 호출한다.

```
event void    SerialControl.startDone(error_t e) {
    int i;
    if (e !=    SUCCESS)
    {
        //시리얼 통신 시작을 실패했을 경우 0번 LED(적색)를 켠다.
        call    Leds.led0On();
        return;
```

```
    }
    resetSeed();
    for (i = 0; i   < sizeof data; i++)
        data[i++] =   rand() >> 8;
    done();
}
```

**[코드 12.20]** startDone event 핸들러

done()는 mote의 ID를 나타내는 TOS_NODE_ID를 사용하여 어플리케이션의 테스트 범위를 결정한다. 여기서 mote에 어플리케이션을 설치시 Default NODE_ID는 1이므로 act 변수는 0이 된다((int)1/100 = 0). 따라서 LED 2번을 토글한 뒤 case 0번을 실행한다. testCount의 초기값은 0이고 actions의 크기는 2이므로 doAction(int) 함수가 호출되는데 여기에 전달되는 인자는 actions[testCount]이다. 이때 testCount의 값은 0이므로 actions[0]값이 전달되면 이때 실제의 값은 3이 전달된다.

```
void done() {
  //인자없이 프로그램을 설치를 하게 되면 Defalult TOS_NODE_ID   = 1로 셋팅됩니다.
    uint8_t act =   TOS_NODE_ID / 100;
    call  Leds.led2Toggle();
    switch (act) {
        case 0:   //<== 기본적으로 동작한다.
            if (testCount   < sizeof actions)
                doAction(actions[testCount]);
            else
                success();
            break;
        // 여기서 A_READ와   A_WRITE는 enum형 변수
        // enum {   A_READ = 2, A_WRITE };
        case A_READ:   case A_WRITE:
            if (testCount)
                success();
            else
                doAction(act);
            break;
        default:
            fail(FAIL);
            break;
```

```
    }
    testCount++;
}
```

[코드 12.21] done 함수

```
enum { A_READ    = 2, A_WRITE };
    .............................중략......................
    const uint8_t    actions[] = {
    A_WRITE,
    A_READ
};
```

[코드 12.22] action의 정의

doAction 함수는 넘겨받는 인자로 플래시 칩에 실질적인 read와 write 기능을 수행하는 함수이다. 처음 호출 시에는 인자로 넘어온 act의 값이 3이므로 A_WRITE 부분을 실행된다. 플래쉬 칩은 기록을 하기 전에 먼저 삭제를 해야 하므로 BlockWrite.erase()를 호출하고 있다.

```
// 인자로 3을 넘겨받는다.    count를 0으로 초기화 시켜준다.
void    doAction(int act) {
    count = 0;
    resetSeed();//랜덤 값을
    switch (act) {
        case A_WRITE:
            scheck(call   BlockWrite.erase()); // 볼륨을 삭제한다. 재부팅 또는
            // commit 후에, 볼륨에 기록하기 전에
            // 반드시 볼륨을 삭제해야 한다.
            break;
        case A_READ:
            nextRead();
            break;
    }
}
```

[코드 12.23] doAction 함수

**참고사항**

BlockWrite의 인터페이스의 command들은 getSize를 제외하고는 모두 split-phase 연산이다.

- split-phase 연산 : 요청에 대한 응답 callback은 하드웨어 무엇인가를 요청하고 바로 반환한다. 그리고 해당 연산이 완료되었을 경우 하드웨어에 인터럽트를 발생시켜서 다시 말해서 event를 시그널해서 연산의 완료를 알려주는 방식의 연산을 의미한다. 즉 "erase()" 역시 split-phase 연산으로 호출 즉시 리턴된다. erase는 요청이 허용되면, SUCCESS를 리턴하고, 그렇지 않고 이미 연산이 진행 중이라면 EBUSY를 반환한다.

이제 scheck 함수의 구현부를 살펴보자.

이 함수는 공용으로 사용할 수 있는 함수로 인자의 값이 SUCCESS와 그 외의 반환 값을 처리하는 함수이다. 한편 삭제 연산이 완료되었을 때 eraseDone이라는 event가 발생한다. 이때 전달되는 result 값은 연산이 성공했다면 SUCCESS를, 실패했다면 FAIL이다.

```
//잘 삭제되었으면 SUCCESS를 리턴한다.
bool    scheck(error_t r) __attribute__((noinline)) {
    if (r !=    SUCCESS)
        fail(r);
    return r ==    SUCCESS;
}
```

[코드 12.24] scheck 함수

```
event void    BlockWrite.eraseDone(error_t result) {
    if    (scheck(result))
    {
        call    Leds.led2Toggle(); //LED 2번을 토글하고
        nextWrite();    // 쓰기 연산을 시행한다. 삭제가 끝나면 반복해서 nextWrite
    }
}
```

[코드 12.25] eraseDone event 핸들러

삭제연산이 성공했다면 LED 2번을 토글해주고 nextWrite() 호출한다.

```
// 모든 볼륨을 다 기록했을 경우에 들어온다. 64회 wireDone에서 호출되어 모든
// 볼륨에 기록하게 된다.
void    nextWrite() {
    if (++count ==    NWRITES) {
        call    Leds.led2Toggle();
        // 이 함수는 쓰기가 완료된 모든 데이타는 이 event를 후에 비휘발성
        // 저장장치에서 꺼내질 수 있다.
        scheck(call    BlockWrite.sync());
        // Sync는 시스템의 reboot이나 crash 상황에서 기록된 데이터를
        // 보호하기 위해서 반드시 호출해야 한다.
    }
    else {
        setParameters();
        scheck(call    BlockWrite.write(addr, data + offset, len));
    }
}
```

**[코드 12.26]** nexWrite 함수

nextWrite 함수에서는 BlockWrite.write command를 호출하고 있는데 이 command 역시 split-phase 방식으로 동작한다. 이 command는 전달된 시작주소부터 버퍼의 내용을 지정된 길이만큼 저장 장치에 기록을 요청한다. 이 작업 요청이 완료되면 writeDone event가 발생하게 된다.

```
event void BlockWrite.writeDone(storage_addr_t x, void*    buf,
                                        storage_len_t y, error_t result) {
    if (scheck(result))
        nextWrite();
}
```

**[코드 12.27]** writeDone event 핸들러

여기서 다시 nextWrite 함수가 재호출되고 있다. 따라서 앞의 nextWrite 함수 내의 if 문을 살펴보면 증가하는 counter가 NWRITES(=size/4096)을 될 때까지 저장장치에 기록을 한다.

```
enum {
        // 사이즈가 256k 볼륨의 갯수. 64 ==< 한 번에 기록되는 데이터 사이즈
```

```
        SIZE = 1024L *   256,
        NWRITES = SIZE   / 4096,
};
```

**[코드 12.28]** size의 정의

정해진 횟수 NWRITES만큼 기록이 모두 완료되면, BlockWrite.syc()를 호출한다.

```
if (++count ==    NWRITES)
{
    // 이 함수는 쓰기가 완료된 모든 데이타는 이 event를 후에 비휘발성
    // 저장장치에서 꺼내질 수 있다.
    call Leds.led2Toggle();
    // Sync는 시스템의 reboot이나 crash 상황에서 기록된 데이터를
    // 보호하기 위해서 반드시 호출해야 한다.
    scheck(call    BlockWrite.sync());
}
else
{
    ..........
    ..........
}
```

**[코드 12.29]** syc 함수 호출

writeDone 이벤트가 발생했지만 플래쉬에 write할 데이터가 아직은 버퍼에 남아 있을지도 모르는 상태이다. 모든 데이터가 플래시에 저장된 상태임을 보장하기 위해서는 sync를 호출해야 한다. 따라서 모든 write 작업이 끝난 후에는 반드시 이를 호출을 해야 한다. 그리고 이 command가 완료 되었을 때 syncDone() event가 발생한다.

```
event void   BlockWrite.syncDone(error_t result) {
    if   (scheck(result))
    done(); // 쓰기 완료된 후 읽기를 하기 위해서 다시 호출되었다.
}
```

**[코드 12.30]** syncDone event 핸들러

이 event는 sync 연산이 완료되었을 때 전달되며, 기록된 모든 데이터는 이 이벤트가 완료된 후 사용이 가능해진다. 이렇게 쓰기가 완료된 후에는 다시 done() 함수를

재호출하는데 이때는 testCount의 값이 증가해서 1이 되어 doAction() 함수 호출시 전달 인자인 acttions[testCount]의 값이 2가 된다.

```
enum { A_READ   = 2, A_WRITE };
............................중략.....................
const uint8_t   actions[] = {
    A_WRITE,
    A_READ
};
```

[코드 12.31] action의 정의

```
void   doAction(int act) {//인자로 2를 넘겨 받는다. count를 0으로 초기화
    .........
    ......
    ....
    case A_READ://두번째 호출로 여기가 호출된다.
        nextRead();
        break;
    }
}
```

[코드 12.32] doAction 함수

다음과 같이 저장 장치에서 읽어오는 루틴을 수행한다.

```
void   nextRead() {
// 볼륨의 크기가 4096이므로 플래시 칩의 사이즈 256kb를 나누면 볼륨의 갯수
    if (++count ==    NWRITES)
    // 모두 읽은 후 다시 호출 이때는 testConut = 2가 된다. 따라서
    // success() 함수를 호출한다. 즉 1번 LED를 켜진다.
        done();
    else
    {
        setParameters();
        scheck(call BlockRead.read(addr, rdata, len));
    }
}
```

[코드 12.33] nextRead 함수

읽기도 쓰기와 마찬가지로 read command의 완료를 알려주는 readDone event에서 계속 nextRead를 호출해서 저장장치의 내용에 적힌 내용을 모두 읽어온 뒤 최종적으로 success() 함수를 호출한다. 이때 LED 1번을 ON시키고, 0x80을 시리얼을 통해 PC로 전달하며 완료한다.

```
void success()   {
     call    Leds.led1On();//
     report(0x80);
}
```

[코드 12.34] success 함수

## 12.3 추가 실습과제

Base Station을 통해 전달되는 LED들의 점멸주기를 Flash 메모리에 저장하고, 이에 따라 LED를 점멸하는 어플리케이션을 작성한다.

# CHAPTER 13

# EEPROM과 부가기능

## 13.1 DS28DG02 칩의 소개

UBee430 센서모트는 Maxim사의 EEPROM과 부가기능을 지원하는 DS28DG02 칩을 탑재하고 있다. 이 칩에는 12개의 PIO 라인을 갖는 2Kb(256 x 8) EEPROM과 알람 기능이 있는 실시간 클록(RTC) 및 캘린더, CPU 리셋 모니터, 배터리 모니터, 워치독(watchdog) 기능이 결합되어 있다. 통신방식은 SPI 인터페이스를 통해 수행되며, 사용자 EEPROM은 각각 단일 바이트와 최대 16바이트의 페이지 쓰기 기능이 있는 64바이트 블록 4개로 구성된다. 추가 레지스터는 PIO와 셋업 기능에 대한 액세스를 제공하고, 개별 PIO 라인은 입력 또는 출력으로 구성할 수 있다. 출력으로 프로그래밍된 PIO의 파워 온 상태는 비휘발성(NV) 메모리에 저장되며, 모든 PIO는 직렬 인터페이스를 통해 사용자가 재구성할 수 있다.

DS28DG02의 주요 기능은 다음과 같다.

- 4개의 64바이트 블록으로 구성된 2Kb(256 x 8) EEPROM
- 단일 바이트 및 최대 16바이트 EEPROM 쓰기 시퀀스
- EEPROM 쓰기 보호 제어 핀으로 1, 2 또는 4 블록 모두 보호
- +25°C에서 페이지당 200k 사이클(최대 10ms의 EEPROM 쓰기 사이클)의 내구성
- 최대 2MHz 클록 주파수에서 모드(0,0) 및 (1,1)을 지원하는 SPI 직렬 인터페이스
- LED 구동 능력을 갖는 PIO 라인 12개
- 저장된 값에 따라 시동 시 입력 또는 출력, 오픈 드레인/푸시 풀로 PIO 구성
- 시동 후 모든 PIO 재구성 가능
- BCD 형식과 윤년 보정 기능이 있는 RTC/캘린더/알람
- 32.768kHz, 12.5pF 크리스털 또는 외부 TCXO를 통한 RTC 제어
- 히스테리시스 또는 푸시버튼이 있는 빠른 응답의 정밀 VCC 모니터를 통한 CPU 리셋
- 배터리 모니터: 2.5V, 2.25V, 2.0V, 1.75V, -5%
- 워치독 타이머: 1.6s, 0.8s, 0.4s, 0.2s(일반)
- 공장에서 프로그래밍된 고유한 64비트 소자 등록 번호
- 동작 범위: 2.2V ~ 5.25V, -40°C ~ +85°C

- ±4kV IEC 1000-4-2 ESD 보호 레벨(크리스털 핀 제외)
- 28-Lead, 4.4mm TSSOP 또는 36-Lead 6mm × 6mm QFN 패키지로 제공

휴인스 UBee430 실습환경에서는 다음 위치에 Ds28dg02s 컴포넌트를 제공하며, 본 실습을 위해 반드시 필요하다.

```
/opt/tinyos-2.x/tos/platforms/UBee430/chips/ds28dg02
Ds28dg02C.nc  Ds28dg02P.nc  Ds28dg02s.nc
```

다음은 Ds28dg02 컴포넌트에서 제공하는 Ds28dg02s 인터페이스이다. 이 인터페이스를 이용하여 상위 어플리케이션은 Ds28dg02 컴포넌트 이용이 가능하다.

```
interface Ds28dg02s {
  command void init();
  //pio
  command void Writepio_0to7(uint8_t data);
  command uint8_t Readpio_8to11();
  //eeprom
  command void WriteEEPROM(uint8_t addr , uint8_t data);
  command uint8_t ReadEEPROM(uint8_t addr );
  event void EEPROM_WriteDone();

  // Unique ID
  command uint8_t ReadID_CRC() ;
  command uint8_t ReadID_famillycode();
  command uint8_t ReadID_number0();
  command uint8_t ReadID_number1();
  command uint8_t ReadID_number2();
  command uint8_t ReadID_number3();
  command uint8_t ReadID_number4();
  command uint8_t ReadID_number5();

  // RTC
  command uint8_t ReadRTC_seconds();
  command uint8_t ReadRTC_minutes();
  command uint8_t ReadRTC_hours();
  command uint8_t ReadRTC_dayofweek();
  command uint8_t ReadRTC_date();
  command uint8_t ReadRTC_months();
  command uint8_t ReadRTC_years();
```

```
    command void WriteRTC_seconds(uint8_t seconds);
    command void WriteRTC_minutes(uint8_t minutes);
    command void WriteRTC_hours(uint8_t hours);
    command void WriteRTC_dayofweek(uint8_t dayofweek);
    command void WriteRTC_date(uint8_t date);
    command void WriteRTC_months(uint8_t months);
    command void WriteRTC_years(uint8_t years);
}
```

**[코드 13.1]** Ds28dg02s interface

## 13.2 실습내용(ID 확인)

DS28DG02는 공장 출하시 EEPROM에 프로그래밍된 64비트 길이의 고유 ID를 제공한다. Family code 8비트, Serial Number 48비트, CRC Code 8비트로 구성된다. 나머지 56비트에 대한 CRC는 X8 + X5 + X4 + 1식을 사용하여 생성되었다.

| 8-bit CRC Code | 48-bit Serial Number | 8-bit Family Code(70h) |
|---|---|---|

**[그림 13.1]** DS28DG02의 ID Fomat

어플리케이션 디렉터리로 이동하여 컴파일과 설치를 진행한다.

```
$ cd EX_DS28DG02_ID_H
$ make Ubee430 install
```

**[명령어 13.1]** install

motelist 명령으로 mote 연결된 포트를 확인한 후, 자바 어플리케이션 PrintfClient를 사용하여 결과 값을 확인한다.

```
$ motelist
Reference  CommPort   Description
```

```
_____ _____ ___________________
FTQ5XBQ8   COM14      Huins UBee430 Platform

$ java PrintfClient -comm serial@COM14:UBee430
Thread[Thread-1,5,main]serial@COM14:115200: resynchronising
DS28DG02 ID : f7 0 0 0 b 2 27 70
DS28DG02 ID : f7 0 0 0 b 2 27 70
DS28DG02 ID : f7 0 0 0 b 2 27 70
DS28DG02 ID : f7 0 0 0 b 2 27 70
DS28DG02 ID : f7 0 0 0 b 2 27 70
DS28DG02 ID : f7 0 0 0 b 2 27 70
DS28DG02 ID : f7 0 0 0 b 2 27 70
DS28DG02 ID : f7 0 0 0 b 2 27 70
```

**[명령어 13.2]** 모트의 연결 상태와 결과 확인

## 13.2.1 소스 코드

```
#include "printf.h"

configuration TestPrintfAppC{
}
implementation {
  components MainC, TestPrintfC, LedsC;
  components PrintfC;

  TestPrintfC.Boot -> MainC;
  TestPrintfC.Leds -> LedsC;
  TestPrintfC.PrintfControl -> PrintfC;
  TestPrintfC.PrintfFlush -> PrintfC;

  components new TimerMilliC() as Timer0;
  TestPrintfC.Timer0 -> Timer0;

  components Ds28dg02C as Peri ;
  TestPrintfC.Ds28dg02s -> Peri.Ds28dg02s ;
}
```

**[코드 13.2]** TestPrintfAppC configuration

```
#include "Timer.h"

module TestPrintfC {
  uses {
    interface Boot;
    interface Leds;
    interface SplitControl as PrintfControl;
    interface PrintfFlush;

    interface Timer<TMilli> as Timer0;
    interface Ds28dg02s ;
  }
}
implementation {

  #define NUM_TIMES_TO_PRINT       100
  uint8_t buffer[10] ;

  event void Boot.booted() {
    call PrintfControl.start();
    call Timer0.startPeriodic( 1000 );

    call Ds28dg02s.init();
  }

  event void PrintfControl.startDone(error_t error) {

        call PrintfFlush.flush();
  }

  event void PrintfControl.stopDone(error_t error) {

        call PrintfFlush.flush();
  }

  event void PrintfFlush.flushDone(error_t error) {

  }

  event void Timer0.fired()
  {
```

```
        buffer[0] = call Ds28dg02s.ReadID_famillycode();
        buffer[1] = call Ds28dg02s.ReadID_number0();
        buffer[2] = call Ds28dg02s.ReadID_number1();
        buffer[3] = call Ds28dg02s.ReadID_number2();
        buffer[4] = call Ds28dg02s.ReadID_number3();
        buffer[5] = call Ds28dg02s.ReadID_number4();
        buffer[6] = call Ds28dg02s.ReadID_number5();
        buffer[7] = call Ds28dg02s.ReadID_CRC();

        printf("DS28DG02 ID : %x %x %x %x %x %x %x %x₩n",
        buffer[7],buffer[6],buffer[5],buffer[4],buffer[3],buffer[2],buffer[1],buffer[0]);

        call PrintfFlush.flush();
        call Leds.led0Toggle();
    }

    event void Ds28dg02s.EEPROM_WriteDone()
    {}
}
```

**[코드 13.3]** TestPrintfC module

## 13.3 실습내용(RTC)

RTC(Real-Time Clock)은 전원이 제거되어도 시간을 유지시키고 알람시각을 제공한다. DS28DG02에서는 RTC와 Calendar를 저장할 수 있는 7바이트의 레지스터를 제공해주며, 각각의 기능은 [그림 13.2]와 같이 정의된다.

RTC and Calendar Registers

<table>
<tr><td>ADDR</td><td>b7</td><td>b6</td><td>b5</td><td>b4</td><td>b3</td><td>b2</td><td>b1</td><td>b0</td></tr>
<tr><td>129h</td><td>0</td><td colspan="3">10Seconds</td><td colspan="4">Single Seconds</td></tr>
<tr><td>12Ah</td><td>0</td><td colspan="3">10Minutes</td><td colspan="4">Single Minutes</td></tr>
<tr><td rowspan="2">12Bh</td><td rowspan="2">0</td><td rowspan="2">12/24</td><td>10hrs</td><td rowspan="2">10hrs</td><td colspan="4" rowspan="2">Single Hours</td></tr>
<tr><td>A/P</td></tr>
<tr><td>12Ch</td><td>0</td><td>0</td><td>0</td><td>0</td><td>0</td><td colspan="3">Day of Week</td></tr>
<tr><td>12Dh</td><td>0</td><td>0</td><td colspan="2">10Date</td><td colspan="4">Single Date</td></tr>
<tr><td>12Eh</td><td>0</td><td>0</td><td>0</td><td></td><td colspan="4">Single Months</td></tr>
<tr><td>12Fh</td><td colspan="4">10Years</td><td colspan="4">Single Years</td></tr>
</table>

**[그림 13.2]** RTC and Calendar Registers

다음 어플리케이션 디렉터리로 이동하여 컴파일과 설치를 진행한다.

```
$ cd EX_DS28DG02_RTC_H
$ make Ubee430 install
```

**[명령어 13.3]** install

motelist 명령으로 mote 연결된 포트를 확인한 뒤, 앞서와 같은 PrintfClient 자바 어플리케이션으로 결과 값을 확인한다.

```
$ motelist
Reference  CommPort   Description
────── ────── ──────────────
FTQ5XBQ8   COM14      Huins UBee430 Platform

$ java PrintfClient -comm serial@COM14:UBee430
Thread[Thread-1,5,main]serial@COM14:115200: resynchronising
DS28DG02 RTC : 2007-09-19 WED 10:00:03
DS28DG02 RTC : 2007-09-19 WED 10:00:04
DS28DG02 RTC : 2007-09-19 WED 10:00:05
DS28DG02 RTC : 2007-09-19 WED 10:00:06
DS28DG02 RTC : 2007-09-19 WED 10:00:07
```

**[명령어 13.4]** 모트의 연결상태와 결과 확인

### 13.3.1 소스 코드

```
#include "printf.h"

configuration TestPrintfAppC{
}
implementation {
  components MainC, TestPrintfC, LedsC;
  components PrintfC;

  TestPrintfC.Boot -> MainC;
  TestPrintfC.Leds -> LedsC;
  TestPrintfC.PrintfControl -> PrintfC;
  TestPrintfC.PrintfFlush -> PrintfC;

  components new TimerMilliC() as Timer0;
  TestPrintfC.Timer0 -> Timer0;

  components Ds28dg02C as Peri ;
  TestPrintfC.Ds28dg02s -> Peri.Ds28dg02s ;
}
```

**[코드 13.4]** configuration

```
#include "Timer.h"

module TestPrintfC {
  uses {
    interface Boot;
    interface Leds;
    interface SplitControl as PrintfControl;
    interface PrintfFlush;

    interface Timer<TMilli> as Timer0;
    interface Ds28dg02s ;
  }
}
implementation {

  #define NUM_TIMES_TO_PRINT      100
  uint8_t buffer[10] ;

  event void Boot.booted() {
    call PrintfControl.start();
```

```
    call Timer0.startPeriodic( 1000 );

    call Ds28dg02s.init();
    call Ds28dg02s.WriteRTC_seconds(0x00);
    call Ds28dg02s.WriteRTC_minutes(0x00);
    call Ds28dg02s.WriteRTC_hours(0x11); // 24-houre mode
    call Ds28dg02s.WriteRTC_dayofweek(0x03);
    call Ds28dg02s.WriteRTC_date(0x13);
    call Ds28dg02s.WriteRTC_months(0x9);
    call Ds28dg02s.WriteRTC_years(0x07);
  }

  event void PrintfControl.startDone(error_t error) {
        call PrintfFlush.flush();
  }

  event void PrintfControl.stopDone(error_t error) {
        call PrintfFlush.flush();
  }

  event void PrintfFlush.flushDone(error_t error) {
  }

  uint8_t week[7][3] = { "SUN", "MON", "TUE", "WED", "THU", "FRI", "SAT" };

  event void Timer0.fired()
  {
    buffer[0] = call Ds28dg02s.ReadRTC_seconds();
    buffer[1] = call Ds28dg02s.ReadRTC_minutes();
    buffer[2] = call Ds28dg02s.ReadRTC_hours();
    buffer[3] = call Ds28dg02s.ReadRTC_dayofweek();
    buffer[4] = call Ds28dg02s.ReadRTC_date();
    buffer[5] = call Ds28dg02s.ReadRTC_months();
    buffer[6] = call Ds28dg02s.ReadRTC_years();

    printf("DS28DG02 RTC : 200%d-%02d-%02d %.3s %02x:%02x:%02x₩n"
    ,buffer[6],buffer[5],buffer[4], week[buffer[3]] ,buffer[2],buffer[1],buffer[0]);

    call PrintfFlush.flush();
    call Leds.led0Toggle();
  }

  event void Ds28dg02s.EEPROM_WriteDone(){}
}
```

[코드 13.5] module

## 13.4 실습내용(EEPROM Read/Write)

이번에는 EEPROM에 특정 데이터를 기록하고 읽는 과정을 실습한다.
다음의 어플리케이션 디렉터리로 이동하여 컴파일과 설치를 진행한다.

```
$ cd EX_DS28DG02_EEPROM_H
$ make Ubee430 install
```

**[명령어 13.5]** install

EEPROM 어플리케이션은 문자열을 바이트 단위를 기록하고, 이를 다시 읽어 출력한다. 마찬가지로 자바 어플리케이션 PrintfClient를 사용하면 전체동작 과정을 볼 수 있다.

```
$ motelist
Reference  CommPort   Description
_____ _____ __________________

FTQ5XBQ8   COM14      Huins UBee430 Platform

$ java PrintfClient -comm serial@COM14:UBee430
Thread[Thread-1,5,main]serial@COM14:115200: resynchronising
DS28DG02 EEPROM Writing! Data = 34
DS28DG02 EEPROM Wrinte Done
__________________

DS28DG02 EEPROM Writing! Data = 33
DS28DG02 EEPROM Wrinte Done
__________________

DS28DG02 EEPROM Writing! Data = 30
DS28DG02 EEPROM Wrinte Done
__________________

DS28DG02 EEPROM Writing! Data = 20
DS28DG02 EEPROM Wrinte Done
__________________

DS28DG02 EEPROM Writing! Data = 21
DS28DG02 EEPROM Wrinte Done
__________________

DS28DG02 EEPROM Writing! Data = 00
DS28DG02 EEPROM Wrinte Done
__________________
```

```
DS28DG02 EEPROM Writing! Data = 3f
DS28DG02 EEPROM Wrinte Done
DS28DG02 EEPROM Reading! - UBee430 !
_______________________
_______________________

DS28DG02 EEPROM Writing! Data = 42
DS28DG02 EEPROM Wrinte Done
```

**[명령어 13.6]** 모트의 동작 결과 확인

## 13.4.1 소스 코드

```
#include "printf.h"

configuration TestPrintfAppC{
}
implementation {
    components MainC, TestPrintfC, LedsC;
    components PrintfC;

    TestPrintfC.Boot -> MainC;
    TestPrintfC.Leds -> LedsC;
    TestPrintfC.PrintfControl -> PrintfC;
    TestPrintfC.PrintfFlush -> PrintfC;

    components new TimerMilliC() as Timer0;
    TestPrintfC.Timer0 -> Timer0;

    components Ds28dg02C as Peri ;
    TestPrintfC.Ds28dg02s -> Peri.Ds28dg02s ;
}
```

**[코드 13.6]** configuration

```
#include "printf.h"

configuration TestPrintfAppC{
}
implementation {
    components MainC, TestPrintfC, LedsC;
    components PrintfC;
```

```
    TestPrintfC.Boot -> MainC;
    TestPrintfC.Leds -> LedsC;
    TestPrintfC.PrintfControl -> PrintfC;
    TestPrintfC.PrintfFlush -> PrintfC;

    components new TimerMilliC() as Timer0;
    TestPrintfC.Timer0 -> Timer0;

    components Ds28dg02C as Peri ;
    TestPrintfC.Ds28dg02s -> Peri.Ds28dg02s ;
}

#include "Timer.h"

module TestPrintfC {
    uses {
        interface Boot;
        interface Leds;
        interface SplitControl as PrintfControl;
        interface PrintfFlush;

        interface Timer<TMilli> as Timer0;
        interface Ds28dg02s ;
    }
}
implementation {

  #define NUM_TIMES_TO_PRINT        100

  uint8_t send_buffer[10] = "UBee430 !";
  uint8_t recv_buffer[10];
  uint8_t addr = 0x3f;
  uint8_t i=0;

  event void Boot.booted() {
      call PrintfControl.start();
      call Timer0.startPeriodic( 1000 );

      call Ds28dg02s.init();
  }

  event void PrintfControl.startDone(error_t error) {
          call PrintfFlush.flush();
  }
```

```
    event void PrintfControl.stopDone(error_t error) {
        call PrintfFlush.flush();
    }

    event void PrintfFlush.flushDone(error_t error) {

    }
  event void Ds28dg02s.EEPROM_WriteDone() {
      call Leds.led1Toggle();

      printf("DS28DG02 EEPROM Wrinte Done ₩n");

      if ( i > 9 )
      {
              for( i=0; i<10; i ++ )
               recv_buffer[i] = call Ds28dg02s.ReadEEPROM( addr+i );

               printf( "DS28DG02 EEPROM Reading! - %s₩n" , recv_buffer );
               printf("―――――――――――――――₩n");
                   i=0;
        }

              i++;
              call PrintfFlush.flush();
        }

        event void Timer0.fired()
        {
              call Ds28dg02s.WriteEEPROM( addr+i , send_buffer[i] );
              printf("―――――――――――――――₩n");
              printf("DS28DG02 EEPROM Writing! Data = %02x ₩n", send_buffer[i] );
              call Leds.led0Toggle();
        }
  }
```

[코드 13.7] module

## 13.5 추가 실습과제

일정 시간 간격으로 RTC에서 현재 시각을 읽어 EEPROM에 저장하고 이를 읽어 출력하는 어플리케이션을 작성한다.

# CHAPTER 14

# Collection

# 14.1 Collection 소개

Collection 어플리케이션은 센서 네트워크의 각 노드(센서모트)에서 발생한 데이터들을 PC 호스트 등의 베이스 스테이션(base station)으로 전달하는 기능을 수행한다. 이 경우 일반적으로 [그림 14.1]과 같이 베이스 스테이션에 연결된 싱크 노드(sink node)를 루트로 갖는 collection 트리를 구성하며, 하나의 네트워크에서 이와 같은 트리는 여러 개 생성될 수 있다.

TinyOS에서는 트리를 구성하기 위해 CTP(Collection Tree Protocol)을 사용한다. 네트워크에서 임의의 노드가 자신이 루트라고 알리면 네트워크의 노드들은 루트 노드를 중심으로 라우팅 트리들을 구성한다. 이 때 각 노드들은 루트 노드로 향하는 경로를 설정하기 위해 라우팅 기울기(routing gradient)를 계산한다. 즉, 각 노드는 싱크 노드와의 근접성을 측정하고, 이를 바탕으로 싱크 노드에 최대한 근접하는 링크를 선택하며 점진적으로 경로를 설정해 간다.

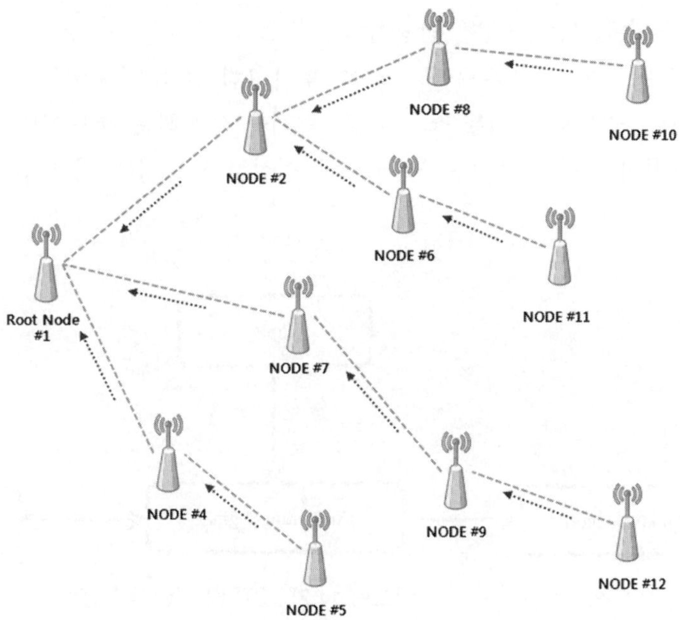


[그림 14.1] Collection 트리의 구성

CTP는 라우팅 기울기로 ETX(expected transmissions) 값을 사용한다. 루트 노드의 ETX 값은 0으로 정의하며, 어떤 노드의 ETX 값은 자신의 부모 노드가 갖는 ETX 값과 해당 노드에서 부모 노드로의 링크가 갖는 ETX 값을 더한 값을 갖는다. 이와 같은 상황에서 임의의 노드는 루트 노드로의 경로 설정 시에 가장 낮은 ETX 값을 갖는 링크를 선택하고, 이 링크에 연결된 노드를 부모 노드로 기록하며, 이 과정이 루트 노드를 시작으로 전체 네트워크에 이르기까지 반복된다.

[그림 14.2]는 CTP를 구성하는 컴포넌트들을 나타내고 있으며, 이 가운데 CtpP 컴포넌트가 핵심 기능을 제공한다. 특히 CtpP는 한 홉(hop)간 ETX 값을 측정하기 위해 LinkEstimatorP 컴포넌트를 포함하며, 이 값을 이용해 다음 라우팅 링크를 결정하기 위해 CtpRoutingEngineP 컴포넌트를 사용한다. 마지막으로 라우팅 링크로의 패킷 전송을 위해 CtpForwardingEngineP 컴포넌트가 사용된다. 보다 상세한 수준의 컴포넌트는 그림에서 제외하였는데, 이들을 확인하기 위해서는 TinyOS에서 제공되는 docs 유틸리티를 활용하여 컴포넌트들의 연결 구조를 파악할 수 있다.

이와 같은 구성으로 CTP가 구현되어 있으며 위에서 설명한 동작방식을 통해 센서 네트워크 내의 임의의 노드가 데이터를 생성하면, 자신의 부모 노드를 향해 데이터를 전달(forward)한다. 이를 통해 루트는 자신의 하위에 있는 모든 노드로부터 발생한 데이터를 수집하는 역할을 담당한다.

네트워크가 여러 루트를 가졌을 때, [그림 14.3]에 보이는 바와 같이 forest를 구성하게 된다. 원으로 표시된 노드는 각 트리를 대표하는 루트이며 최상위의 루트를 제외하고 나머지 중간 루트가 부모 노드를 선정하여 트리에 연결되는 그림이다.

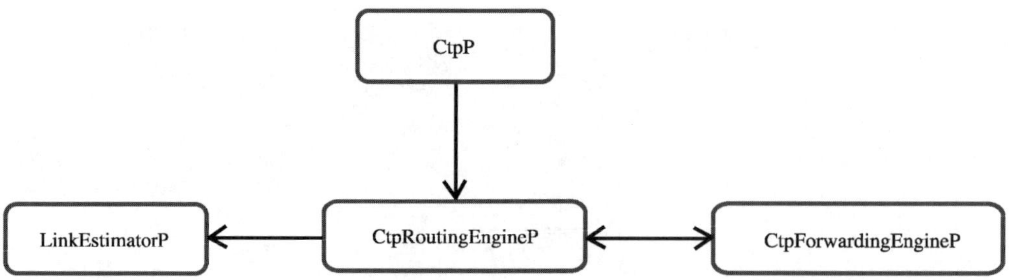


[그림 14.2] CTP의 구성 컴포넌트

단순한 collection 프로토콜은 여러 문제에 직면한다. 가령 전달 경로에 루프(loop)가 생기거나, 데이터의 중복 전송 문제 등이 발생할 수가 있다. 이 때문에 일반적으로 분산된 트리를 구성하는 알고리즘에 제한을 둔다. 다음은 이와 같은 알고리즘이 해결해야 할 과제들이다.

- **Loop detection**
  자손 중 하나를 부모 노드로 선택하는 상황 검출
- **Duplicate suppression**
  네트워크에서 패킷의 중복 전송 원인이 되는 ACK의 손실을 탐지
- **Link estimation**
  한 홉간의 이웃과의 link quality를 측정
- **Self-interference**
  다음 패킷의 경로를 이전 패킷들과 간섭이 생기는 경로로 라우팅하는 것을 방지

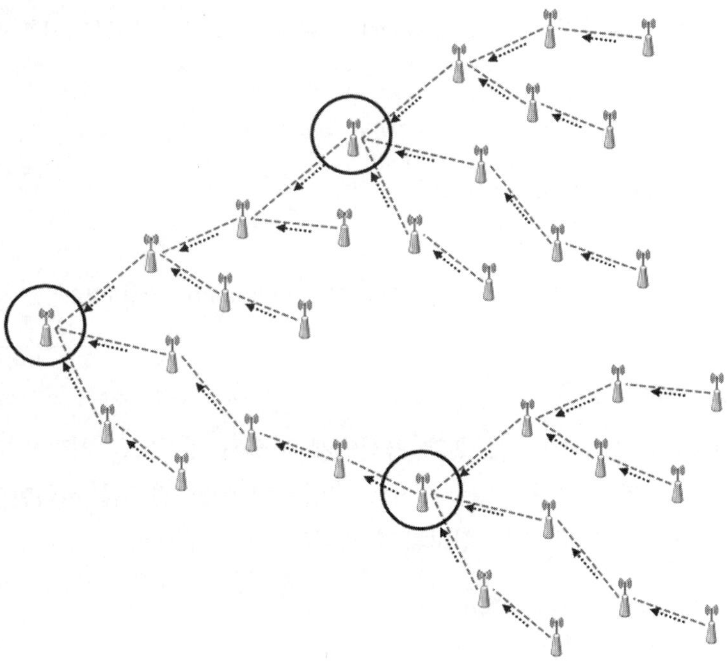

[그림 14.3] Forest Tree의 구성 예

# 14.2 실습내용

주기적으로 전송한 데이터를 루트에서 수집하는 간단한 어플리케이션 작성을 통해 CTP의 동작을 이해한다.

## 14.2.1 Interface

대부분의 collection 인터페이스는 CollectionC에서 제공하며 데이터를 전송하기 위해 사용하는 인터페이스는 CollectionSenderC에 정의되어 있다. 또한 collection 트리의 루트를 정의하기 위해 RootControl 인터페이스를 사용한다.

### (1) RootControl

setRoot()는 현재 노드를 루트 노드로 만들 때 사용하며, unsetRoot()는 루트를 해제시킬 때 사용한다. 그리고 isRoot()는 현재의 노드가 루트인지를 확인하는데 사용한다.

```
interface RootControl {
    command error_t setRoot();
    command error_t unsetRoot();
    command bool isRoot();
}
```

**[코드 14.1]** RootControl 인터페이스

### (2) CollectionC

Receive 인터페이스는 현재 자신에게 전달된 데이터를 처리하기 위해 사용하고 Snoop으로 alias된 인터페이스는 자신의 데이터가 아닌 경우를 처리한다. CtpInfo 인터페이스는 노드가 가지고 있는 정보를 획득하기 위해 제공된다.

```
configuration CollectionC {
  provides {
    interface StdControl;
```

```
    interface Send[uint8_t client];
    interface Receive[collection_id_t id];
    interface Receive as Snoop[collection_id_t];
    interface Intercept[collection_id_t id];

    interface Packet;
    interface CollectionPacket;
    interface CtpPacket;

    interface CtpInfo;
    interface CtpCongestion;
    interface RootControl;
  }
```

**[코드 14.2]** CollectionC 인터페이스

### (3) CollectionSenderC

다음은 데이터 전송을 위해 CollectionSenderC 컴포넌트에서 제공하는 인터페이스이다.

```
generic configuration CollectionSenderC(collection_id_t collectid) {
  provides {
    interface Send;
    interface Packet;
  }
```

**[코드 14.3]** CollectionSenderC 인터페이스

## 14.2.2 Configuration

Collection 실습을 위해 미리 제공되는 코드가 없으므로 직접 파일을 작성한다. 이를 위해 EasyCollection이라는 이름의 디렉토리를 생성한다.

```
$cd tinyos-2.x/apps
$mkdir EasyCollection
```

**[명령어 14.1]** 디렉토리의 생성

이 디렉토리에 새로운 configuration 파일인 EasyCollectionAppC.nc 파일을 생성한 후 [코드 14.4]와 같이 코드를 작성한다.

```
$cd EasyCollection
$vi EasyCollectionAppC.nc
```

**[명령어 14.2]** EasyCollectionAppC.nc 파일의 생성

```
#include "Ctp.h"
#include "EasyCollection.h"

configuration EasyCollectionAppC {}
implementation {
  components EasyCollectionC, MainC, LedsC, ActiveMessageC;
  components CollectionC as Collector;
  components new CollectionSenderC(0xee);
  components new TimerMilliC();

  // Serial
  components SerialActiveMessageC as Serial;
  components new SerialAMSenderC(0xee);

  EasyCollectionC.Boot -> MainC;
  EasyCollectionC.RadioControl -> ActiveMessageC;
  EasyCollectionC.RoutingControl -> Collector;
  EasyCollectionC.Leds -> LedsC;
  EasyCollectionC.Timer -> TimerMilliC;
  EasyCollectionC.Send -> CollectionSenderC;
  EasyCollectionC.RootControl -> Collector;
  EasyCollectionC.Receive -> Collector.Receive[0xee];
  EasyCollectionC.CtpInfo -> Collector;

  // Serial
  EasyCollectionC.SerialControl -> Serial;
  EasyCollectionC.UartSend -> SerialAMSenderC;
  EasyCollectionC.UartPacket -> SerialAMSenderC;
  EasyCollectionC.UartAMPacket -> SerialAMSenderC;
}
```

**[코드 14.4]** EasyCollectionAppC.nc

## 14.2.3 Module

Module 역시 구현되어 있지 않으므로 [코드 14.5]와 같이 코드를 작성한다.

```
$cd EasyCollection
$vi EasyCollectionC.nc
```

[명령어 14.3] EasyCollectionC.nc 파일의 생성

```
#include <Timer.h>
#include "EasyCollection.h"
#include "CtpDebugMsg.h"

module EasyCollectionC {
        uses {
                interface Boot;
                interface SplitControl as RadioControl;
                interface StdControl as RoutingControl;
                interface Send;
                interface Leds;
                interface Timer<TMilli>;
                interface RootControl;
                interface Receive;
                interface CtpInfo;

                interface SplitControl as SerialControl;
                interface AMSend as UartSend;
                interface Packet as UartPacket;
                interface AMPacket as UartAMPacket;
        }
}
implementation {

        message_t packet, serial_packet;
        bool sendBusy = FALSE;
        bool uartBusy = FALSE;

        event void Boot.booted() {
                call RadioControl.start();
        }
```

```
	event void RadioControl.startDone(error_t err) {

		if (err != SUCCESS) {
			call RadioControl.start();
		}
		else {
			call RoutingControl.start();

			if (TOS_NODE_ID == 1) {
				call RootControl.setRoot();
				call SerialControl.start();
			}
			else {
				call Timer.startPeriodic(TIMER_PERIOD_MILLI);
			}
		}
	}

	event void RadioControl.stopDone(error_t err) {}
	event void SerialControl.startDone(error_t err){}
	event void SerialControl.stopDone(error_t err) {}

	void sendMessage() {

		EasyCollectionMsg* msg = (EasyCollectionMsg*) call
						Send.getPayload(&packet);

		msg->OwnID = TOS_NODE_ID;

		if (call Send.send(&packet, sizeof(EasyCollectionMsg)) ! =
		   SUCCESS)
		{
			call Leds.led1Toggle();
		}
		else
		{
			call Leds.led0Toggle();
			sendBusy = TRUE;
		}
	}

event void Timer.fired() {
```

```
                if (!sendBusy) {
                        sendMessage();
                }
        }

        event void Send.sendDone(message_t* msg, error_t err) {
                if (err == SUCCESS) {
                        sendBusy = FALSE;
                }
        }

            event void UartSend.sendDone(message_t *msg, error_t err){
                if( err == SUCCESS ) uartBusy = FALSE;
            }

        event message_t* Receive.receive(message_t* msg,
                                         void* payload,
                                         uint8_t len)
            {
                call Leds.led2Toggle();
                if(TOS_NODE_ID == 1) {
                        if(len == sizeof(EasyCollectionMsg)) {
                                EasyCollectionMsg *ptr = (EasyCollectionMsg
                                    *)payload;
                                EasyCollectionMsg *serial_ptr =
                                    (EasyCollectionMsg *)call
                                    UartSend.getPayload(&serial_packet);

                                serial_ptr -> OwnID = ptr -> OwnID;

                                if( !uartBusy){
                                   call UartSend.send(AM_BROADCAST_ADDR,
                                   &serial_packet, sizeof(EasyCollectionMsg));
                                        uartBusy = TRUE;
                                }
                        }
                }
                return msg;
        }
}
```

**[코드 14.5]** EasyCollectionC.nc

CTP 실습에 사용되는 모든 노드는 부트 시퀀스에서 radio를 켜도록 다음과 같이 설정한다.

```
event void Boot.booted() {
    call RadioControl.start();
  }
```

**[코드 14.6]** Boot 이벤트 처리

다음으로 collection 트리를 만들기 위해 라우팅을 시작한다.

```
call RoutingControl.start();
```

**[코드 14.7]** 라우팅 시작

다음 과정은 트리의 루트 노드를 정의하는 일이며 이는 컴파일시 주어진 ID에 의해 결정된다. 이 실습에서는 ID가 1인 노드가 루트가 된다. 루트 노드는 수집한 데이터 시리얼 통신을 이용하여 확인하기 위해 SerialControl 컴포넌트를 실행한다.

```
if (TOS_NODE_ID == 1) {
          call RootControl.setRoot();
          call SerialControl.start();
}
else
          call Timer.startPeriodic(TIMER_PERIOD_MILLI);
```

**[코드 14.8]** 루트 노드의 설정과 초기화

그리고 루트를 제외한 모든 노드는 주기적으로 데이터를 생성하며 자신의 부모 노드로 데이터를 송신한다. 수신된 데이터는 다시 상위 부모 노드로 전달되며 이 과정을 거쳐 루트 노드까지 전송된다. 다음은 데이터 전송시 호출되는 sendMessage 함수이다.

```
void sendMessage() {
          EasyCollectionMsg* msg = (EasyCollectionMsg*) call Send.getPayload
              (&packet);
```

```
        msg->OwnID = TOS_NODE_ID;

        if (call Send.send(&packet, sizeof(EasyCollectionMsg)) != SUCCESS)
        {
                call Leds.led1Toggle();
        }
        else
        {
                call Leds.led0Toggle();
                sendBusy = TRUE;
        }
}
```

[코드 14.9] sendMessage 함수

여기서 굵은 글씨로 표시된 문장은 어떤 노드가 보낸 데이터인지 확인 가능하도록 자신의 노드 ID를 담아서 보내는 부분이다.

## 14.2.4 Header

Collection 실습을 위해 EasyCollection 디렉토리에 다음의 두 헤더 파일을 작성한다.

### (1) EasyCollectionC.h

Collection 내부에서 사용하는 각 데이터 값들을 정의한다.

```
#ifndef EASY_COLLECTION_C_H
#define EASY_COLLECTION_C_H

enum {
        AM_EASYCOLLECTIONMSG = 0x05,
        SAMPLE_RATE_KEY = 0x1,
        CL_TEST = 0xee,
        EASY_COLLECTION_QUEUE_SIZE = 8,
};
#endif
```

[코드 14.10] EasyCollectionC.h

### (2) EasyCollection.h

EasyCollection에서 사용하는 패킷의 포맷과 각 데이터 값을 정의한다. 정의된 데이터를 살펴보면 module의 sendMessage 함수에서 사용하는 OwnID의 데이터가 정의되어 있음을 볼 수 있다. 그리고 루트를 제외한 노드들이 사용하는 시간 주기 TIMER_PERIOD_MILLI가 정의되어 있다.

```
#ifndef EASY_COLLECTION_H
#define EASY_COLLECTION_H

#include <AM.h>
#include "EasyCollectionC.h"

#define   TIMER_PERIOD_MILLI          2000

typedef nx_struct EasyCollectionMsg {
          nx_uint8_t OwnID;
} EasyCollectionMsg;

#endif
```

[코드 14.11] EasyCollection.h

## 14.2.5 Makefile

컴파일 시에 사용하는 Makefile은 다음과 같이 작성한다.

```
COMPONENT=EasyCollectionAppC
CFLAGS +=        -I$(TOSDIR)/lib/net
CFLAGS +=        -I$(TOSDIR)/lib/net/le
CFLAGS +=        -I$(TOSDIR)/lib/net/ctp
include $(MAKERULES)
```

[코드 14.12] Makefile

## 14.2.6 결과 확인

2개 이상의 UBee430 mote를 준비하고 각 mote에 EasyCollection 프로그램을 다운로

드한다. 여기서 주의할 점은 각 모트에는 서로 다른 ID를 부여해야 한다. 또한 모트 중 하나는 반드시 ID 값을 1로 설정해야 한다.

```
$make UBee430 install,#
```

**[명령어 14.4]** ID를 부여하여 install

한편 현재의 RF power 세기를 조정한다. 현재는 default인 31로 설정되어 있다. 그래서 10~20m 정도의 거리에서도 통신이 가능한 상태이므로 collection 트리 실습에 부적절하다. 그래서 실습을 위해 적당한 RF 세기로 조절하려면 다음과 같이 설정한다.

CC2420.h 파일의 중간을 살펴보면 다음과 같은 코드를 찾을 수 있다. 여기서 정의되어 있는 CC2420_DEF_RFPOWER의 값을 31에서 2로 변경하고 저장한다.

```
$cd /opt/tinyos-2.x/tos/chips/cc2420
$vi CC2420.h
```

**[명령어 14.5]** CC2420 디렉토리로 이동

```
...
...

typedef nx_struct cc2420_packet_t {
  cc2420_header_t packet;
  nx_uint8_t data[];
} cc2420_packet_t;

#ifndef TOSH_DATA_LENGTH
#define TOSH_DATA_LENGTH 28
#endif

#ifndef CC2420_DEF_CHANNEL
#define CC2420_DEF_CHANNEL 26
#endif

#ifndef CC2420_DEF_RFPOWER
#define CC2420_DEF_RFPOWER 31
#endif

...
```

**[코드 14.13]** CC2420.h

다음으로 ID를 1로 설정한 모트를 PC와 USB를 이용하여 연결하고 다음을 입력한다.

```
$motelist
```

**[명령어 14.6]** mote 확인

**[그림 14.4]** mote 확인 화면

현재 그림에서는 COM3에 연결되어 있음을 확인할 수 있다. 이를 확인하였으면 자바 시리얼 통신 프로그램을 실행시킨다.

시리얼 통신을 시작하고 루트 노드가 아닌 다른 노드들의 전원을 인가하면 [그림 14.5]의 결과를 볼 수 있다. 여기서 가장 마지막 열에 있는 데이터(그림에서는 0x04)가 송신 노드의 ID 값이다.

멀티홉에서도 가능한지를 확인하기 위해서는 루트 노드를 기준으로 1열로 배열하고, 루트로부터 가장 먼 노드의 ID가 시리얼을 통해 나타나면 멀티홉을 확인할 수 있다.

```
$java net.tinyos.tools.Listen -comm serial@COM3:tmote
```

**[명령어 14.6]** 시리얼 통신 시작

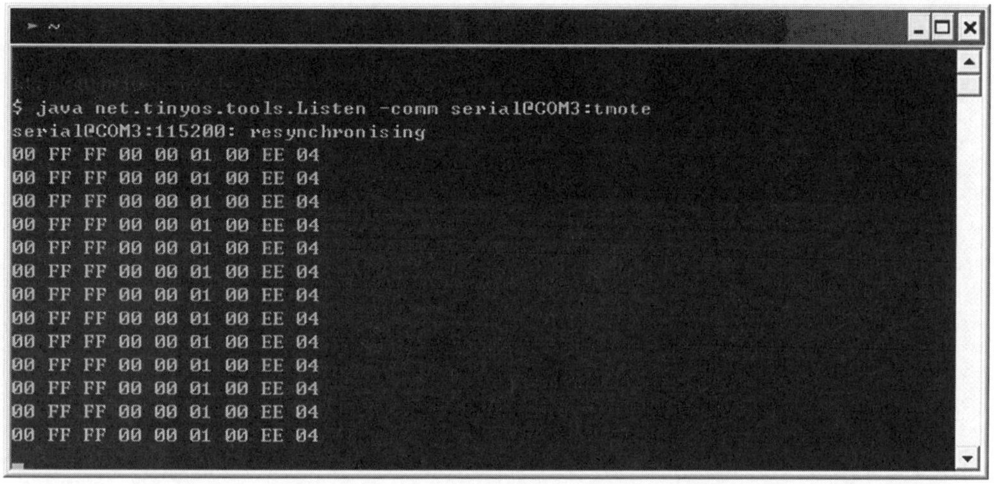


[그림 14.5] Easycollection 실행 결과 화면

## 14.3 추가 실습과제

이번 실습을 기반으로 10장의 센서 데이터 획득 방법에 관한 실습을 참고하여 각 노드로부터 센서 데이터를 획득하는 프로그램으로 수정하고 그 결과를 확인한다.

이를 위해서는 10장 실습에서 사용했던 컴포넌트와 인터페이스를 이용하여 연결해야 하고 EasyCollection.h에 있는 패킷 형태도 변경해야 한다.

# CHAPTER 15

# Dissemination

15.1 Dissemination 소개

15.2 실습내용

15.3 추가 실습과제

## 15.1 Dissemination 소개

Dissemination 프로토콜은 네트워크 전체에 동일한 데이터를 전달하고 이들의 일관성을 유지시키는 서비스이다. 이를 위해 각 노드는 이 데이터의 복사본을 저장하며, 나중에 해당 데이터의 값이 변경될 경우 이를 알리고, 네트워크 전체에 걸쳐 이 데이터가 일관된 값을 갖게 될 때까지 패킷들을 교환한다. 초기에는 대부분의 노드들이 이전 값(stale value)을 갖는 불안정한 상태를 갖겠지만, 이 과정을 통해 시간이 지나면서 최근 값(up-to-date value)을 갖도록 네트워크 전체가 수렴한다.

이 기법은 패킷 손실이나, 일시적인 통신단절 등에 상당히 잘 견디며, 단순히 패킷을 노드 간에 반복 전달하는데 그치는 플러딩(flooding) 방식과는 달리, Dissemination 기법은 네트워크에 연결되어 있는 모든 노드들이 궁극적으로는 일관된 값을 갖도록 보장한다. 전송할 데이터의 크기에 따라 이 프로토콜의 성능은 크게 다르며, 수십 KB의 데이터를 disseminate하는 것은 몇 Bytes를 전송하는 경우와는 약간 다른 프로토콜을 요구하는데, 자세히 살펴보면 근본적으로는 매우 유사하다. Dissemination 프로토콜

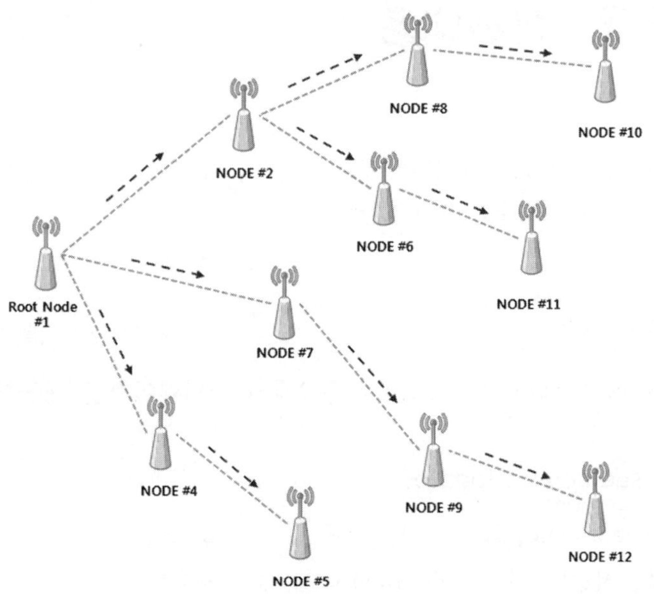


[그림 15.1] Dissemination

을 제어(control)와 데이터(data) 트래픽으로 나눠보면, 데이터 트래픽 프로토콜은 데이터의 크기에 밀접한 관련이 있지만, 제어 트래픽 프로토콜은 동일하거나 비슷한 경향을 보인다. 예를 들어, UC Berkeley에서 개발한 Deluge 바이너리 재프로그래밍(reprogramming) 서비스는 바이너리(실행프로그램)에 대한 메타 정보(meta data)를 전파한다. 이 과정에서 노드들이 자신들이 갖고 있는 바이너리의 정보가 전달받은 정보와 다르면, 그들은 자신의 노드에 있는 바이너리가 잘못되었거나 새로운 바이너리가 필요하다는 것을 알 수 있다.

이 기법에서는 어떤 노드라도 네트워크에게 자신이 새로운 값을 생성했다고 알림으로 네트워크 전체가 일관된 상태로 수렴하도록 요구할 수 있다. 그리고, 모든 노드들이 이 값에 동의하면 네트워크 전체에 걸쳐 동일한 값으로 수렴한다. 이와 같은 방법으로 작은 데이터들을 disseminate할 수 있다면 센서 네트워크의 중요한 기능을 담당할 수 있다. 예를 들면, 작은 프로그램을 네트워크에 전달하거나, 네트워크의 재구성, 질의 또는 명령, 재프로그램(reprogram) 등을 지원할 수 있다.

## 15.2 실습내용

카운터 데이터를 주기적으로 다른 노드에게 전송하는 간단한 어플리케이션을 작성함으로써 dissemination을 이해한다.

### 15.2.1 Interface

TinyOS 2.x에서 Dissemination은 2개의 인터페이스를 제공한다.

#### (1) DisseminatioUpdate

DisseminationUpdate는 데이터를 보내는 노드에서 사용한다. 제공되는 change() command는 전달된 인자를 disseminate할 때 사용한다.

```
interface DisseminationUpdate<t> {
    command void change(t*newVal);
}
```

**[코드 15.1]** DisseminationUpdate 인터페이스

### (2) DisseminationValue

DisseminationValue는 데이터를 수신하는 노드에서 사용한다. event인 changed()는 disseminate된 데이터가 바뀔 때마다 호출된다. 그리고 get() command는 이 새로운 값을 받아올 때 사용한다.

```
interface DisseminationValue<t> {
    command const t* get();
    event void changed();
}
```

**[코드 15.2]** DisseminationValue 인터페이스

앞 서의 두 인터페이스는 DisseminatorC module에 의해 제공된다. 이 module은 dissemination service를 제공하며 다음 경로에 있다.

```
tos/lib/net/Dissemination/DisseminationC.nc
```

이 컴포넌트의 코드를 살펴보면 다음과 같이 정의되어 있다.

```
generic configuration DisseminatorC(typedef t, uint16_t key){
    provides interface DisseminationValue<t>;
    provides interface DisseminationUpdate<t>;
}
```

[코드 15.3] DisseminatorC 컴포넌트

여기서 Disseminator module의 type t와 key를 정의해야 한다. 실습에서는 전송되는 데이터를 unsigned 2-byte counter로 정의했으며, key는 0x1234로 정의했다. key는 DisseminatorC의 다른 인스턴스를 받기 위해 사용한다.

### 15.2.2 Configuration

Dissemination 실습을 위해 미리 준비된 소스 파일이 없으므로 직접 파일을 작성해야 한다. 이를 위해 EasyDissemination이라는 이름의 디렉토리를 생성한다.

```
$cd tinyos-2.x/apps
$mkdir EasyDissemination
```

**[명령어 15.1]** 디렉토리의 생성

이 디렉토리에 새로운 configuration 파일인 EasyDisseminationAppC.nc 파일을 생성하고 [코드 15.4]와 같이 코드를 작성한다.

```
$cd EasyDissemination
$vi EasyDisseminationAppC.nc
```

**[명령어 15.2]** EasyDisseminationAppC.nc 파일의 생성

```
configuration EasyDisseminationAppC {}

implementation {
        components EasyDisseminationC;
        components MainC;
        components ActiveMessageC;
        components DisseminationC;
        components new DisseminatorC(uint16_t, 0x1234) as Diss16C;
        components LedsC;
        components new TimerMilliC();

        EasyDisseminationC.Boot -> MainC;
        EasyDisseminationC.RadioControl -> ActiveMessageC;
        EasyDisseminationC.DisseminationControl -> DisseminationC;
        EasyDisseminationC.Value -> Diss16C;
        EasyDisseminationC.Update -> Diss16C;
        EasyDisseminationC.Leds -> LedsC;
        EasyDisseminationC.Timer -> TimerMilliC;
}
```

**[코드 15.4]** EasyDisseminationAppC.nc

### 15.2.3 Module

configuration과 동일하게 EasyDisseminationC.nc라는 이름으로 파일을 생성한다.

```
$cd EasyDissemination
$vi EasyDisseminationC.nc
```

[명령어 15.3] EasyDisseminationC.nc 파일의 생성

EasyDisseminationC.nc 파일에 다음 코드를 추가한다.

```
#include <Timer.h>

module EasyDisseminationC {
	uses {
		interface Boot;
		interface SplitControl as RadioControl;
		interface StdControl as DisseminationControl;
		interface DisseminationValue<uint16_t> as Value;
		interface DisseminationUpdate<uint16_t> as Update;
		interface Leds;
		interface Timer<TMilli>;
	}
}
implementation {
	uint16_t counter;

	task void ShowCounter() {
		if ( counter & 0x1 )		call Leds.led0On();
		else	call Leds.led0Off();
		if ( counter & 0x2 )		call Leds.led1On();
		else	call Leds.led1Off();
		if ( counter & 0x4 )		call Leds.led2On();
		else	call Leds.led2Off();
	}
	event void Boot.booted() {
		call RadioControl.start();
	}
	event void RadioControl.startDone(error_t err) {
		if (err != SUCCESS)
			call RadioControl.start();
```

```
            else {
                        call DisseminationControl.start();
                        counter = 0;
                        if(TOS_NODE_ID == 1)
                                    call Timer.startPeriodic(2000);
            }
      }
      event void RadioControl.stopDone(error_t err) {}
      event void Timer.fired() {
            counter = counter+1;
        // show counter in leds
            post ShowCounter();
        // disseminate counter value
            call Update.change(&counter);
      }
      event void Value.changed() {
            const uint16_t* newVal = call Value.get();
        // show new counter in ldes
            counter = *newVal;
            post ShowCounter();
      }
}
```

**[코드 15.5]** EasyDisseminationC.nc

먼저 TOS_NODE_ID가 1인 노드가 2초마다 주기적으로 카운터의 값을 증가시키고 그 값을 자신의 LED에 표시한다. 그리고 그 값을 네트워크에 전달(disseminate)한다. 이 전달 과정은 DisseminationUpdate 인터페이스가 제공한다.

```
call Update.change(&counter);
```

**[코드 15.6]** DisseminationUpdate 인터페이스의 활용

수신 노드에서는 change() event를 통해 데이터 수신이 알려지면 이를 획득하여 수신 노드의 LED에 데이터를 표시한다.

```
event void Value.changed() {
            const uint16_t* newVal = call Value.get();
        // show new counter in ldes
```

```
            counter = *newVal;
            post ShowCounter();
    }
```

[코드 15.7] 수신 노드의 event 처리

## 15.2.4 Makefile

컴파일에 사용하는 Makefile은 다음과 같이 작성한다.

```
COMPONENT=EasyDisseminationAppC
CFLAGS += -I$(TOSDIR)/lib/net
include $(MAKERULES)
```

[코드 15.8] Makefile

## 15.2.5 결과 확인

2개 이상의 UBee430 mote를 준비하고 각 mote에 프로그램을 다운로드한다. 여기서 주의할 점은 각 모트에는 서로 다른 ID를 부여해야 한다. 또한 모트 중 하나는 반드시 ID의 값을 1로 설정해야 하는데, 이 노드가 데이터를 생성하는 노드이기 때문이다.

```
$make UBee430 install,#
```

[명령어 15.4] ID를 부여하여 install

## 15.3 추가 실습과제

앞서 실습했던 Collection을 이용하여 각 노드가 주기적으로 데이터를 전송하면 Dissemination을 이용하여 일정 주기마다 현재의 counter 값을 전체에게 보내는 프로그램을 작성하고 시리얼 통신을 이용하여 확인해 본다.

# CHAPTER 16

# Deluge

## 16.1 Deluge 소개

센서 네트워크는 사용자 또는 관리자의 개입없이 장시간 원격 지역이나 위험 지역을 모니터링하는데 사용될 수 있다. 특히, 환경모니터링의 경우, 관찰 지역에 사람들이 머무르는 것만으로도 모니터링의 정확성을 떨어뜨리기도 하는데, 이 때문에도 센서 노드들을 수작업으로 관리하는 것은 바람직하지 않으며, 더욱이 대규모의 센서 네트워크에서 수많은 노드들을 직접 관리하는 것은 거의 불가능한 일이다. 그럼에도 사용자들은 이미 설치된 센서 네트워크를 충분히 활용하기 위해 모트의 일부 기능을 수정하거나 보완하길 기대하고 있다.

네트워크 재프로그래밍(network reprogramming)은 센서 네트워크의 유지관리를 지원하는 기법으로, 아직 잘 알려지지 않은 환경에 설치된 센서 네트워크에 대해 사용하면서 기능을 보완하거나 정비하는 재작업(retasking) 기능을 지원한다. 특히 원격에서 자동으로 각 센서 노드의 기능을 수정하거나 디버깅을 지원해야 하는데, 이 때 프로그램 바이너리의 정확한 전달을 위해 안정적이고 신뢰성 있는 프로토콜이 요구된다. 그러나 일반적으로 각 센서 노드가 제공하는 메모리(대개 4~10KB RAM)에 비해 이미지의 크기가 훨씬 크며, 센서 네트워크의 통신 품질도 불안정한 상태를 가정해야 한다.

한편 센서 네트워크에서 지원하는 일반적인 네트워크 프로토콜은 대개 온·습도 센서 등의 작은 데이터들을 다루는 것에 초점을 맞추고 있어 이를 재프로그래밍에 적용하는 것은 적합하지 않다. 특히 센서 노드가 갖는 제한적인 자원과 저대역 통신환경도 대용량 네트워킹을 제약하고 있지만, 앞서의 이유로 네트워크 재프로그래밍의 필요성이 점차 증대되고 있는 것도 현실이다.

효과적인 네트워크 재프로그래밍은 당연히 에너지 소비와 전체 네트워크로의 전송시간을 최소화해야 한다. 실제 운영은 물론이고 천천히 진화하는 어플리케이션의 지속적인 업그레이드와 효과적인 테스팅과 디버깅을 위해서도 전송시간은 중요한 고려사항이다. 이 장에서 소개하는 Deluge는 버클리 대학에서 개발한 TinyOS 2.0 기반 네트워크 재프로그래밍 도구로서 멀티홉을 거쳐 하나의 소스 노드에서 센서 네트워크의 다른 모든 노드에게 동일한 대용량 데이터를 전송하는 기능을 수행한다. 참고로, TinyOS 1.0 버전에서는 XNP 기반의 Mica2용 단일홉 재프로그래밍 기법을 제공한다.

Deluge와 같은 네트워크 재프로그래밍 기법을 MOAP(Multihop Over-the-Air Programming)이라고 부르며, 대개 MOAP 기법은 허용되는 패킷 크기 이하로 프로그램 이미지를 분할 전송한다. 특히 Deluge에서는 새로운 이미지를 가진 노드가 새 버전번호(version number)와 자신이 저장하고 있는 페이지 정보(주로 bitmap으로 구성)를 주변에 알리고(advertise), 이웃 노드는 자신이 필요한 페이지를 특정한 전송자(sender)에게 요청하는 과정으로 이뤄진다. 이 과정에서 각 수신 노드는 자신에게 없는 페이지를 요구하는 과정을 반복하게 되는데 이를 NACK-based 기법으로 분류하고 있다.

휴인스에서 제공하는 TinyOS 2.0 기반 UBee430은 Deluge protocol 기반의 업데이트 프로그램이 제공되며 그 기능은 크게 다음과 같다.

첫째, UBee430에 실장되어 있는 외부 스토리지 영역에 어플리케이션을 저장하고 선택적으로 마운트하여 실행하는 기능이다. 외부 스토리지 영역은 두 개의 영역으로 분리되어 있고 각각의 영역에 TinyOS 실행 이미지를 저장할 수 있다. 즉 외부 스토리지에 두 개의 TinyOS 실행 이미지를 저장시킬 수 있다. 만약 MSP430 내부 Flash만을 사용한다면 UBee430에는 단지 한 개만의 TinyOS 실행 이미지가 저장된다.

둘째, TinyOS 실행 이미지를 무선으로 전송하는 기능이다. 무선 전송으로 복수의 센서 노드가 업그레이드 가능하다.

# 16.2 실습내용

## 16.2.1 Deluge 사용을 위한 준비

Deluge를 사용하기 위해서는 python 2.4 이상과 pyserial이 설치되어 있어야 한다. 하지만 휴인스에서 제공하는 Xubuntos 2.0-UBee430-080117 이미지는 Deluge를 사용하기 위한 모든 설치 및 설정이 되어 있는 상태이므로 사용자가 별도로 할 일은 없다.

**참고로, Deluge는 휴인스에서 제공하는 Xubuntos 2.0-UBee430-080117 이미지에서만 실행 가능하다.**

## 16.2.2 Deluge를 이용하여 스토리지에 저장하기

이번에는 Deluge를 이용하여 TinyOS 어플리케이션을 외부 스토리지에 저장시켜 본다. 먼저 TinyOS 어플리케이션을 스토리지에 저장시키고 실행하기 위해서는 Makefile을 수정해야 한다. 다음 과정에 따라 TinyOS 어플리케이션인 Blink을 복사하여 테스트 어플리케이션을 만들어 보자.

① 터미널을 이용하여 TinyOS 어플리케이션 폴더로 이동, 테스트 어플리케이션을 만든다.

```
$ cd /opt/opt/tinyos-2.x/apps
$ cp -r Blink Blink2
```

– Blink 어플리케이션을 Blink2로 복사하였다.

② Blink2 어플리케이션을 컴파일하고 실행시켜 본다.

```
$ cd /opt/opt/tinyos-2.x/apps/Blink2
$ make UBee430 install
```

– 물론 Blink와 똑같이 3개의 LED가 점멸되는 것을 볼 수 있을 것이다.
– Blink2 어플리케이션을 스토리지에 저장하고 다시 실행시켜서 현재와 똑같이 3개의 LED가 점멸된다면 Deluge에 의한 저장 및 실행이 성공한 것이다.

③ Blink2의 Makefile을 수정한다.

```
$ cd /opt/opt/tinyos-2.x/apps/Blink2
$ vi Makefile
```

– 에디터를 이용하여 아래와 같이 수정한다.

```
COMPONENT=BlinkAppC
TINYOS_NP=BNP
include $ (MAKERULES)
```

④ UBee430 플랫폼으로 컴파일한다(다운로드는 하지 않는다).

```
$ cd /opt/opt/tinyos-2.x/apps/Blink2
$ make UBee430
```

– 스토리지에 저장하기 위한 TinyOS 어플리케이션을 컴파일하였다.

이제 컴파일된 어플리케이션을 외부 스토리지에 저장하고 이를 확인해 보자.

⑤ TinyOS에서 제공하는 tos-deluge 명령어를 사용하기 위해서 GoldenImage를 다운로드한다.

```
$ cd /opt/opt/tinyos-2.x/apps/tests/deluge/GoldenImage
$ make UBee430 install
```

- TinyOS에서 제공하는 tos-deluge 스크립트를 사용하기 위해서는 UBee430에 tos-deluge를 지원하는 어플리케이션이 다운로드되어 있어야 한다.

⑥ 이제 Blink2 어플리케이션을 스토리지 영역 0에 저장시켜 보자.

- tos-deluge 스크립트는 어떤 위치에서도 실행이 가능하다.
- UBee430은 telosb 계열이므로 tos-deluge 스크립트 실행 시 telosb 플랫폼으로 선택한다.

```
$ tos-deluge /dev/ttyUSB0 telosb -i 0
 /opt/tinyos-2.x/apps/Blink2/build/UBee430/tos_image.xml
```

- tos-deluge 스크립트를 이용하여 Blink2 어플리케이션을 0영역에 저장(inject)한다.

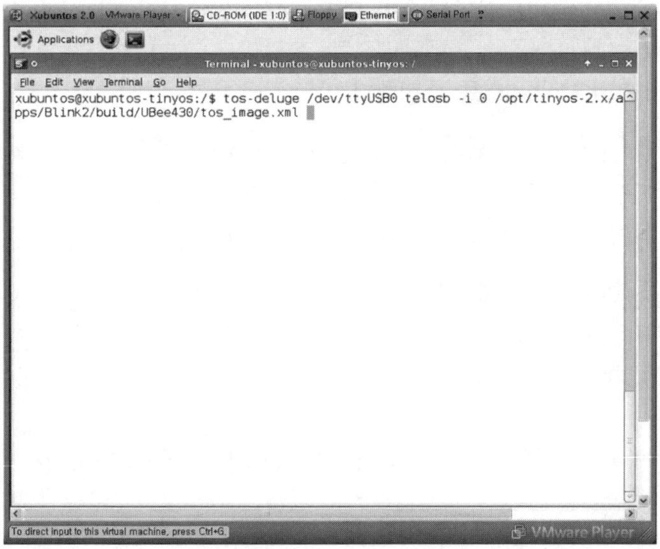


- 위와 같이 저장하면 status가 표시되고 저장이 완료되면 아래와 같이 저장 정보를

알 수 있다.

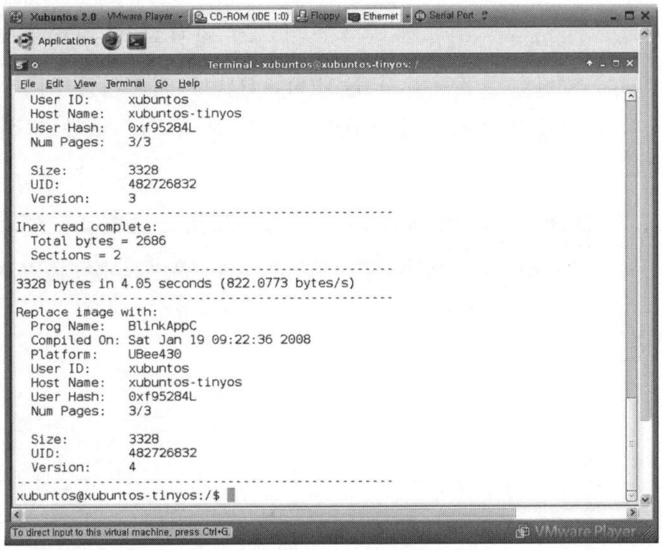


– 잘 저장되었는지 ping 옵션으로 확인해 본다.

```
$ tos-deluge /dev/ttyUSB0 telosb -p 0
```

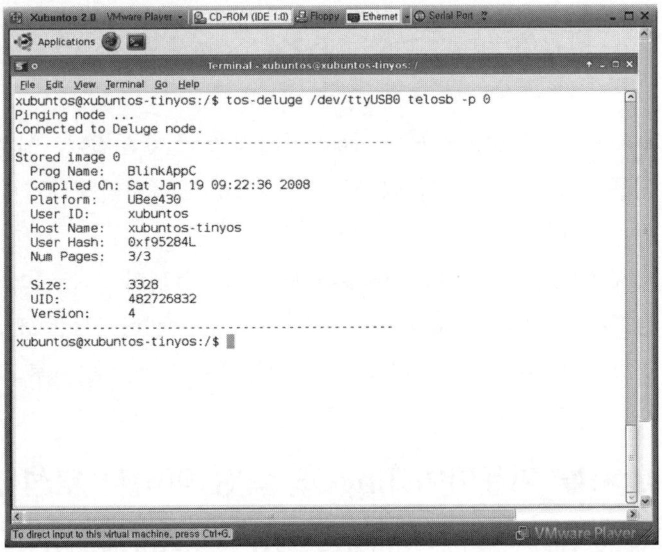


– Stored Image 0에 Blink2 어플리케이션이 저장된 것을 확인할 수 있다.

### 16.2.3 Deluge를 이용하여 스토리지에 저장된 이미지 실행하기

이번에는 Deluge를 이용하여 스토리지에 저장된 TinyOS 이미지를 실행시켜 보자. 조금 전에 tos-deluge 명령어의 -i 옵션(inject)으로 이미지를 저장하였고, -p, 옵션(ping)으로 저장된 이미지를 확인하였다. 이번에는 -b 옵션으로 저장된 이미지를 실행할 수 있다.

- -b 옵션으로 0영역에 저장된 이미지를 실행시킨다. 이제 실제 UBee430이 Blink 어플리케이션이 실행되는지 확인해 보자. 3개의 LED가 점멸된다면 실행이 성공한 것이다.
- 이제 UBee430은 Blink 어플리케이션을 수행하는 중이다. 다시 한 번 tos-deluge를 수행하고 싶으면 GoldenImage를 다운로드 해야 한다. 왜냐하면 UBee430에서 실행되고 있는 Blink 어플리케이션은 tos-deluge 스크립트를 지원하지 않기 때문이다.

### 16.2.4 Deluge를 이용하여 TinyOS 실행 이미지 무선 전송하기

이번에는 TinyOS 실행 이미지를 무선 전송하여 동작시키는 방법에 대하여 논의한다. 이 실험을 위해서 동작이 다른 두 개의 어플리케이션을 만들 것이다. 각각의 어플리케이션을 무선 전송하여 그 결과를 확인해 보자.

- BlinkForDeluge1 어플리케이션은 Deluge를 지원하며 빨강색 LED를 점멸하는 기능으로 만들 것이며, BlinkForDeluge2 어플리케이션은 Deluge를 지원하며 파란색 LED를 점멸하는 기능으로 구현할 것이다. 그리고 이 두 개의 어플리케이션을 무선 전송하여 그 결과를 확인할 것이다.

■ **BlinkForDeluge1 어플리케이션 작성**

① Deluge 지원 어플리케이션 만들기

- 이미 만든 Blink2를 복사하여 만든다.

```
$ cd /opt/tinyos-2.x/apps
$ cp -r Blink2 BlinkForDeluge1
```

② Makefile 수정하기

- BlinkForDeluge1 어플리케이션의 Makefile 파일을 Deluge를 사용하기 위해 수정한다.

```
$ cd /opt/tinyos-2.x/apps/BlinkForDeluge1
$ vi Makefile
```

- 에디터를 이용하여 다음과 같이 수정한다.

```
COMPONENT=BlinkAppC
TINYOS_NP=BNP
CFLAGS=-DDELUGE_BASESTATION
include $ (MAKERULES)
```

- 위와 같이 BlinkForDeluge1 어플리케이션의 Makefile 파일을 수정하였다.

③ Deluge 볼륨 테이블 추가

- Deluge를 사용하기 위해 볼륨 테이블을 정의하는 파일을 추가한다. 이 파일은 deluge 어플리케이션에 이미 만들어져 있다. 이를 복사하여 각자 구현할 어플리케이션에 붙여넣기 한다.

```
$ cd /opt/tinyos-2.x/apps/tests/deluge/Blink
$ cp volumes* /opt/tinyos-2.x/apps/BlinkForDeluge1
```

- volumes-at45db.xml 파일과 volumes-stm25p.xml 파일을 복사하여 BlinkForDeluge1에 붙여넣기 하였다.

④ Configuration 파일 수정하기

- BlinkForDeluge1 어플리케이션의 Configuration 파일을 Deluge를 사용하기 위하여 수정한다.

```
$ cd /opt/tinyos-2.x/apps/BlinkForDeluge1
$ vi BlinkAppC.nc
```

- 에디터를 이용하여 Configuration 파일을 다음과 같이 수정한다.

```
configuration BlinkAppC
{
}
implementation
{
   components MainC, BlinkC, LedsC ;
   components new TimerMilliC() as Timer0 ;

   BlinkC -> MainC.Boot;
   BlinkC.Timer0 -> Timer0;
   BlinkC.Leds -> LedsC ;

   components DelugeC ;
   DelugeC.Leds -> LedsC ;
}
```

- BlinkForDeluge1 어플리케이션의 Configuration 파일을 Deluge를 사용하기 위하여 수정하였다.

⑤ Module 파일 수정

- BlinkForDeluge1와 BlinkForDeluge2 어플리케이션의 mudule 파일을 Deluge를 사용하기 위하여 수정한다.

BlinkForDeluge1 : 주기적으로 빨강색 LED가 점멸되도록 수정한다.

BlinkForDeluge2 : 주기적으로 파란색 LED가 점멸되도록 수정한다.

```
$ cd /opt/tinyos-2.x/apps/BlinkForDeluge1
$ vi BlinkC.nc
```

- BlinkForDeluge1 어플리케이션의 module 파일을 다음과 같이 수정한다.

```
# include "Timer.h"

module BlinkC
{
  uses interface Timer<TMilli> as Timer0 ;
  uses interface Leds;
  uses interface Boot;
}
implementation
{
  event void Boot.booted()
  {
    call Timer0.startPeriodic(250);
  }
  event void Timer0.fired()
  {
    call Leds.led0Toggle();
  }
}
```

- 테스트를 위하여 다른 코드들은 모두 삭제하고 빨강색 LED만을 점멸시키는 call Leds.led0Toggle(); 문장만 남긴다.

⑥ 컴파일 및 다운로드

- 수정한 BlinkForDeluge1 어플리케이션을 컴파일하고 다운로드하여 동작을 확인한다.
- 다운로드후에 빨강색 LED가 점멸되는지 확인한다.

```
$ cd /opt/tinyos-2.x/apps/BlinkForDeluge1
$ make UBee430 install
```

■ BlinkForDeluge2 어플리케이션 작성

- 기본적으로 BlinkForDeluge1 어플리케이션과 동일한 방법으로 수정할 것이다. 다만 BlinkForDeluge2 어플리케이션은 파란색 LED가 점멸되도록 module 파일을 수정한다.

① Deluge 지원 어플리케이션 만들기

- 이미 만든 Blink2를 복사하여 만든다.

```
$ cd /opt/tinyos-2.x/apps
$ cp -r Blink2 BlinkForDeluge2
```

② Makefile 수정하기

- BlinkForDeluge1 어플리케이션의 Makefile 파일을 Deluge를 사용하기 위해 수정한다.

```
$ cd /opt/tinyos-2.x/apps/BlinkForDeluge2
$ vi Makefile
```

- 에디터를 이용하여 다음과 같이 수정한다.

```
COMPONENT=BlinkAppC
TINYOS_NP=BNP
CFLAGS=-DDELUGE_BASESTATION
include $ (MAKERULES)
```

- 위와 같이 BlinkForDeluge1 어플리케이션의 Makefile 파일을 수정하였다.

③ Deluge 볼륨 테이블 추가

- Deluge를 사용하기 위해 볼륨 테이블을 정의하는 파일을 추가한다. 이 파일은 deluge 어플리케이션에 이미 만들어져 있다. 이를 복사하여 새로 구현할 어플리케이션에 붙여넣기 한다.

```
$ cd /opt/tinyos-2.x/apps/tests/deluge/Blink
$ cp volumes* /opt/tinyos-2.x/apps/BlinkForDeluge2
```

- volumes-at45db.xml 파일과 volumes-stm25p.xml 파일을 복사하여 BlinkForDeluge1 에 붙여넣기 하였다.

④ Configuration 파일 수정하기

- BlinkForDeluge1 어플리케이션의 Configuration 파일을 Deluge를 사용하기 위하여 수정한다.

```
$ cd /opt/tinyos-2.x/apps/BlinkForDeluge2
$ vi BlinkAppC.nc
```

- vi 에디터가 익숙하지 않는 사용자는 mousepad를 이용해도 된다.
- 에디터를 이용하여 Configuration 파일을 다음과 같이 수정한다.

```
configuration BlinkAppC
{
}
implementation
{
   components MainC, BlinkC, LedsC ;
   components new TimerMilliC() as Timer0 ;

   BlinkC -> MainC.Boot;
   BlinkC.Timer0 -> Timer0;
   BlinkC.Leds -> LedsC ;

   components DelugeC ;
   DelugeC.Leds -> LedsC ;
}
```

- BlinkForDeluge1 어플리케이션의 Configuration 파일을 Deluge를 사용하기 위하여 수정하였다.

⑤ Module 파일 수정

- BlinkForDeluge1와 BlinkForDeluge2 어플리케이션의 mudule 파일을 Deluge를 사용하기 위하여 다음과 같이 수정한다.
  BlinkForDeluge1 : 주기적으로 빨강색 LED가 점멸되도록 수정

BlinkForDeluge2 : 주기적으로 파란색 LED가 점멸되도록 수정

```
$ cd /opt/tinyos-2.x/apps/BlinkForDeluge2
$ vi BlinkC.nc
```

- BlinkForDeluge1 어플리케이션의 module 파일을 수정한다.

```
# include "Timer.h"

module BlinkC
{
   uses interface Timer<TMilli> as Timer0 ;
   uses interface Leds;
   uses interface Boot;
}
implementation
{
   event void Boot.booted()
   {
      call Timer0.startPeriodic(250);
   }
   event void Timer0.fired()
   {
      call Leds.led2Toggle();
   }
}
```

- 테스트를 위하여 다른 코드들은 모두 삭제하고 파란색 LED만을 점멸시키는 call Leds.led2Toggle(); 문장만 남긴다.

⑥ 컴파일 및 다운로드

- 수정한 BlinkForDeluge2 어플리케이션을 컴파일하고 다운로드하여 동작을 확인한다.
- 다운로드 후에 파란색 LED가 점멸되는지 확인한다.

```
$ cd /opt/tinyos-2.x/apps/BlinkForDeluge2
$ make UBee430 install
```

■ **컴파일 및 이미지 저장**

본 실습은 새 프로그램 이미지를 전달하는 베이스 노드와 이를 전달받는 일반 노드(복수)로 구성한다.

**[ 일반 노드 ]**

- 무선으로 패킷을 받아 TinyOS 실행 이미지를 업그레드한 후 실행한다.
  ① BlinkForDeluge1 어플리케이션을 다운로드 한다.

```
$ cd /opt/tinyos-2.x/apps/BlinkForDeluge1
$ make UBee430 install,10
```

  ② 다운로드가 완료되면 빨강색 LED가 점멸되는 것을 확인할 수 있다.
  ③ 일반 노드를 PC에서 분리한다.
  ④ 분리 후 배터리 사용 시 전원 스위치를 배터리 모드로 설정한다.
- 이 노드는 앞으로 무선으로 패킷을 받아 실행 이미지를 실행할 것이다.
- 외부 스토리지(M25P80)에 무선으로 받은 TinyOS 실행 이미지를 저장한 후 부팅된다.
- 배터리 사용 시 배터리 전원이 충분해야 한다.

**[ 베이스 노드 ]**

- 외부 스토리지(M25P80)에 전송할 이미지를 저장시킨 후 무선으로 전송한다.
  - tos-deluge 스크립트를 사용하기 위하여 BlinkForDeluge1를 다운로드 한다.

```
$ cd /opt/tinyos-2.x/apps/BlinkForDeluge1
$ make UBee430 install
```

- 이제 베이스 노드 역할을 하는 UBee430은 빨강색 LED가 점멸될 것이다.
  - 전송할 이미지를 외부 스토리지에 저장한다. 이때 tos-deluge 스크립트를 사용한다.
  - 외부 스토리지 0 영역에는 BlinkForDeluge1을 저장한다(inject).

```
$ tos-deluge /dev/ttyUSB0 telosb -i 0
/opt/tinyos-2.x/apps/BlinkForDeluge1/build/UBee430/tos-image.xml
```

– 스토리지 0 영역에 저장하면서 status가 표시된다.

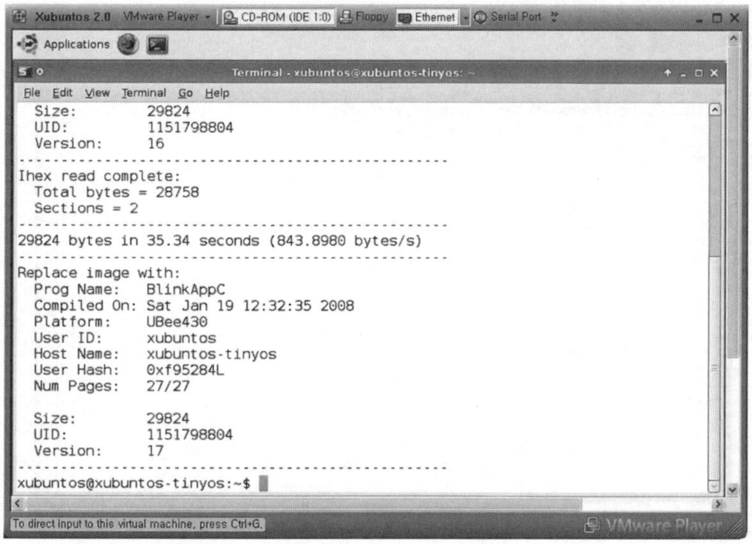


- 저장이 완료되면 위와 같이 저장 정보가 표시된다.

- 외부 스토리지 1 영역에는 BlinkForDeluge2을 저장한다.

```
$ tos-deluge /dev/ttyUSB0 telosb -i 1
/opt/tinyos-2.x/apps/BlinkForDeluge2/build/UBee430/tos-image.xml
```

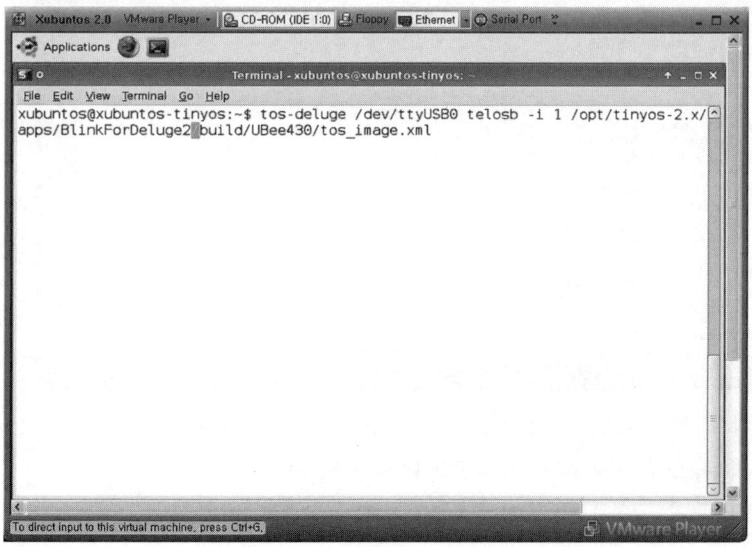

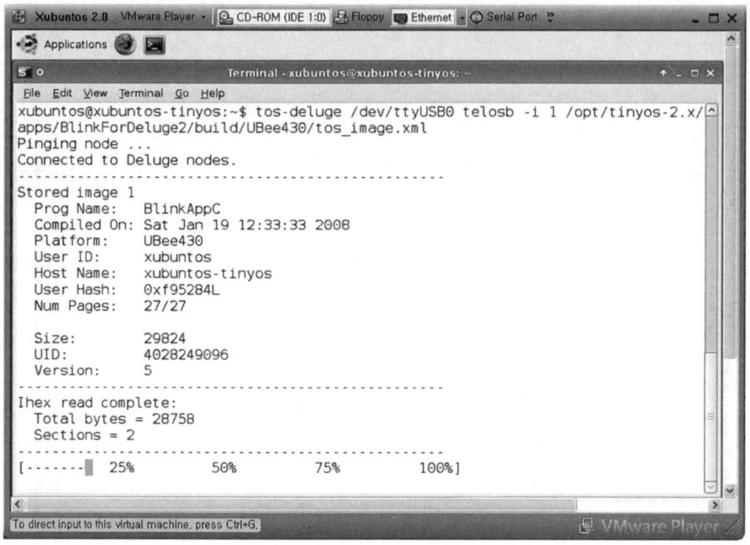


– 스토리지 1 영역에 저장하면서 status가 표시된다.

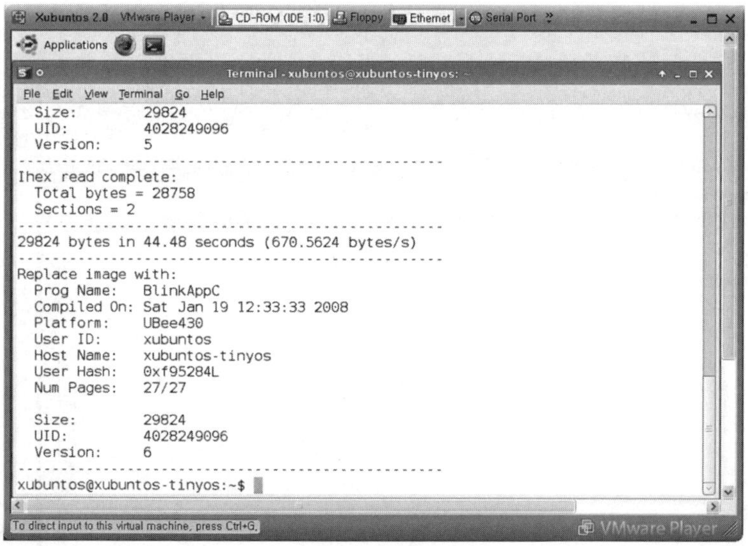


– 저장이 완료되면 위와 같이 저장 정보가 표시된다.
  - 외부 스토리지 0 영역 - BlinkForDeluge1
  - 외부 스토리지 1 영역 - BlinkForDeluge2를 저장한다.

■ Deluge 테스트

STEP 1

**[ 베이스 노드 ]**

BlinkForDeluge1이 프로그램 메모리에 저장되어 있고, 외장 플래쉬에는 다음 프로그램이 각각 저장되어 있다.

스토리지 영역 0 - BlinkForDeluge1

스토리지 영역 1 - BlinkForDeluge2

**[ 일반 노드 ]**

BlinkForDeluge1이 프로그램 메모리에 저장되어 있다.

STEP 2 - reprogram

베이스 노드에 스토리지 1에 저장된 BlinkForDeluge2를 reprogram 한다.

```
$ tos-deluge /dev/ttyUSB0 telosb -r 1
```

STEP 3 - dissemination

베이스 노드의 스토리지 1에 저장된 BlinkForDeluge2를 dissemination을 시작하게 한다. 이 명령은 베이스 노드가 전체 네트워크에 새 프로그램 이미지의 생성에 관해 알리고, 각 일반 노드들은 이 이미지를 요청하는 작업을 시작한다.

**[ 베이스 노드 ]**

```
$ tos-deluge /dev/ttyUSB0 telosb -d 1
```

**[ 일반 노드 ]**

1. 베이스 노드 스토리지 1에 저장된 이미지를 무선으로 다운로드 받게 된다.
   다운로드 시 일반 노드의 녹색 LED가 아주 빠르게 점멸되어 흐릿하게 보인다.
2. 다운로드가 완료되면 파란색 LED가 점등된다(이제 다운로드가 완료된 것이다).

STEP 4 - dessemination and reprogram

베이스 노드의 다음 명령은 일반 노드들이 새로운 이미지를 스토리지 1에 저장한 후 이를 reprogram하도록 지시한다.

**[ 베이스 노드 ]**

```
$ tos-deluge /dev/ttyUSB0 telosb -dr 1
```

**[ 일반 노드 ]**

1. 이때 일반 노드의 적색, 녹색, 파란색 LED가 동시에 빠르게 점멸되고 다시 OFF 된다(BlinkForDeluge2가 전송이 완료 되었다).
2. reprogram 후 재부팅되어 파란색 LED가 점멸된다.
3. 일반 노드를 reset 시켜본다. 다시 파란색 LED가 점멸되는 것을 확인할 수 있다.

## 16.3 추가 실습과제

5장에서 다루었던 BlinkToRadio 어플리케이션을 다음과 같이 수정한다. 타이머 기능을 이용, 각 노드에서 일정 시간만큼 차이를 두어 Deluge protocol을 수행시키고, 수신 노드들이 업데이트 내용을 잘 받았음을 확인하는 기능을 구현한다.

# APPENDIX

# 1 UBee430에 대해서

## 1.1 UBee430 하드웨어 설명

UBee430은 MSP430와 CC2420을 기반으로 설계된 USN RF 모듈이다. IEEE 802.15.4를 지원하며, TinyOS 2.0.2가 탑재되어 있다. UBee430은 보드 내에 온도/습도 및 조도 센서가 기본적으로 내장되어 있다. 또한 사용자가 실제 어플리케이션 구현 시 유용할 수 있는 주변장치를 제공하고 있다.

주변 장치로는 External Flash(1MBytes), EEPROM(2KBytes), RTC, Unique ID, User Switch 등이 있으며, 강력한 배터리 모니터링 기능을 지원한다. 또한 GPIO(General Purpose Input Output) 확장을 위해 MSP430 GPIO 외에 포트 확장 IC를 이용하여 추가적인 12개의 GPIO를 제공한다. 확장된 GPIO는 입력 또는 출력, 오프 드레인 또는 푸시풀로 동작이 가능하다.

### 1.1.1 블록도

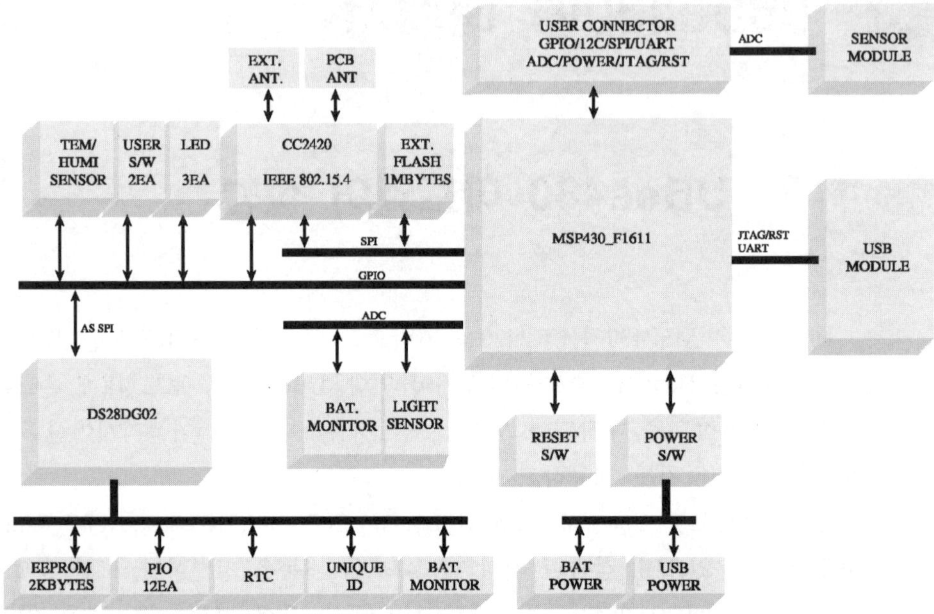


### 1.1.2 특징

- 250Kbps 2.4Ghz IEEE 802.15.4 Chipcon Wireless Transceiver
  - CC2420

- Texas Instruments MSP430 Micro controller
  - 16bit RISC
  - Memory : Internal Flash - 48Kbyte, internal RAM - 10Kbyte
  - Ultra low current consumption

- USB Interface
  - USB를 이용한 노드 프로그래밍
  - USB To Serial Interface 제공

■ ANTENNA

- PCB ANTENNA / EXTERNAL ANTENNA(최대 150M, Open Area)

■ Peripheral Device

- External FLASH(1Mbyte)
- External EEPROM(2Kbyte) : SPI Interface
- RTC(Real Time Clock) : SPI Inerface, RTC/Calender/Alarm
- Battery Monitor : 다양한 전압 모니터링 기능을 제공한다.
  ① MSP430 Internal voltage sensor
  ② ADC를 이용한 Voltage Sensing
  ③ 외부 Batter Monitor 장치를 이용한 전압 감시 기능 :
  2.5V / 2.25V / 2.0V / 1.75V 설정된 전압 이하로 Drop시 알람 기능
- Unique ID : UBee430은 각각의 노드가 64-BIT의 개별적인 ID를 제공
- GPIO 확장 : SPI Interface, MSP430 GPIO 외에 추가적인 12개의 GPIO를 확장
  INPUT / OUTPUT, Open-Drain / Push-Pull
- LED : 3EA
- User Switch : 2개
- Reset Switch
- Power Switch

■ Sensor

- Temperature Sensor
- Humidity Sensor
- Light Sensor(Light to Voltage)

■ USER I/O

- ADC 6채널
- I2C / SPI
- UART RX / TX 2채널
- GPIO 19EA(MSPGPIO 7EA, 확장 GPIO 12EA)
- JTAG

■ 확장 모듈
- AC Control B/D, DC Control B/D
- Gas Gear Control B/D
- RFID Interface B/D
- 혈압계 Interface B/D

■ 확장 센서
- 초음파, 지자기, 진동, 가속도, 인체감지, 사운드 센서 모듈
- RS232 모듈, USB 모듈, GPIO 테스트 모듈
- User Interface 모듈(만능 기판형)

■ TinyOS Support
- TinyOS 2.0.2

## 1.1.3 구성도

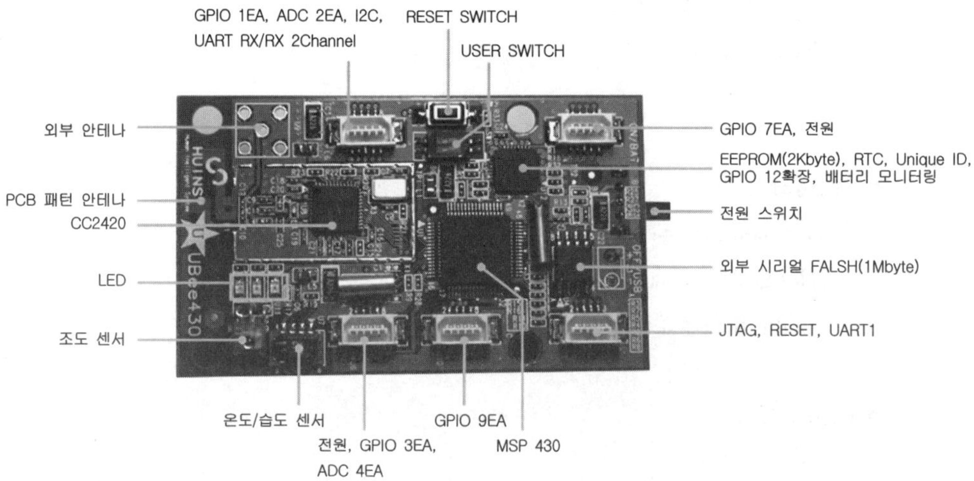


[ Top View ]

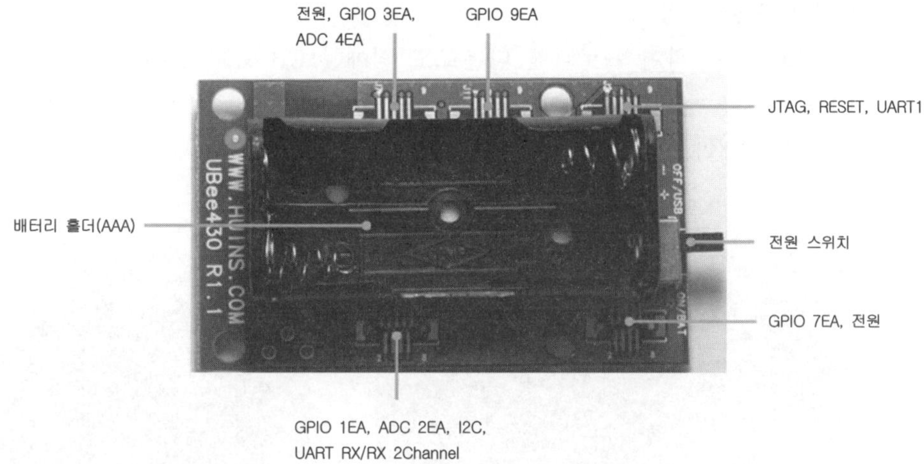


[ Bottom View ]

## 1.1.4 설정 및 전원

■ **전원 스위치 설정**

UBee430의 전원 스위치는 USB 전원 및 배터리 전원을 선택하도록 설계 되었다. 그러므로 USB 연결 시에는 반드시 전원 스위치를 USB 방향으로 전환시키고, 독립적인 배터리 사용 시에는 BAT 방향으로 전환시켜야 한다.

■ **USB 모듈 결합**

USB를 이용하여 프로그램 다운로드 시에는 UBee430 USB 모듈을 결합하여야 하며, USB 모듈을 연결하기 전에 반드시 전원을 OFF/USB 상태로 먼저 설정한 뒤 USB 모듈을 결합해야 한다.

[ UBee430 USB 모듈 ]

[ UBee430 + USB 모듈 ]

### 1.1.5 Memory Map(DS28DG02)

UBee430은 EEPROM, RTC, Unique ID, 확장 GPIO, 배터리 모니터링 등의 추가적인 기능을 지원하기 위하여 DS28DG02라는 One-Chip을 사용하고 있다. DS28DG02는 MSP430의 GPIO와 연결되어 있다. UBee430에서 제공하는 DS28DG02 컴포넌트는 다음 메모리맵을 기준으로 만들어졌다.

| ADDRESS | TYPE | ACCESS | DESCRIPTION |
|---|---|---|---|
| 000h to 03Fh | EEPROM | R/W | User memory block 0. |
| 040h to 07Fh | EEPROM | R/W | User memory block 1. |
| 080h to 0BFh | EEPROM | R/W | User memory block 2. |
| 0C0h to 0FFh | EEPROM | R/W | User memory block 3. |
| 100h to 109h | — | — | Reserved, contents undefined. |
| 10Ah | EEPROM | R/W | Power-on default for PIO output state (PIO0 to PIO7). |

| ADDRESS | TYPE | ACCESS | DESCRIPTION |
|---|---|---|---|
| 10Bh | EEPROM | R/W | Power-on default for PIO output state (PIO8 to PIO11). |
| 10Ch | EEPROM | R/W | Power-on default for PIO direction (PIO0 to PIO7). |
| 10Dh | EEPROM | R/W | Power-on default for PIO direction (PIO8 to PIO11). |
| 10Eh | EEPROM | R/W | Power-on default for PIO read-inversion (PIO0 to PIO7). |
| 10Fh | EEPROM | R/W | Power-on default for PIO read-inversion (PIO8 to PIO11), PIO output type (PIO0 to PIO11 in groups of 4 PIOs), PIO output mode (same mode for all PIOs). |
| 110h to 117h | — | — | Reserved, contents is undefined. |
| 118h to 11Fh | ROM | R | 64-bit unique registration number. |
| 120h | SRAM | R/W | PIO output state (PIO0 to PIO7). |
| 121h | SRAM | R/W | PIO output state (PIO8 to PIO11). |
| 122h | SRAM | R/W | PIO direction (PIO0 to PIO7). |
| 123h | SRAM | R/W | PIO direction (PIO8 to PIO11). |
| 124h | SRAM | R/W | PIO read-inversion (PIO0 to PIO7). |
| 125h | SRAM | R/W | PIO read-inversion (PIO8 to PIO11), PIO output type (PIO0 to PIO11 in groups of 4 PIOs), PIO output mode (same mode for all PIOs). |
| 126h | — | R | PIO read access (PIO0 to PIO7). |
| 127h | — | R | PIO read access (PIO8 to PIO11). |
| 128h | — | — | Reserved, contents undefined. |
| 129h to 12Fh | NV SRAM | R/W | RTC and calendar. |
| 130h to 133h | NV SRAM | R/W | RTC alarm. |
| 134h | NV SRAM | R/W | Multifunction control/setup register. |
| 135h | NV SRAM | R/Clear | Alarm and status register. |
| 136h and above | — | — | Reserved, contents undefined. |

추가적인 내용을 확인하려면 DS28DG02 데이터 시트를 참고하길 바란다.
제품 출고시 동봉된 CD에 Datasheet 첨부된다.

### 1.1.6 기구도

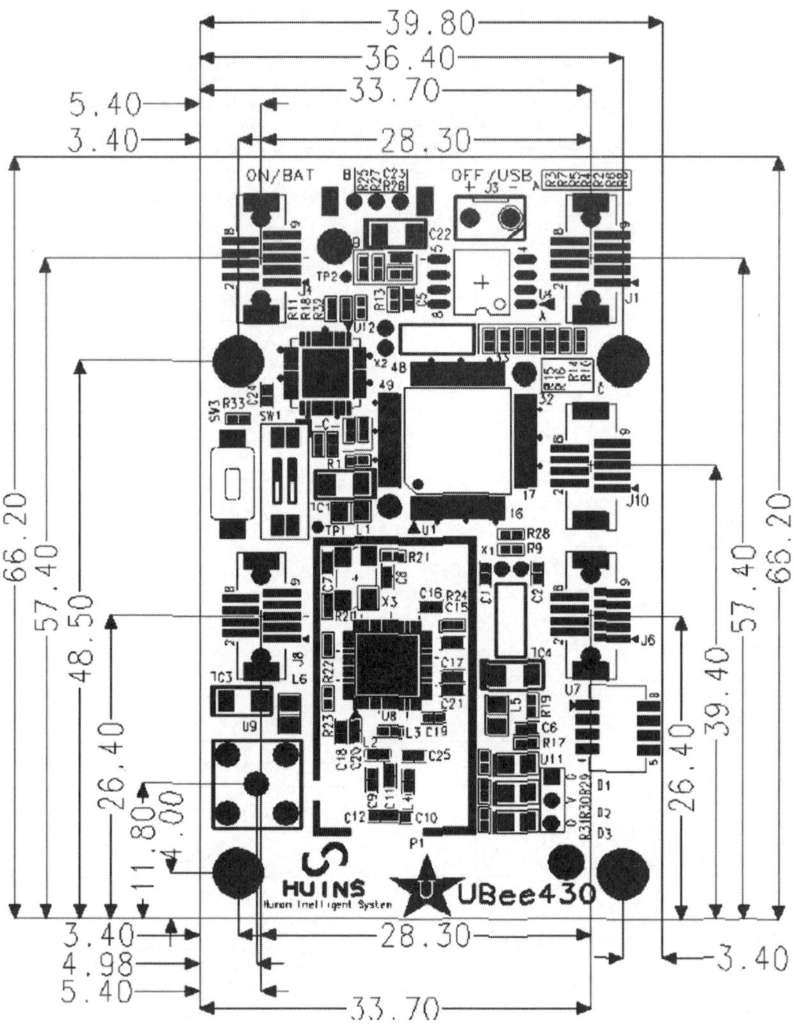

# 2 UBee430 - AP - KIT 응용

## 2.1 UBee430-AP-KIT 개요

### 2.1.1 개요

UBee430-AP-KIT는 유비쿼터스 센서 네트워크 실습 장비로서 TinyOS 2.x 기반의 센서 노드와 실생활에서 사용되고 있는 장비가 연동되어 각각의 센서 정보를 수집하여 모니터링하고 제어할 수 있는 장비이다.

임베디드 서버 역할을 하는 xStation과 PC는 RFID, 가스밸브, 난방밸브, AC 램프, 디지털도어락, 혈압계 등의 장비를 제어하고 센서 노드의 센싱 정보를 모니터링한다.

### 2.1.2 블록도

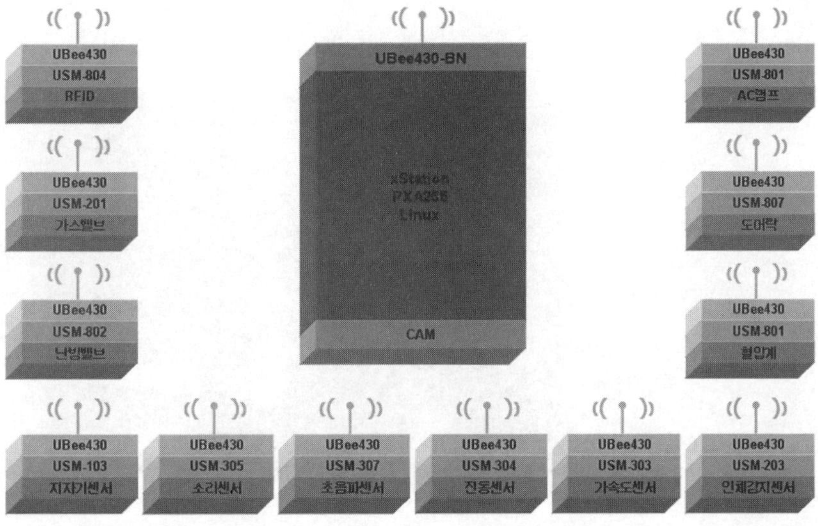

### 2.1.3 POWER FLOW

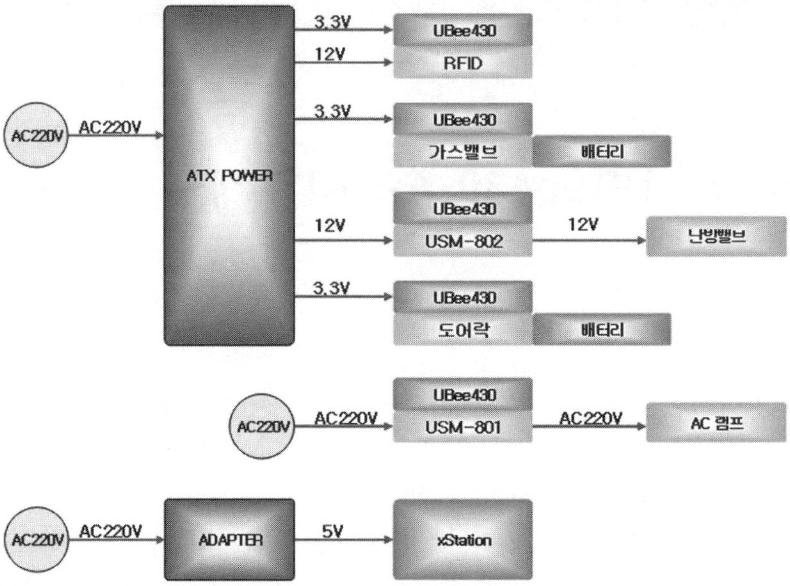


### 2.1.4 시스템 구성

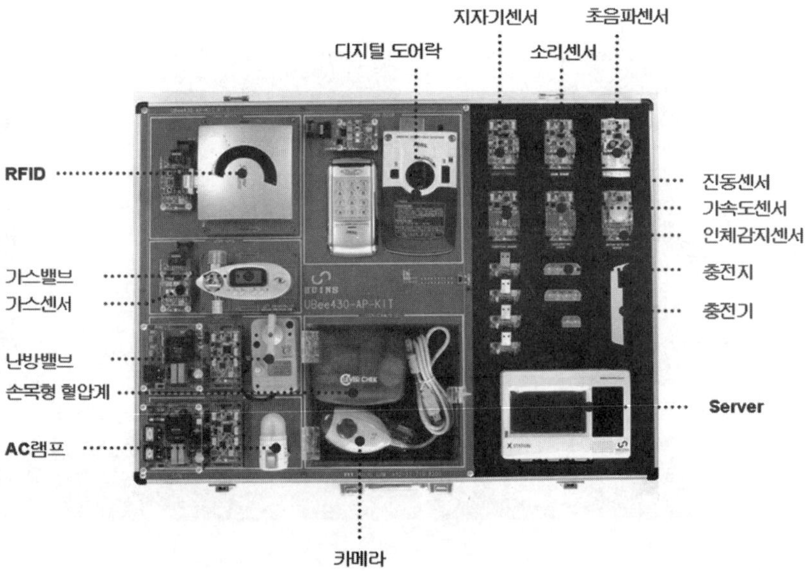

## ■ 호스트

xStation / PC

## ■ RFID

| DEVICE | INTERFACE B/D | DESCRIPTION |
|---|---|---|
| RFID | USM-804 | - RFID 태그 정보를 호스트에 전송 |

## ■ GAS VALVE

| DEVICE | INTERFACE B/D | DESCRIPTION |
|---|---|---|
| GAS VALVE | USM-201 | - 가스밸브의 OPEN/CLOSE 상태를 확인하여 호스트에 전송<br>- 가스누출 상태를 확인하여 가스밸브를 차단하고 호스트에 전송<br>- 호스트 명령에 의한 가스밸브를 차단 |

## ■ 난방밸브

| DEVICE | INTERFACE B/D | DESCRIPTION |
|---|---|---|
| 난방밸브 | USM-802 | - DC12V 제어 보드를 이용하여 난방밸브를 제어<br>- 호스트 명령에 의한 난방밸브 ON/OFF 제어 |

## ■ AC 램프

| DEVICE | INTERFACE B/D | DESCRIPTION |
|---|---|---|
| AC 램프 | USM-801 | - AC220V 제어 보드를 이용하여 AC 램프를 제어<br>- 호스트 명령에 의한 램프 ON/OFF 제어 |

## ■ 디지탈도어락

| DEVICE | INTERFACE B/D | DESCRIPTION |
|---|---|---|
| 디지탈도어락 | USM-807 | - 도어 스위치를 확인하여 열림/닫힘 상태를 호스트에 전송<br>- 호스트 명령에 의한 도어락 열림/닫힘 상태를 제어 |

## ■ 혈압계

| DEVICE | INTERFACE B/D | DESCRIPTION |
|---|---|---|
| 혈압계 | USM-804 | - 혈압계 정보를 호스트에 전송<br>(최고혈압/최저혈압, 맥박) |

■ 카메라(USB CAM)

| DEVICE | INTERFACE B/D | DESCRIPTION |
|---|---|---|
| 카메라 | – | – 호스트에 연결되어 이미지 정보를 확인 |

■ 센서 노드(UBee430)

| DEVICE | INTERFACE B/D | DESCRIPTION |
|---|---|---|
| 지자기센서 | USM–103 | – UBee430 + 지자기센서 |
| 소리센서 | USM–305 | – UBee430 + 소리센서 |
| 초음파센서 | USM–307 | – UBee430 + 초음파센서 |
| 진동센서 | USM–304 | – UBee430 + 진동센서 |
| 가속도센서 | USM–303 | – UBee430 + 가속도센서 |
| 인체감지센서 | USM–203 | – UBee430 + 인체감지센서 |

■ 충전기

| DEVICE | INTERFACE B/D | DESCRIPTION |
|---|---|---|
| 충전기 | – | – UBee430에 사용되는 AAA 충전지를 충전 |

■ UBee430–BN

| DEVICE | INTERFACE B/D | DESCRIPTION |
|---|---|---|
| UBee430–BN | – | – 호스트[xStation/PC]와 연결되는 베이스 노드 |

■ xStation

| DEVICE | INTERFACE B/D | DESCRIPTION |
|---|---|---|
| xStation | – | – UBee430–AP–KIT에 실장된 RFID, 가스밸브, 난방밸브, AC 램프, 도어락, 혈압계 등의 디바이스를 제어<br>– UBee430의 센서 정보를 모니터링 |

① 전원

– 전원 케이블 연결 방법

• UBee430-AP-KIT의 ATX 전원 케이블을 연결한다.

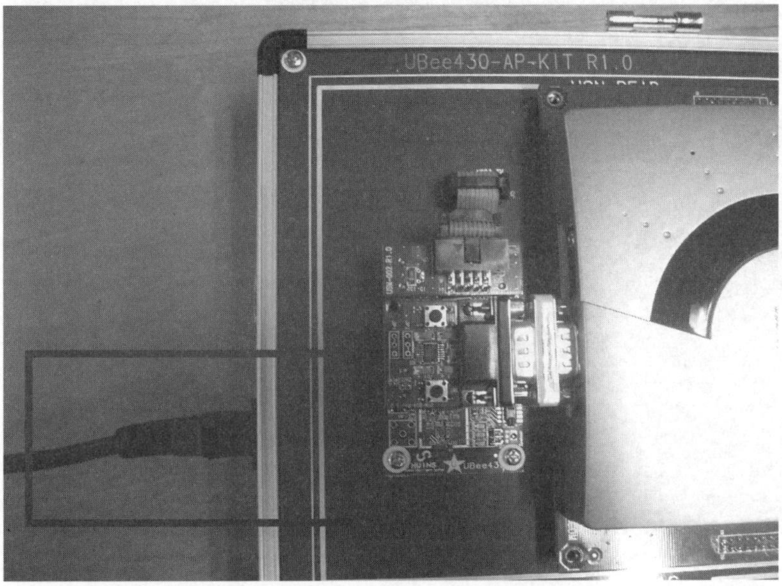


• AC220V 제어 모듈인 USM-801 보드의 전원케이블을 연결한다.

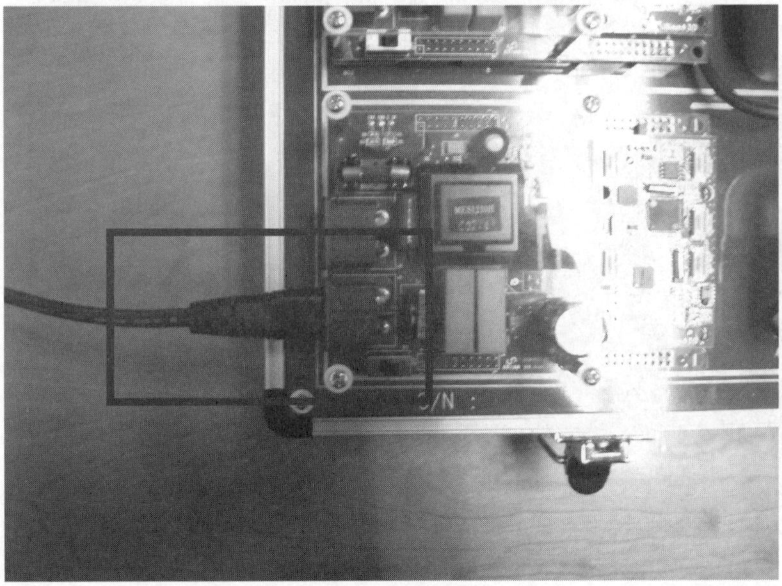

– 전원 스위치 ON

• UBee430-AP-KIT의 ATX 전원 스위치를 ON시킨다.

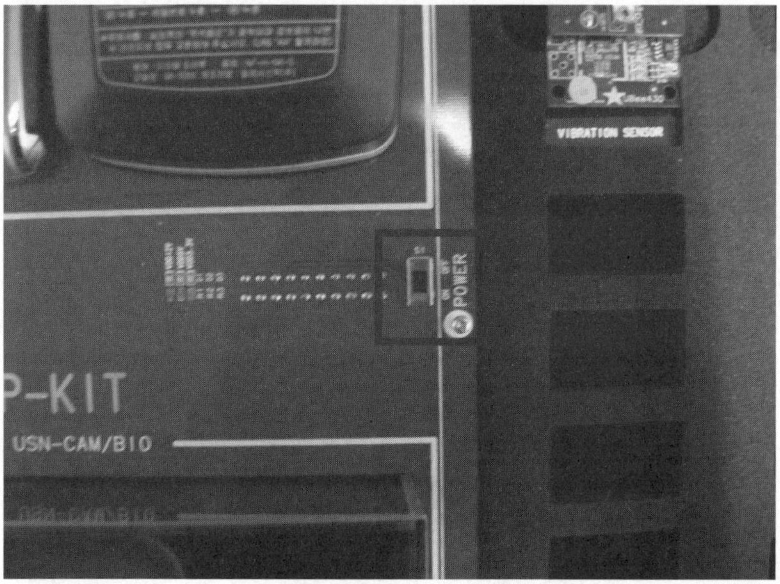


• USM-801 보드의 전원 스위치를 ON시킨다.

② xStation 〈–〉 베이스 노드 연결

xStation에 베이스 노드가 연결되어 각종 센서 노드와 무선 인터페이스가 가능해진다. 베이스 노드의 역할은 UBee430과 UBee430-BN 모두 가능하다. 개발툴 설치 완료 후 UBee430 또는 UBee430-BN에 TinyOS 2.x 어플리케이션인 BaseStation을 다운로드 함으로써 베이스 노드의 역할을 수행한다.

다음은 xStation에 UBee430-BN을 연결 시 그림이다.

# 2.2 UBee430-AP-KIT 주변 장치

## 2.2.1 RFID

RFID 리더기와 UBee430은 UART 인터페이스를 이용하여 연결된다. UBee430과 RFID 리더기를 연동하기 위해 USM-804 보드를 이용해야 한다.

UBee430-AP-KIT에서는 RFID 태그 정보를 UBee430이 UART로 받아 무선으로 xStation에 전송한다.

■ RFID 리더기 사양

- 13.56Mhz
- TAG Read / Write
- Reading Range : ~15cm
- Electronic Power : DC 12V
- Dimensions(WxDxH) : 120 × 120 × 25mm
- RS232 Interface - 9600bps

■ 사용방법

−TAG 근접 시 TAG 데이터를 RS232로 출력

■ Data Format

EX1) TAG에 1234를 Write한 경우 출력 데이터

02 01 14 04 [31 32 33 34] 03

EX2) TAG에 1111를 Write한 경우 출력 데이터

02 01 14 04 [31 31 31 31] 03

■ Tag Write 방법(PC 기반)

− Tag Write는 PC 기반에서 Read/Write 전용 프로그램을 사용한다.

Step1 : RFID 전원 연결 DC12V 어댑터 사용(분리사용 시)

Step2 : RS232 케이블 연결(2, 3번 크로스 타입)

Step3 : RFID Read/Write 프로그램 실행

Step4 : RS232 포트 설정

Step5 : Tag를 RFID 위에 올려놓음

Step6 : Write 데이터 입력 후 Write 버튼 Push

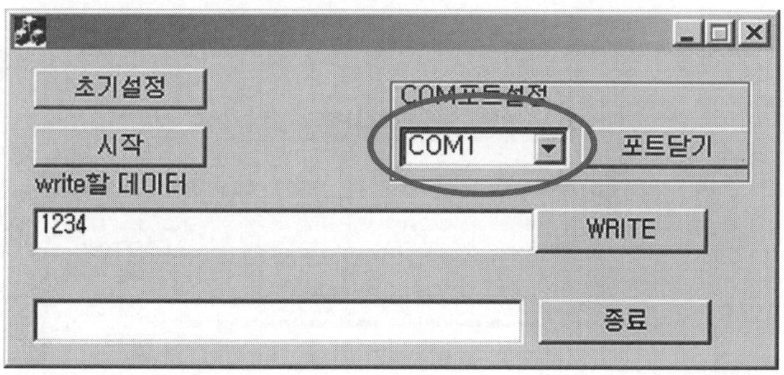

Step7 : Write가 완료되면 부저소리 함께 입력된 데이터가 에코 됨

- Tag Read 방법(PC 기반)

Step1 : 전원 및 케이블 연결 상태 확인

Step2 : Read/Write 프로그램에서 COM 포트 확인 후 시작버튼 Push

Step3 : 확인 버튼 Push

Step4 : Tag를 RFID와 근접시키면 Tag 데이터 출력

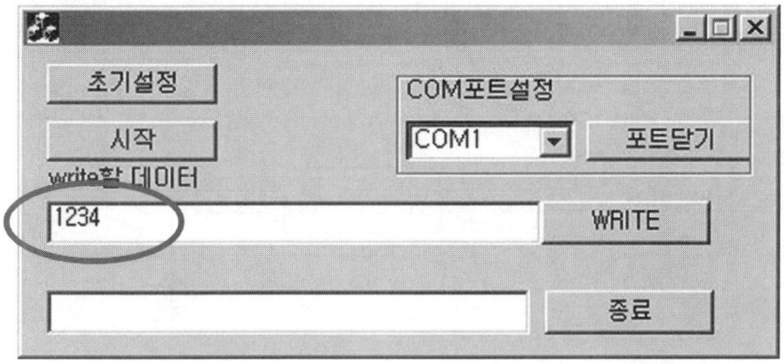


### 2.2.2 가스밸브

가스밸브는 UBee430의 GPIO와 ADC를 이용해 동작된다. UBee430과 가스밸브를 연동하기 위하여 USM-201 보드를 이용한다.

UBee430은 GPIO를 이용하여 가스밸브 열림/잠김 상태를 확인하고, 밸브를 닫을 수 있다. 가스 누출을 확인하기 위해 가스센서의 출력을 UBee430의 ADC0로 입력을 받는다.

#### ■ 인터페이스

| UBee430 | DIRECTION | DESCRIPTION |
|---|---|---|
| GPIO25 | IN | 가스밸브 열림 상태 : LOW<br>가스밸브 닫힘 상태 : HIGH |
| GPIO57 | OUT | 가스밸브 닫힘 제어 : LOW -> HIGH |
| ADC0 | IN | 가스센서 입력 |

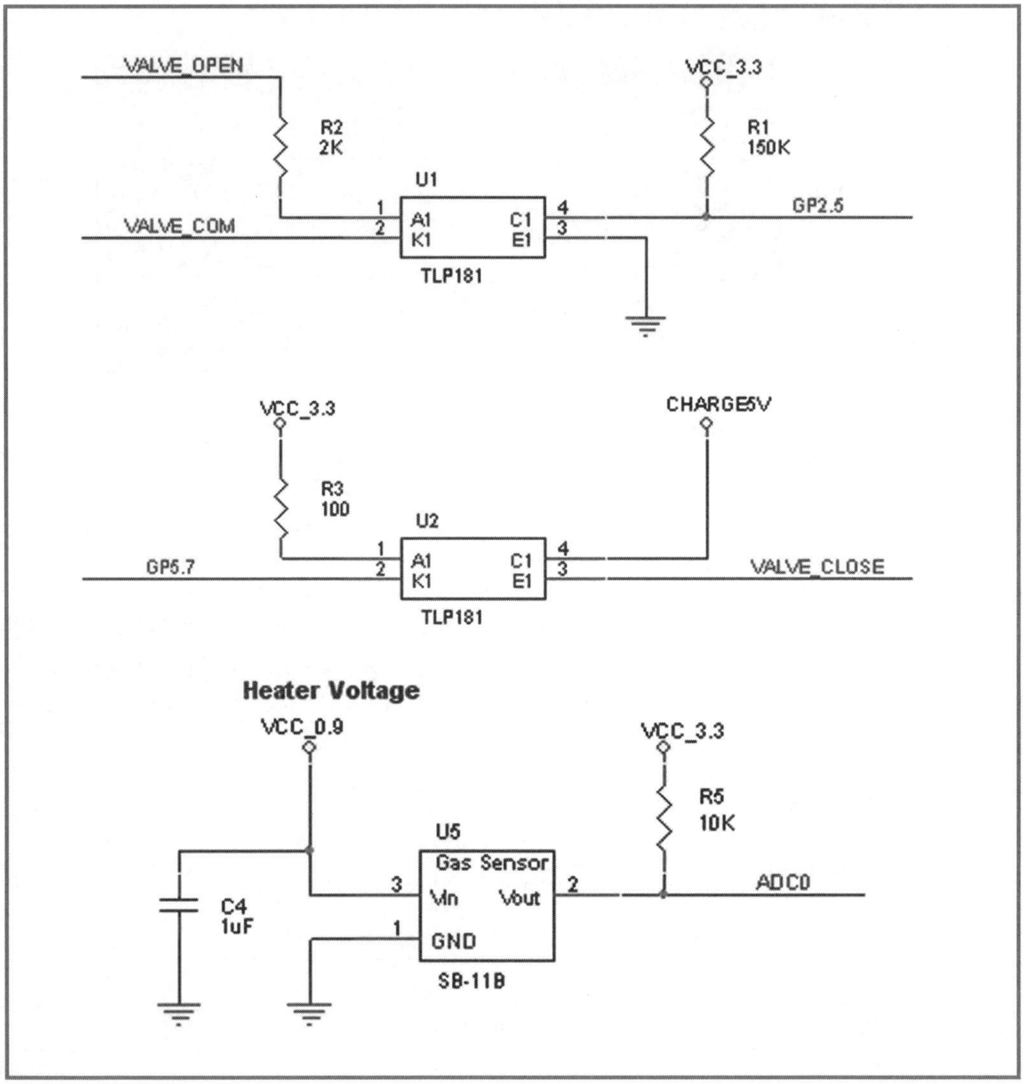


■ **가스밸브 사양**

- 퓨즈콕 밸브 기능
- 밸브 Open과 동시에 20분 기본 설정
- 일반건전지(AA) 2개로 1년 이상 사용
- 수동밸브 차단 기능

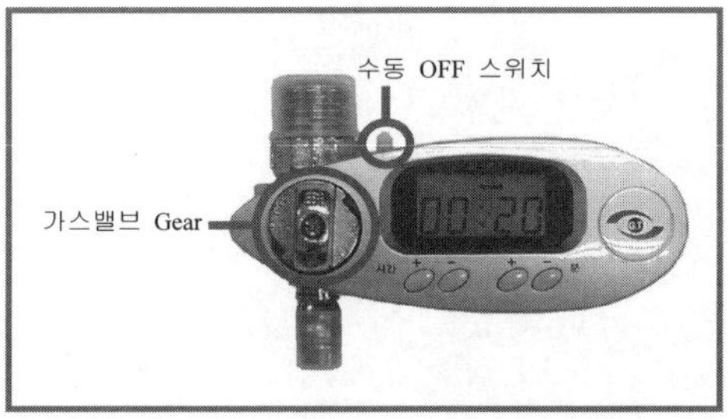

## 2.2.3 난방밸브

난방밸브는 UBee430의 GPIO를 이용해 동작된다. UBee430과 난방밸브를 연동하기 위하여 USM-802 보드를 이용한다.

난방밸브는 DC12V 전원으로 제어된다. USM-802 보드는 UBee430의 GPIO 신호를 입력받아 DC12V 전원을 제어한다.

■ 인터페이스

| UBee430 | DIRECTION | DESCRIPTION |
|---|---|---|
| GPIO25 | OUT | 난방밸브 ON - HIGH  난방밸브 OFF - LOW |
| GPIO12 | OUT | 난방밸브 ON - LOW  난방밸브 OFF - HIGH |
| GPIO40 | OUT | 난방밸브 ON - HIGH  난방밸브 OFF - HIGH |

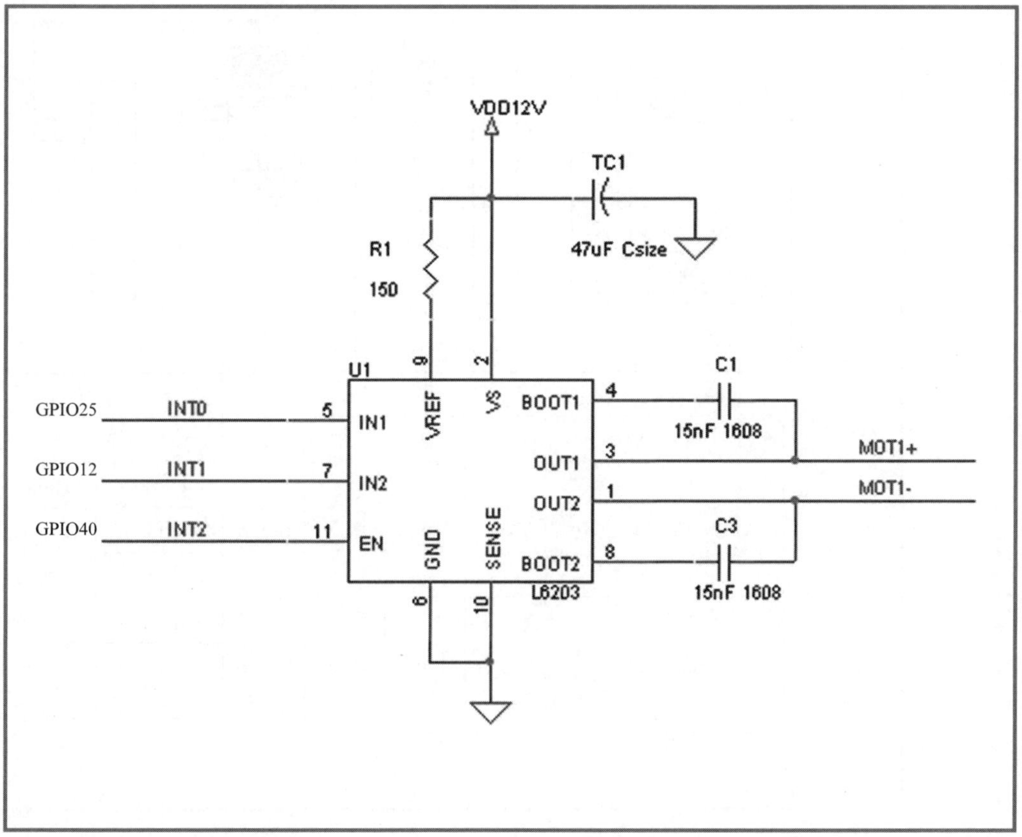

■ **난방밸브 사양**

– DC12V 구동

전동구동기(2선식)

※ 정신호 : 적색(+), 흑색(−) → CLOSE
역신호 : 적색(−), 흑색(+) → OPEN

1. 전동구동기 규격

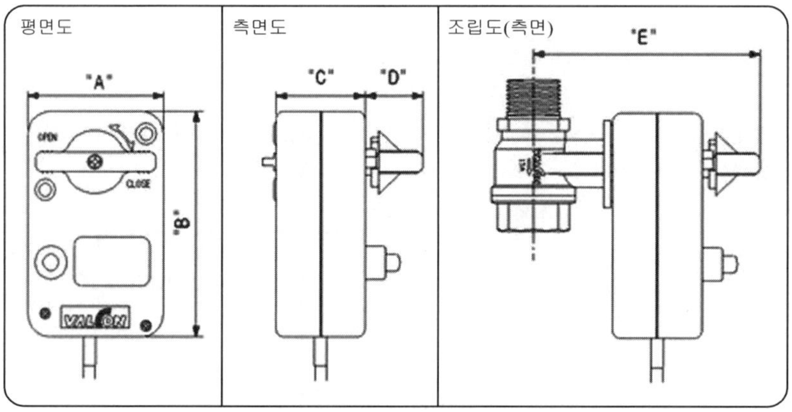


| 적용모델 | "A" | "B" | "C" | "D" | "E" | |
|---|---|---|---|---|---|---|
| AT12−2T, AT12−3T | 57mm | 93mm | 37mm | 21mm | VA15A−1C | 89mm |
| | | | | | VA20A−1C | 91mm |
| | | | | | VA25A−1C | 95mm |
| A212−2T | 70mm | 110mm | 44mm | 20mm | VA15A−1C | 95mm |
| | | | | | VA20A−1C | 97mm |
| | | | | | VA25A−1C | 101mm |

## 2.2.4 AC 램프

AC 램프는 UBee430의 GPIO 이용해 구동된다. UBee430과 AC 램프를 연동하기 위해서는 USM-801 보드를 이용한다.

UBee430의 GPIO를 이용하여 직접적으로 AC 220V를 제어할 수는 없다. CPU의 GPIO를 이용하여 고전압 또는 높은 전류를 제어할 경우 릴레이, 트라이악, SSR 등의 전원 스위칭 소자를 이용한다. USM-801 보드는 트라이악 소자를 이용하여 AC 220V를 제어한다.

■ 인터페이스

| UBee430 | DIRECTION | DESCRIPTION |
|---|---|---|
| GPIO57 | OUT | AC 220V ON - LOW AC 220V OFF - HIGH |

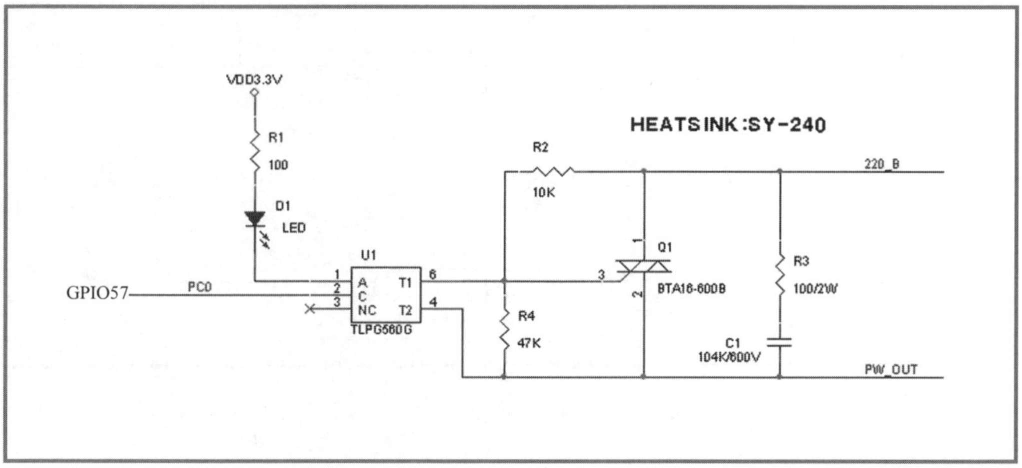


## 2.2.5 디지털도어락

도어락은 UBee430의 GPIO 이용해 구동된다. UBee430과 도어락를 연동하기 위해서는 USM-807 보드를 이용한다.

UBee430은 GPIO와 포토커플러를 이용하여 도어락을 제어한다. 이는 UBee430과 도어락은 분리된 전원을 사용하고 있으며, 시그널 레벨을 맞추기 위함이다.

도어락은 UBee430의 GPIO57을 ACTIVE LOW로 트리거할 때 마다 OPEN/CLOSE를 반복한다.

■ 인터페이스

| UBee430 | DIRECTION | DESCRIPTION |
|---|---|---|
| GPIO25 | IN | 문닫힘 상태 - HIGH<br>문열림 상태 - LOW |
| GPIO57 | OUT | 도어락 열림/닫힘<br>GPIO57를 ACTIVE LOW로 트리거 함<br>LOW -> HIGH |

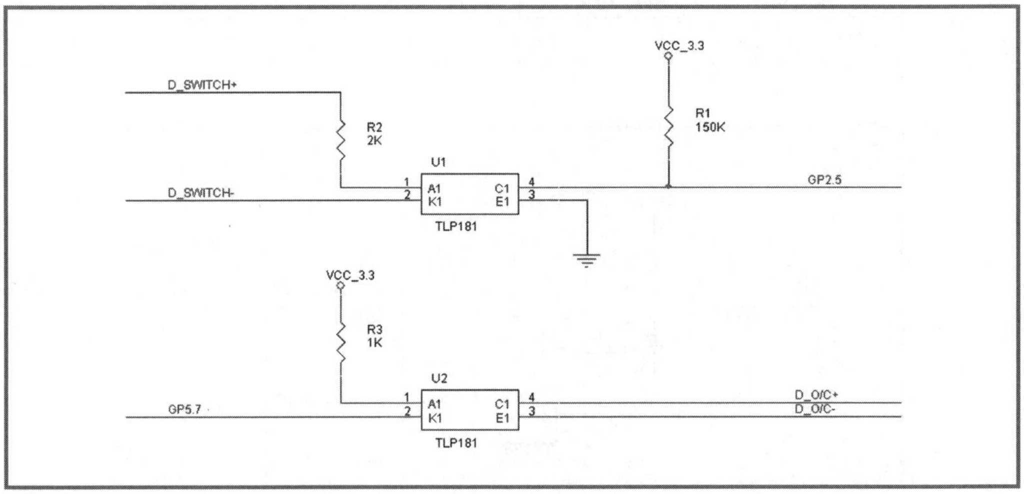


## 2.2.6 혈압계

혈압계는 UBee430의 UART를 이용해 구동된다. UBee430과 혈압계를 연동하기 위해서는 USM-804 보드를 이용한다.

혈압계는 측정된 데이터를 혈압계 내부 EEPROM에 저장한다. UBee430은 혈압계와 UART 통신을 하여 EEPROM에 저장된 데이터를 읽어와 무선으로 측정된 데이터를 전송한다. 혈압계는 9600bps를 사용하므로 UBee430은 혈압계와 UART 통신 시 반드시 통신 속도를 9600bps로 설정해야 한다.

■ **인터페이스**

UART : 9600bps, 혈압계 프로토콜 이용

■ **혈압계 측정 방법**

STEP1 : xStation의 전원을 ON시키고 USN QT를 실행시킨다.

STEP2 : 혈압계에 배터리를 장착시킨다.

► 배터리 장착 방법은 TD-3213 매뉴얼을 참고

STEP3 : 혈압계의 착용한다.

STEP4 : 혈압계의 전원 버튼을 이용하여 혈압 측정을 시작한다.

STEP5 : 측정이 완료되면 측정 결과가 혈압계 LCD에 표시된다.

STEP6 : 측정 결과를 확인 후 혈압계의 전원 버튼을 눌러 OFF시킨다.

STEP7 : 혈압계에 케이블을 연결시킨다. 케이블 연결하면 혈압계는 자동으로 PC 모드로 전환된다.

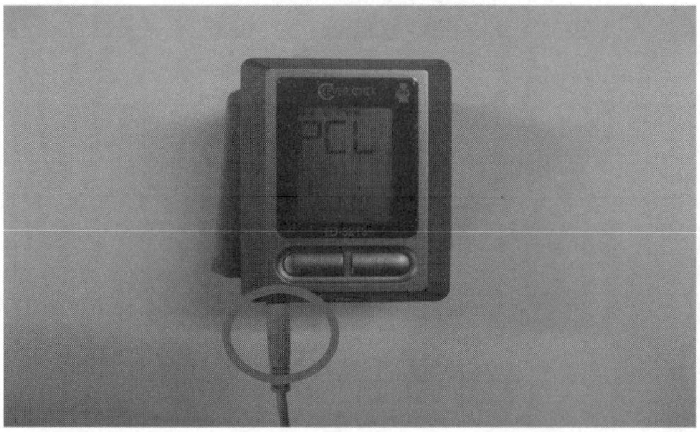

STEP8 : UBee430 / USM-804 모듈의 스위치를 PUSH

- UBee430에 전원 스위치를 ON시키고 USM-804 보드의 스위치를 누르면 혈압계와 UART 통신을 하여 측정된 혈압 정보를 읽어 무선으로 전송한다.

STEP9 : xStation의 LCD로 혈압 및 맥박 데이터 확인

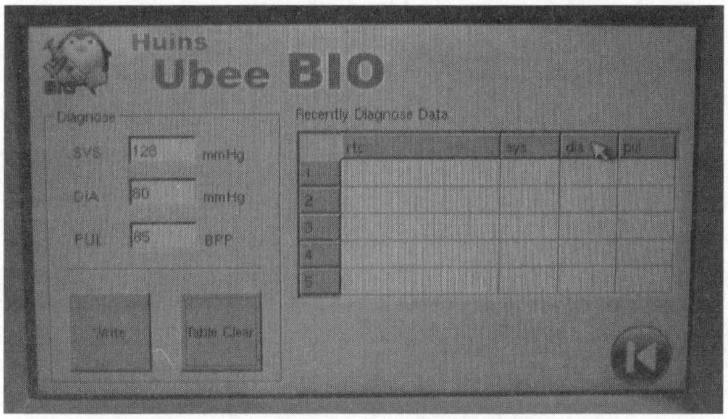

# 3 자바 응용

## 3.1 USN PC 응용프로그램 개발 준비

UBee430 모니터링 프로그램은 TinyOS에서 제공해주는 자바-SDK와 DLL, 그리고 Swing을 이용해서 작성되어 있다. 하지만 꼭 TinyOS가 설치되지 않아도 실행을 시킬 수 있다. 즉 TinyOS에서 제공하는 jar 형식의 라이브러리와 DLL 파일만 제공되면 TinyOS의 설치 유무와 상관없이 PC 프로그램을 실행시킬 수 있다.

개발환경을 구축하기 위해서는 다음의 파일이 있어야 한다. 하지만 **현재의 PC에 TinyOS 설치가 완료되었다면 기본적으로 자바의 설치가 완료된 것이기 때문에 본 교재에서 설명하는 자바의 설치는 진행하지 않아도 된다.**

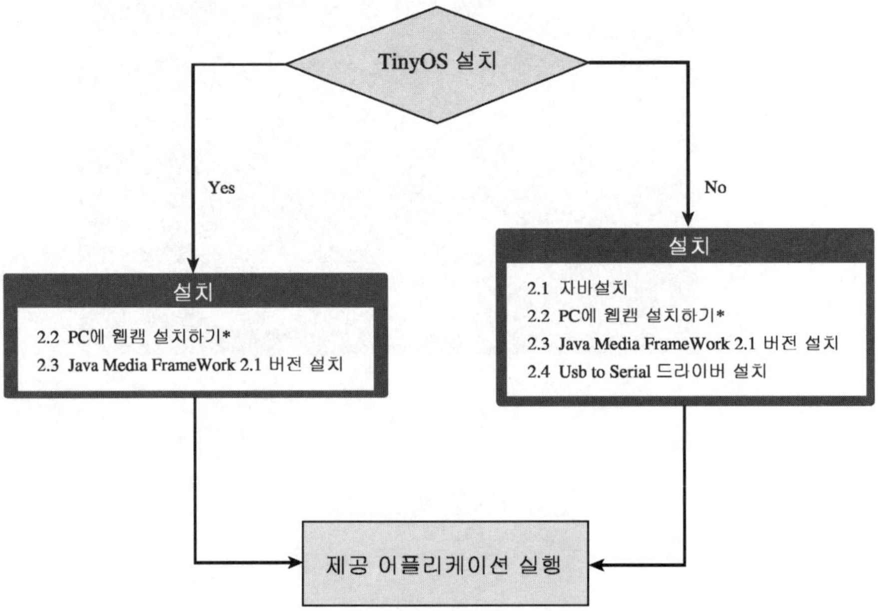


주의사항 : 만약 제품에 웹캠이 포함되어 있지 않는 사용자는 "2.2 PC에 웹캠 설치하기"를 하지 않아도 된다.

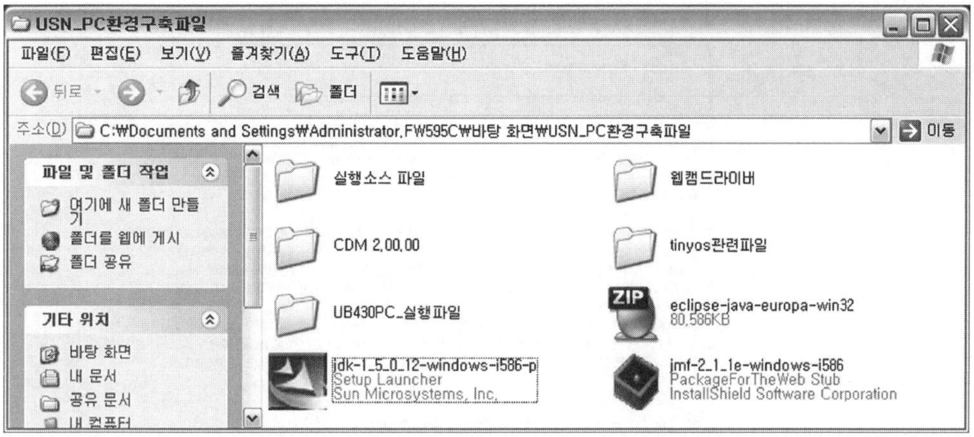


위에서 보이는 각 파일들은 다음과 같다.

1. JDK-1._5_0_12-windows-i586-p는 J2SS 버전의 설치 파일이다.
2. jmf-2_1_1e-windows-i586는 Java Media Framework의 설치 파일이다.
3. tinyos 관련 파일 : TinyOS 2.x가 지원해주는 자바 라이브러리인 tinyos.jar와 시리얼과 관련되어 있는 toscomm.dll과 getenv.dll이 있다.
4. CDM 2.00.00 : PC와 BaseMote의 USBtoSerial을 연결해주는 드라이버이다.
5. 웹캠 드라이버 : 제공하는 웹캠의 드라이버이다.
6. 실행 소스파일 : 현재 제공되는 PC 어플리케이션의 소스 코드와 리소스이다.

## 3.2 USN-PC 환경 구축

### 3.2.1 자바 설치

휴인스가 개발한 PC 응용 프로그램은 자바 기반의 어플리케이션이기 때문에 자바를 PC에 설치해야 한다. 따라서 개발환경 구축 시 다음 절차에 따라 가장 먼저 자바를 설치해야 한다.

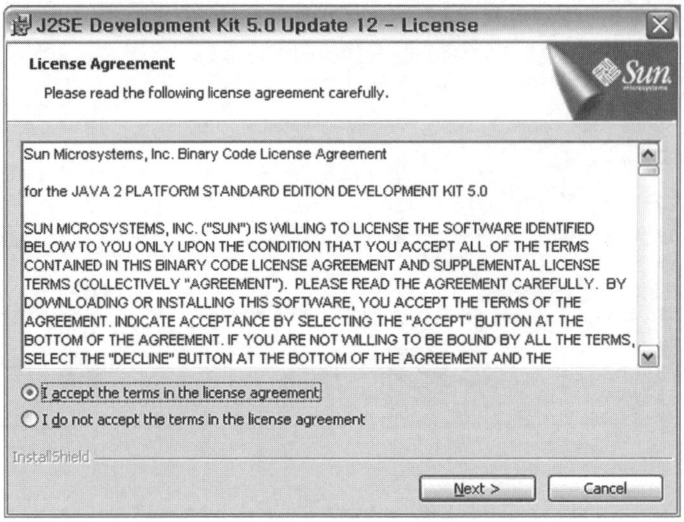


설치 파일을 실행시키면 가장 먼저 나타나는 화면은 라이센스의 동의에 관한 것이다. 동의하고 "Next>"를 클릭해서 다음으로 넘어간다.

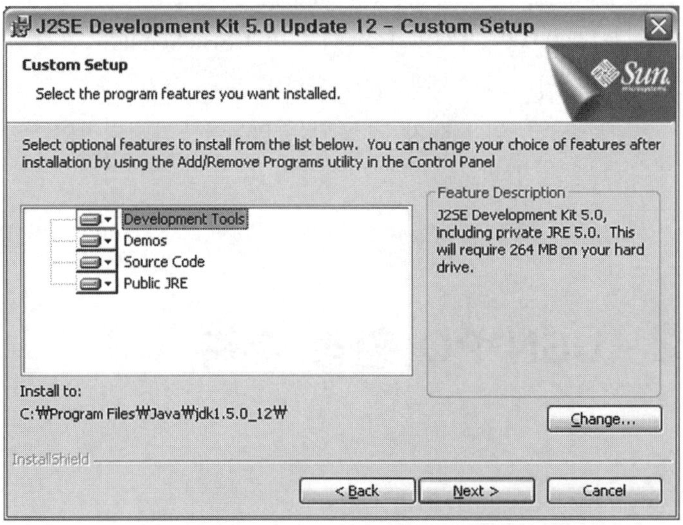


두 번째는 설치에 관한 설정을 해주는 화면이다. 디폴트로 놓고 "Next>"를 클릭해서 다음으로 넘어간다.

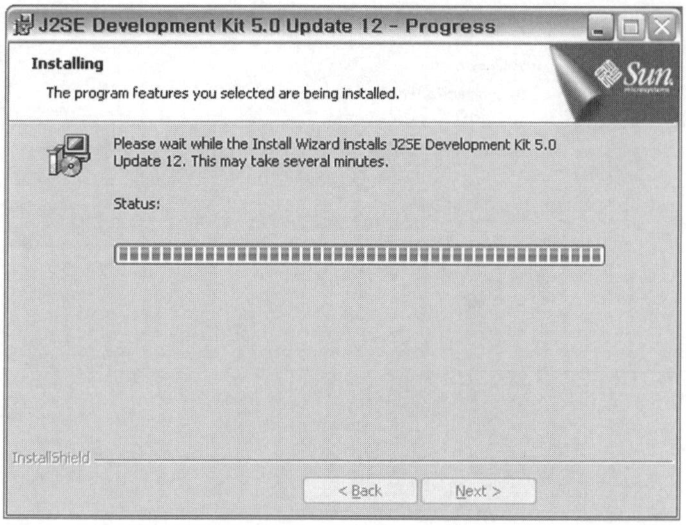


J2SE 개발 kit의 인스톨링 화면이다. 이렇게 데스크탑에서 사용할 수 있는 Development Kit를 설치해야 컴파일이나 실행명령에 관한 환경이 컴퓨터에 설정된다. 그 다음은 실행이 참조해야 할 라이브러리를 설치할 차례이다.

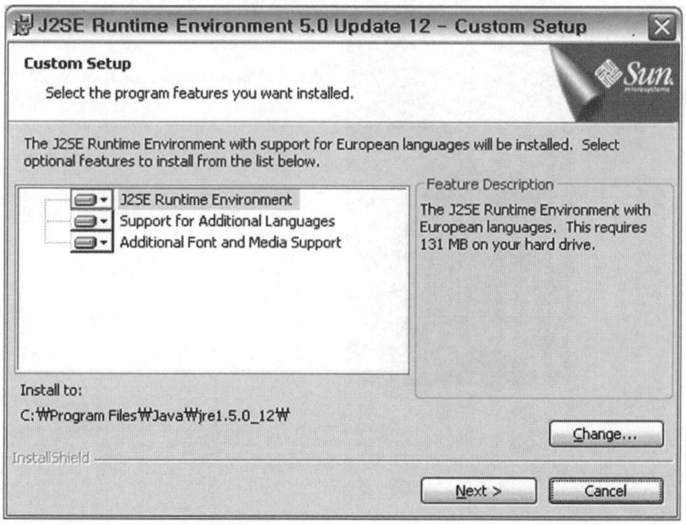


J2SE에 대한 Development Kit의 설치가 끝나면 위의 화면처럼 실행에 관한 환경이 설치된다. 우리는 디폴트로 실행될 개발 라이브러리를 설치할 것이므로 변경하지 말고 "Next>"를 클릭해서 다음 설치화면으로 넘어간다.

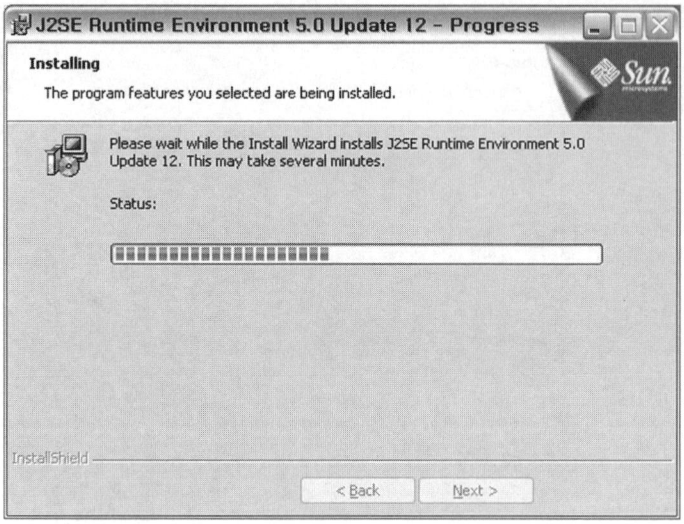


실행 환경 인스톨링 화면이다.

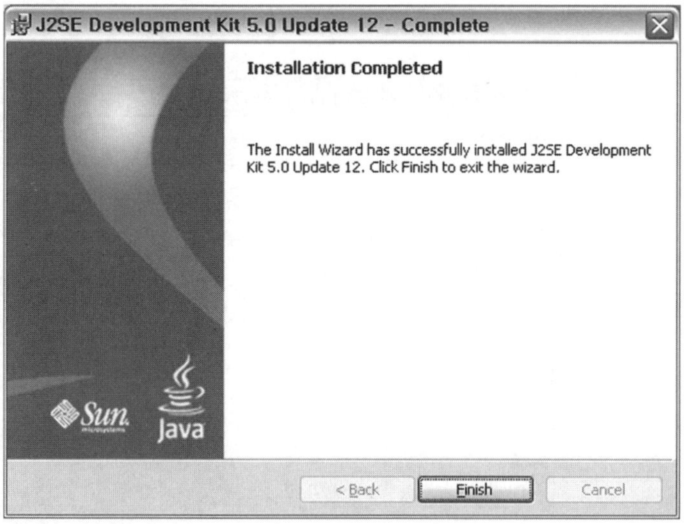


최종 설치 완료 화면이다.

J2SE에 대한 인스톨링이 끝나면 자바의 설치가 완료된 것이다. 설치 확인을 하기 위해서 "제어판"의 "프로그램 추가/제어"를 보면 자바의 설치를 확인할 수 있다.

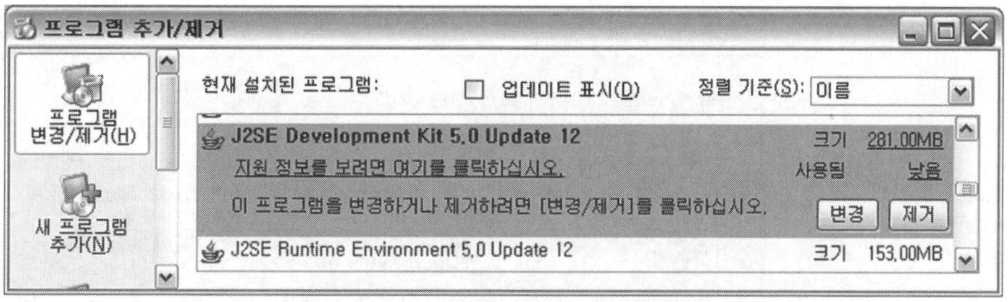


자바 설치를 완료했다면 이제는 자바 환경을 설정해야 한다. 이때 설정해야 할 것은 자바의 CLASSPATH이다. CLASSPATH란 여러 폴더에 산재한 클래스들의 위치를 지정해서 패키지에 따라 클래스를 제대로 찾을 수 있게 해주는 환경 변수이다.

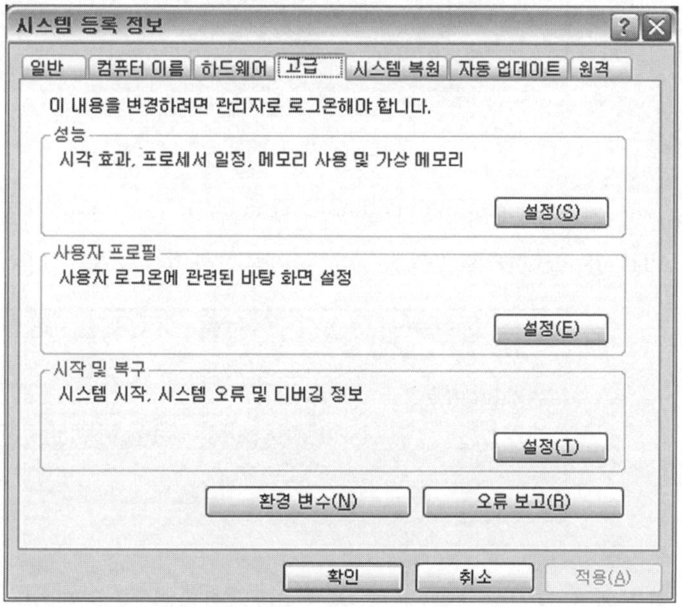

Windows XP에서 환경을 설정하기 위해서는 "시스템 등록 정보"에 "고급"탭 메뉴의 "환경 변수(N)"에 들어가야 한다. 확인을 클릭하면 다음과 같은 화면이 나타난다.

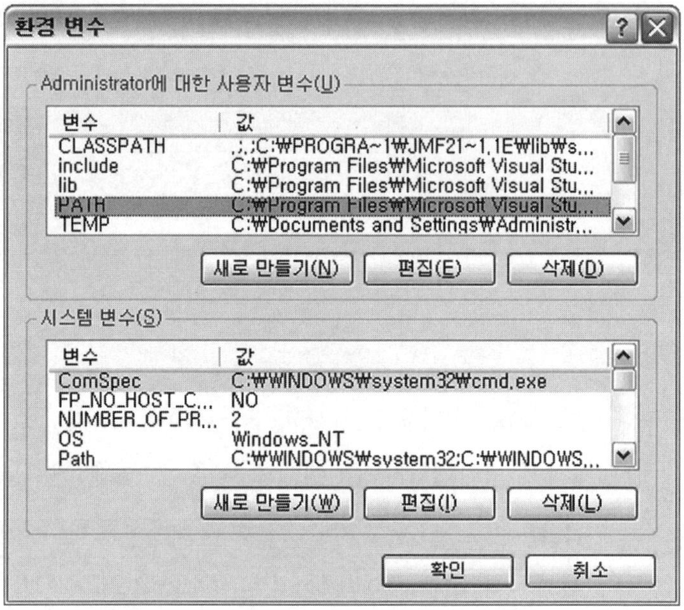


먼저 할 것은 자바의 PATH를 설정해주는 것이다. 위의 Administration에 관한 항목 중 "PATH"를 클릭한 후 "편집" 버튼을 클릭하면 다음과 같은 화면이 보일 것이다.

이 화면에서 표시된 부분과 같이 자바가 설치된 위치를 "PATH"로 설정해준다. PATH에 대한 확인은 "command"창을 열어서 "javac"라는 명령을 입력해 본다.

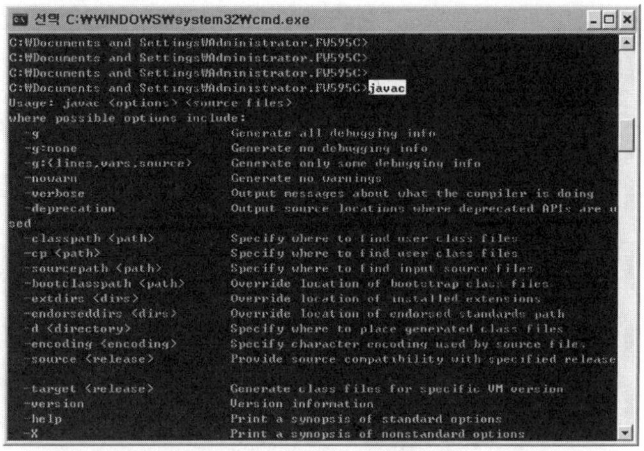


이와 같이 표시된다면 자바의 "PATH"는 올바르게 설정된 것이다. 이렇게 해서 자바의 설치가 완료되었다.

## 3.2.2 PC에 웹캠 설치하기

이제 어플리케이션에서 사용할 웹캠에 대한 드라이버를 설치한다. 본 어플리케이션은 Java Media FrameWork 2.0을 이용해 웹캠을 실행하고 있어서 자바 설치 후 JMF를 설치해야 하지만 JMF는 설치 중에 현재 설치되어 있는 "Capture Device"에 대한 정보를 세팅하므로 설치 전에 웹캠이 PC에 설치되어야 하므로 JMF를 설치하기 전에 웹캠을 설치한다. 휴인스가 제공하는 웹캠은 (주)알파비선텍에서 출시되는 "알파캠플러스"라는 제품이며 CD 내에 있는 웹캠 드라이버도 알파캠플러스 웹캠의 드라이버이다.

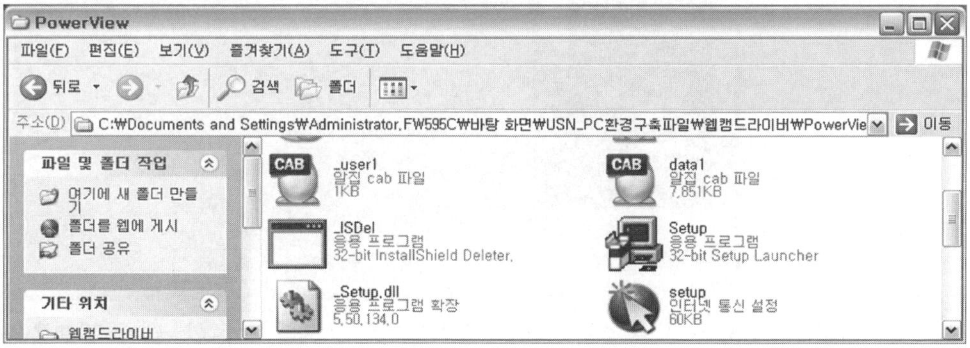

"setup" 파일은 CD 내의 "웹캠드라이버" 폴더 밑의 "PowerView"라는 폴더 밑에 존재한다. "setup" 아이콘을 더블 클릭해서 설치를 시작한다.

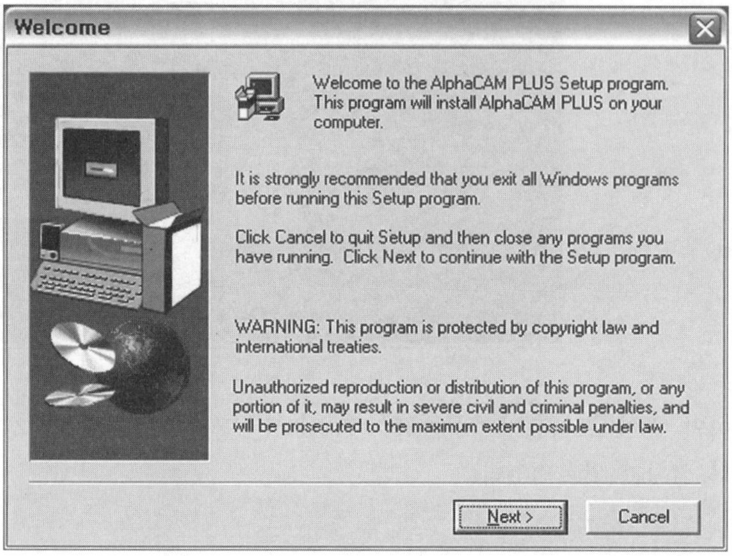


설치시작이다. "Next>"를 클릭하여 다음으로 진행한다.

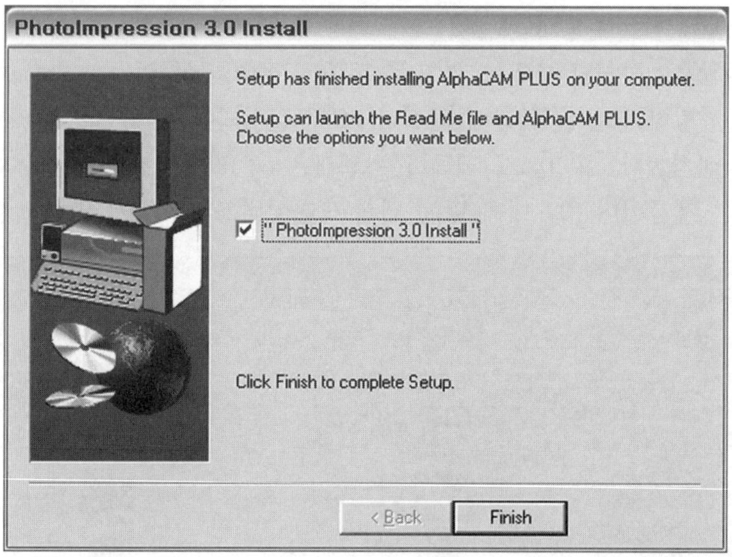


설치가 완료되면 다음과 같이 "드라이버" 설치를 완료한 후에 웹캠을 USB로 연결한다.

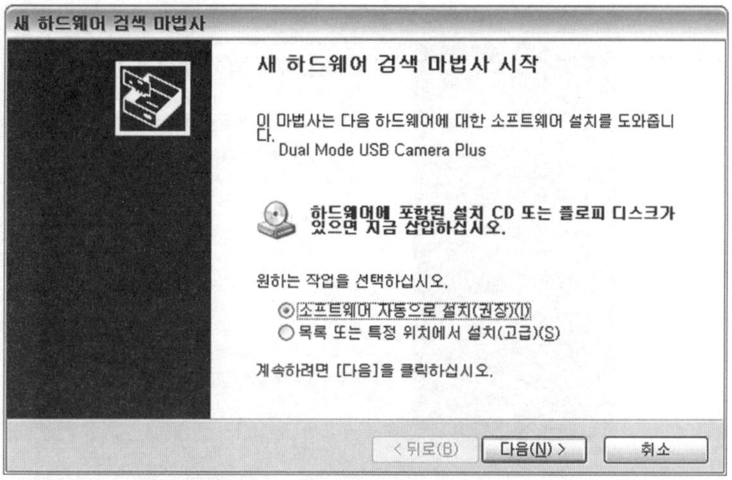


이제 자동으로 Windows XP에서 하드웨어 검색 마법사가 시작된다. 여기서 "소프트웨어 자동으로 설치(권장)" 항목을 선택한 후 "다음>" 버튼을 클릭하면 XP에서 설치된 드라이버 중에서 현재 연결된 웹캠의 드라이버를 찾아 하드웨어를 사용가능하게 만들어준다.

새 하드웨어를 검색하는 화면이다.

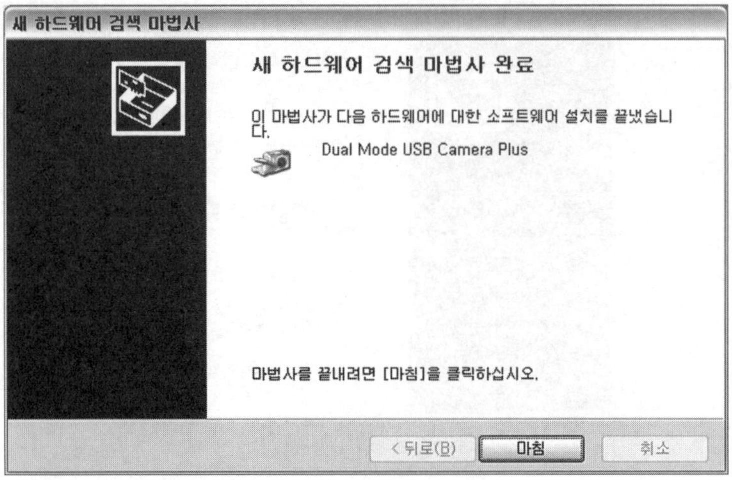


위의 화면이 보이면 XP가 정상적으로 웹캠을 인식한 것이며, 웹캠 드라이버 설치가 완료된 것이다.

### 3.2.3 Java Media FrameWork 2.1 버전 설치

> **설치 시 유의사항** : JMF를 설치할 때 꼭 지켜야 하는 사항이 있는데, 그것은 웹캠을 연결한 상태로 설치해야 한다는 것이다. 그 이유는 JMF가 설치될 때 PC에 존재하는 Audio와 Video의 Device를 자동 검색해서 등록하기 때문이다. 만약 JMF 설치 시 웹캠을 연결하지 않고 설치하면 JMF의 Capture Device를 등록하지 못하게 된다.

가장 먼저 제공된 JMF 설치 파일인 jmf-2_1_1e-windows-i586을 더블클릭해서 설치를 시작한다.

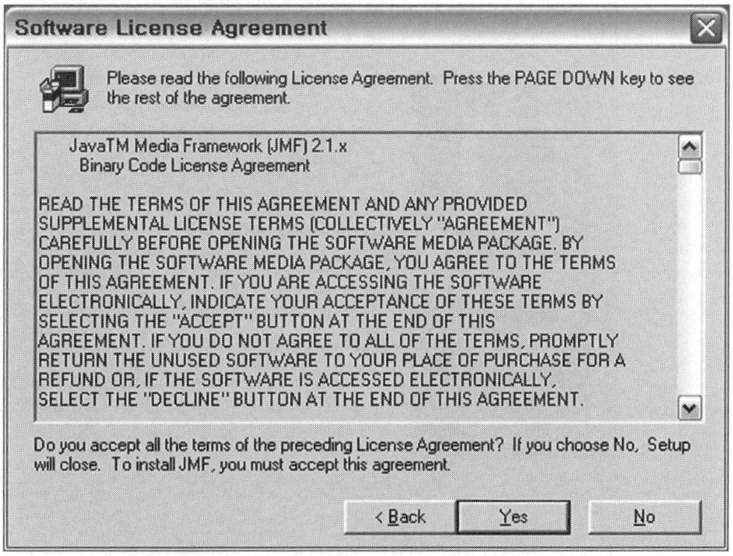


라이센스 동의에 관한 화면이다. “Yes” 버튼을 클릭해서 다음 설치 화면으로 넘어간다.

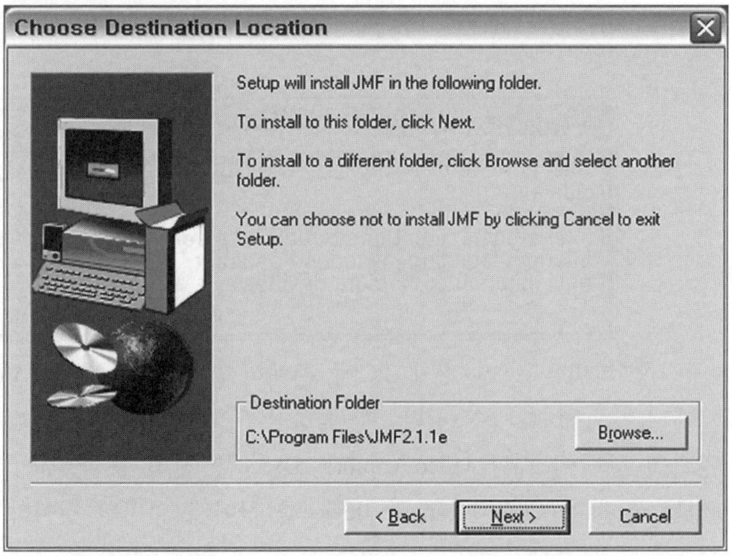


JMF의 설치 위치를 지정해주는 화면이다. 기본으로 설정된 위치에 설치를 할 것이므로 “Next>” 버튼을 클릭해서 다음 설치화면으로 넘어간다.

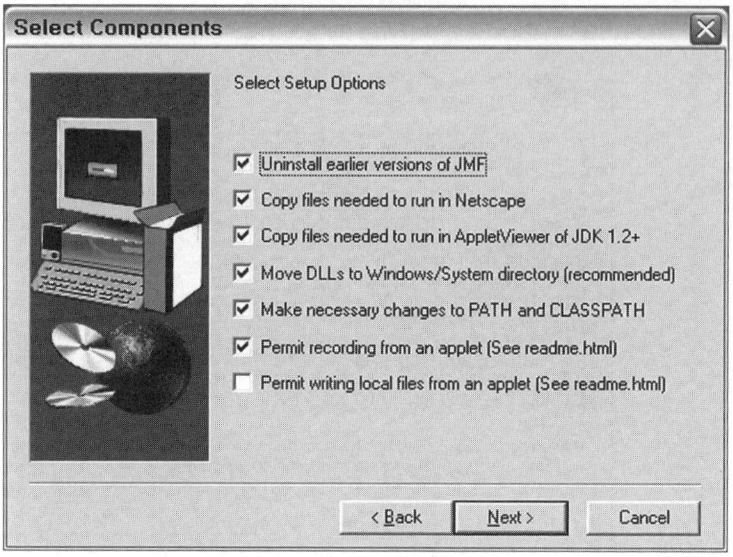


설치 시 인스톨시킬 컴포넌트들과 동작 시 필요한 DLL 파일의 위치, 그리고 JMF의 PATH와 라이브러리들의 위치하는 CLASSPATH 등에 대한 옵션을 주는 화면으로 여기서는 디폴트로 설치할 것이므로 추가 선택없이 바로 "Next>"을 클릭해서 다음 설치 화면으로 넘어간다.

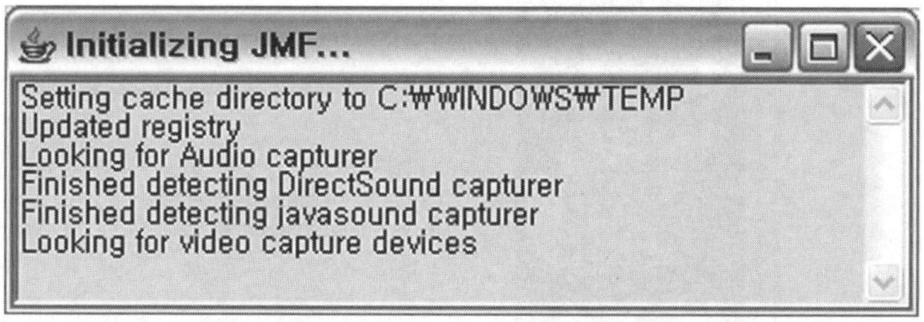


설치진행 화면을 보면 현재 PC에 존재하고 있는 Audio와 Video 캡처 디바이스를 찾는 메시지를 확인할 수 있다. 맨 처음 "주의사항"에서 언급했듯이 웹캠을 연결시키지 않으면 웹캠에 대한 video capture device를 찾지 못할 것이다. 이렇듯 현재 PC에 존재하는 media에 관련된 capture device를 찾아서 설치될 것이다.

이렇게 설치가 완료되면 다음의 완료 화면이 보일 것이다.

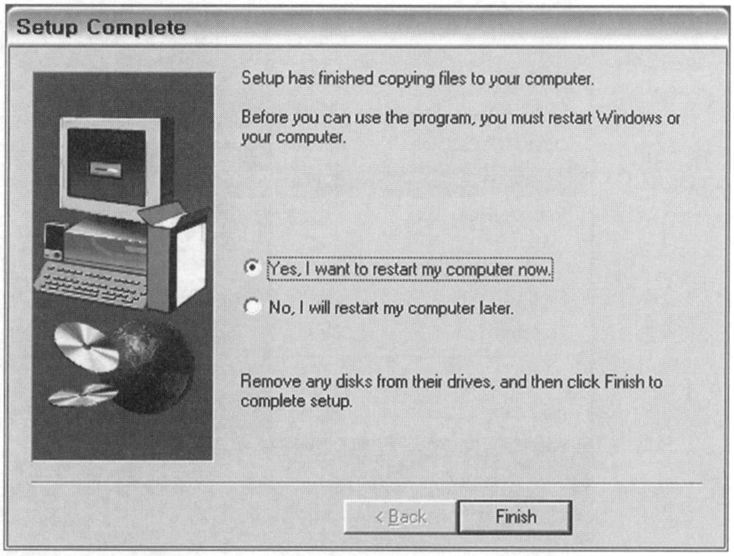


설치가 완료 되려면 PC를 재부팅해야 하기 때문에 기본적으로 체크되어 있는 재부팅을 선택한 후 “Finish” 버튼을 눌러 PC를 재부팅한다.

이제 PC가 부팅되었다면 잘 설치가 되어 있는지를 확인해 볼 차례이다. 바탕화면에 보면 다음과 같은 아이콘이 보일 것이다.

“JMStudio” 아이콘을 클릭해서 프로그램을 실행시켜 본다.

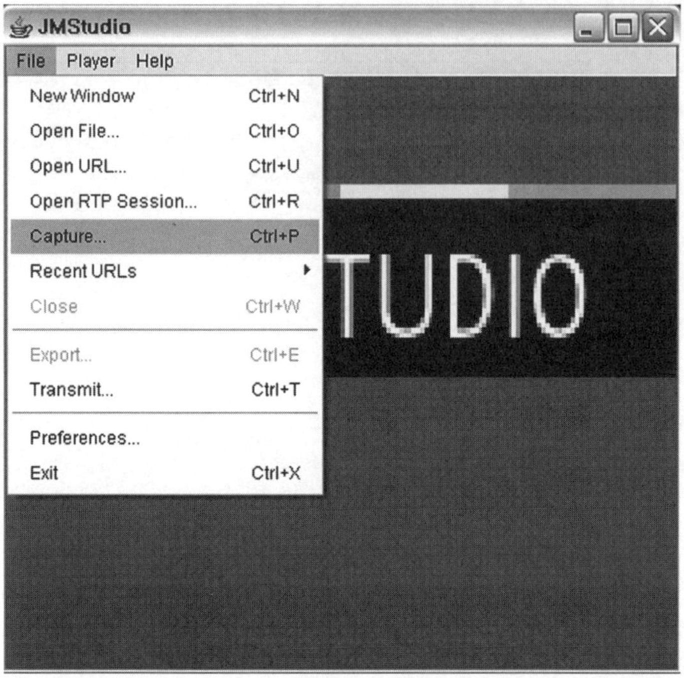


실행된 화면에서 “File” > “Capture” 항목을 선택한다.

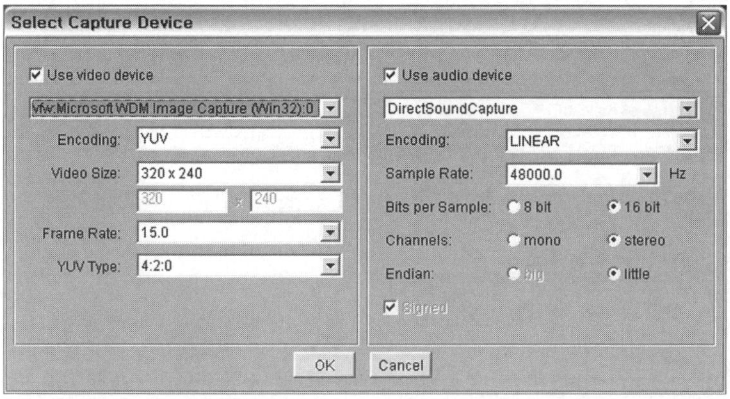


현재 JMF에 등록되어 사용할 수 있는 device를 확인할 수 있다. 어플리케이션에서 MicrosoftWDMImage Capture라고 보이는 video 디바이스를 사용한다. 위의 내용이 있으면 올바르게 JMF가 설치된 것이다.

## 3.2.4 USB to Serial 드라이버 설치

본 어플리케이션은 주변 환경의 센싱 정보를 PC에 SerialPort에 연결된 BaseMote를 통해서 값을 읽어온다. 모트들은 사용자의 편리를 위해서 USB-to-Serial 모듈을 이용하므로 이에 대한 드라이버를 설치해야 한다.

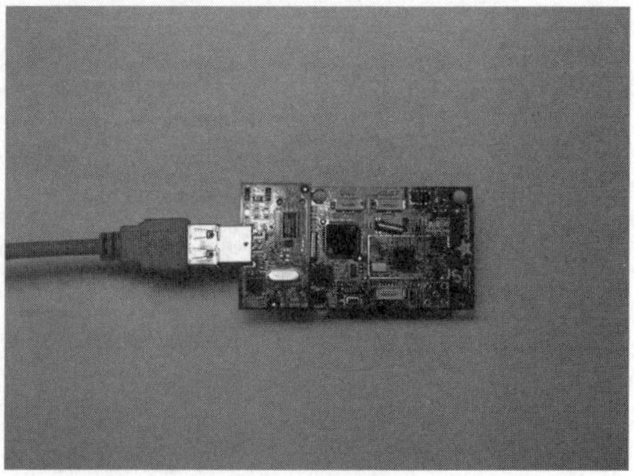

위와 같이 PC에 BaseMote를 연결했을 경우 드라이버가 PC에 설치되지 않았다면 PC는 자동으로 새 하드웨어 검색 마법사를 통해 드라이버 설치를 유도한다.

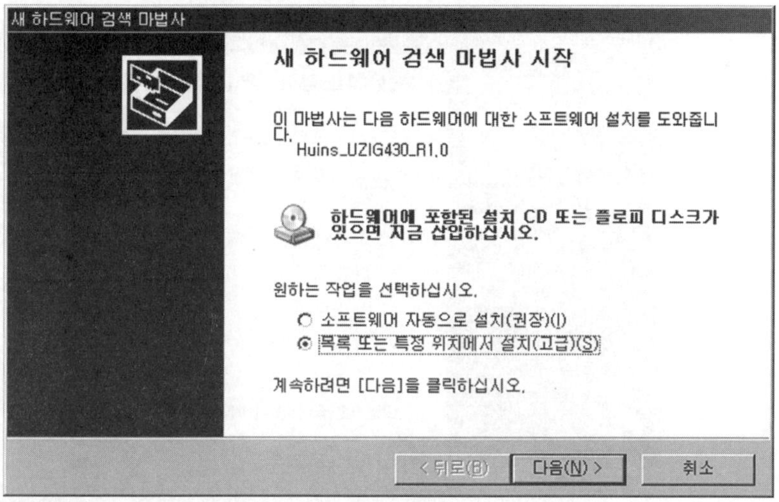


새 하드웨어 검색 마법사 화면에서 "목록 또는 특정 위치에서 설치(고급)"을 선택하여 제공하고 있는 드라이버가 존재하는 폴더로 경로를 설정한다. 이 화면에서 "다음(N)>" 버튼을 눌러 경로 설정화면으로 넘어간다.

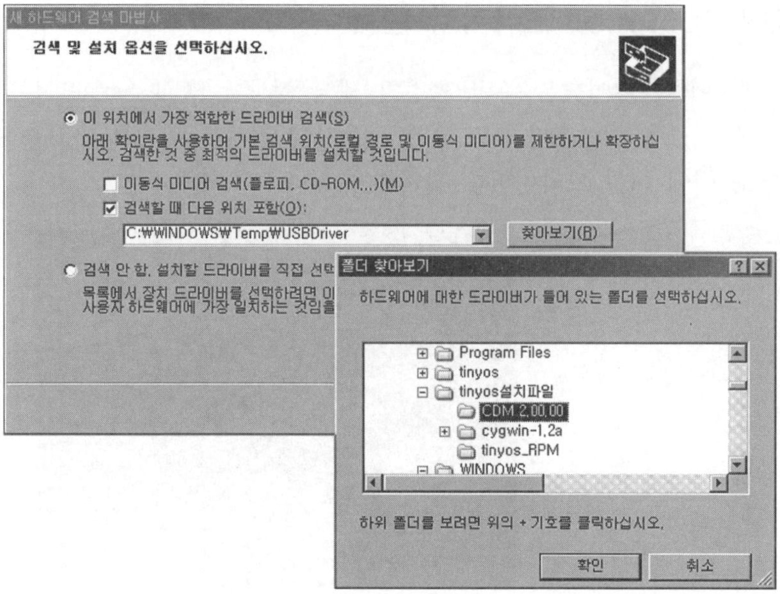


휴인스는 CDM 2.00.0이라는 폴더에 드라이버를 제공하고 있으므로 해당 폴더를 지정한 후 "확인" 버튼을 눌러서 설치를 시작한다.

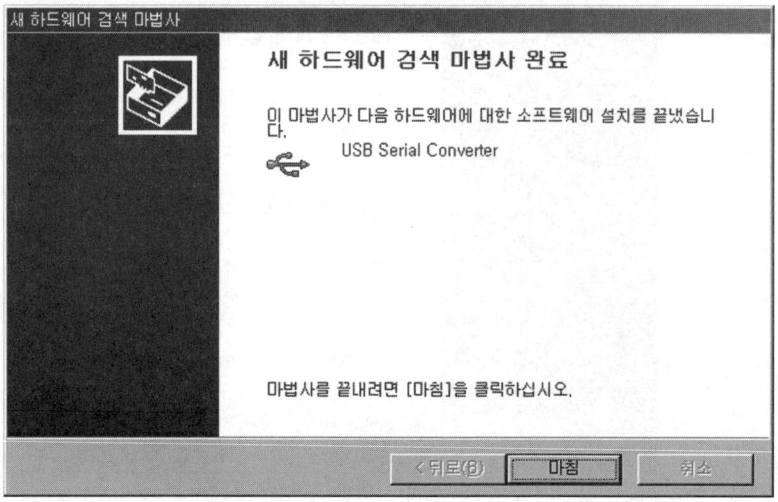


새 하드웨어 검색 마법사가 완료되었다면 정상적으로 USB-to-Serial 드라이버가 설치된 것이고 PC는 연결된 모트를 시리얼 포트를 통해 인식할 것이다.

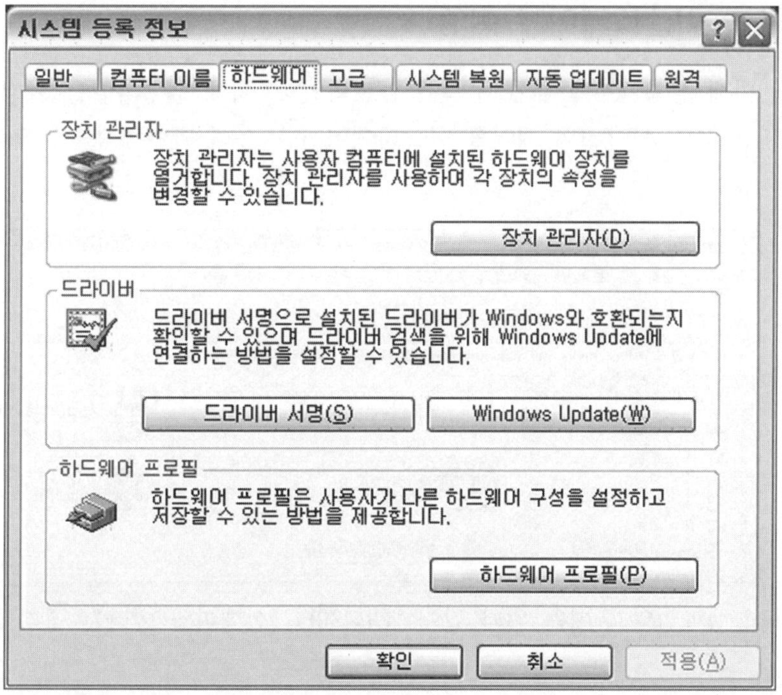


설치를 확인하려면 "시스템 등록 정보"의 "하드웨어"탭 메뉴의 "장치 관리자"에서 확인을 할 수 있다. "장치관리자"를 선택하면 다음과 같이 현재 PC에 설치되어 있는 장치에 대한 목록을 볼 수 있는데, 이 중에서 "포트" 항목을 보면 "USB Serial Port"라는 항목에서 설치유무를 확인할 수 있다.

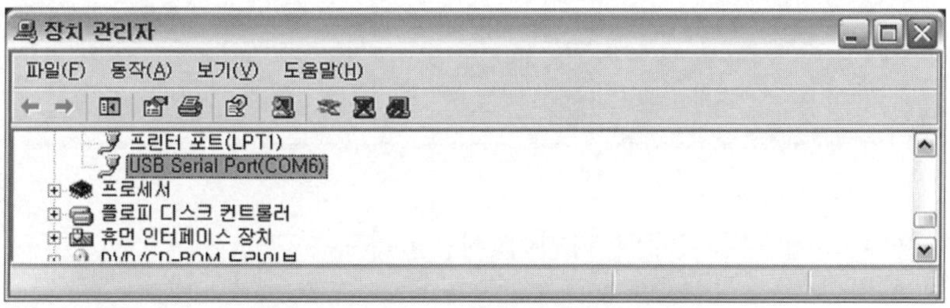


이상으로 PC에서 실행 파일에 대한 설정이 완료 되었다.

## 3.2.5 제공 어플리케이션 실행

이제 실행환경에 대한 구축이 완료되었다. 이제 실행파일을 실행해서 현장에서 오는 센싱 값과 AP Kit의 제어를 어플리케이션을 통해 확인해 볼 수 있다.

실행파일의 위치는 위와 같이 "UB430PC_실행파일"이라는 폴더에 존재한다.

폴더 안에 다음 5개의 파일이 제공된다.

- tinyos.jar : 이 파일은 TinyOS 2.x에서 자바 어플리케이션을 지원하기 위해서 제공하는 라이브러리 모음이다.
- toscomm.dll과 getenv.dll : 자바 어플이 실행되려면 PC의 시리얼 환경과 통신 정보 등을 얻어야 하는데 이 두 개의 dll 파일이 역할을 수행한다.

- SerialForwarder : TinyOS에서 제공해주는 미들웨어의 성격을 띠고 있는 실행파일이다.
- UBee430_PC : 이 어플리케이션은 휴인스에서 직접 개발하고 지원하는 어플리케이션으로 TinyOS 2.x에서 제공하는 Java 라이브러리와 Swing과 JMF를 이용해서 개발된 실행파일이다.

가장 먼저 실행시켜야 할 파일은 "SerialForwarder.jar"이다. 이 어플리케이션은 TinyOS에서 제공해주고 있는 어플리케이션으로 PC와 Serial로 연결된 BaseMote와 통신을 하며 BaseMote가 SerialPort로 전달해 주는 모든 정보를 패킷단위로 받아서 SerialForwarder에 소켓 통신으로 접속하고 있는 PC어플리케이션에게 패킷을 전달해 주는 일종의 서버의 역할을 수행한다. 따라서 센서 네트워크에 접속하기 위한 어플리케이션들은 SerialPort에 직접 연결할 필요없이 SerialForwarder의 ServerSocket에 접속해서 Socket 통신을 통해 센서 네트워크와 통신할 수 있다. 이 SerialForwarder를 사용하는 장점은 어플리케이션의 개발자가 Serial 통신규격을 잘 알지 못해도 일반적인 Client-Server 프로그램처럼 어플리케이션을 개발해서 Field에 존재하는 모트들과의 네트워크 프로그램을 개발할 수 있다.

또한 만약 어플리케이션이 직접적으로 SerialPort를 사용한다면 하나의 어플리케이션만이 실행될 수 있지만 이 SerialForwarder를 사용하면 여러 어플리케이션이 SerialPort에 접속해서 사용할 수 있는 장점이 있다.

해당 실행파일을 더블클릭하면 다음과 같은 실행화면을 볼 수 있다.

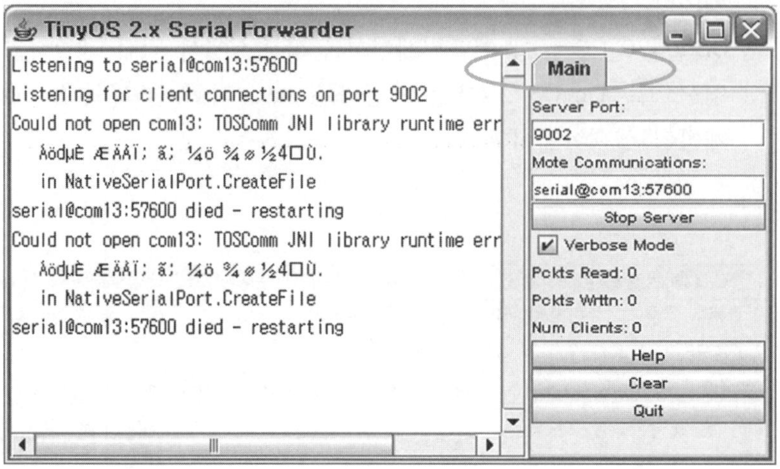

가장 먼저 PC가 현재 몇 번 시리얼 포트에 연결되어 있는지 확인한 후에 설정을 변경하고 재시작을 한다. 예를 들어 만약 연결된 USB-to-Serial이 6번에 연결되었다면 표시된 부분을 “serial@com6:115200”으로 수정한 후 재시작을 하면 된다.

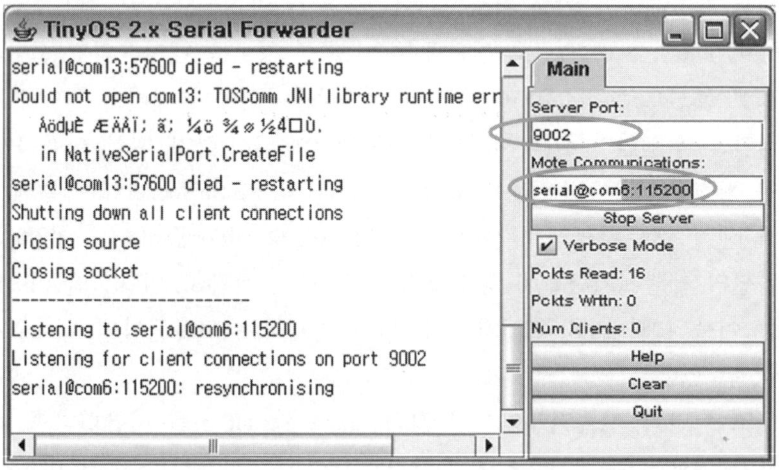

이렇게 수정한 후 재시작을 하면 패킷이 들어오는 것을 확인할 수 있다. 이제는 Serial Forwarder가 PC의 시리얼 포트로부터 패킷데이터를 받아오므로 휴인스가 제작한 JAVA 어플리케이션을 동작시킬 순서이다.

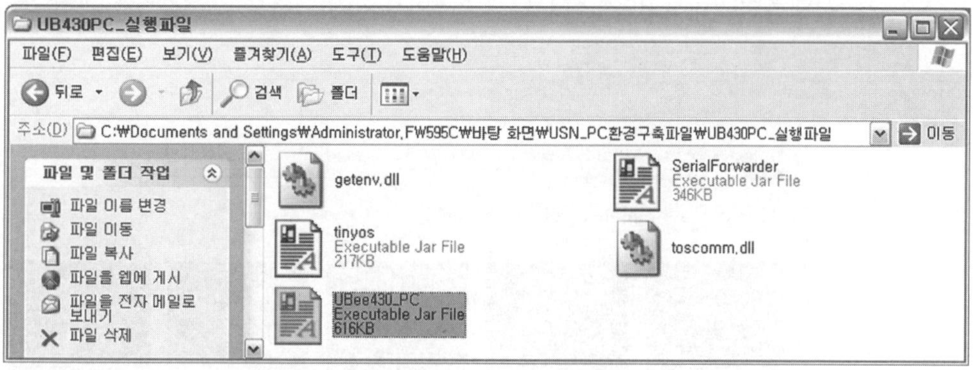

"UBee430_PC.jar"는 휴인스가 제공하는 PC 어플리케이션의 실행파일이므로 이를 더블클릭해서 실행시키면 다음과 같은 실행 화면이 나타난다.

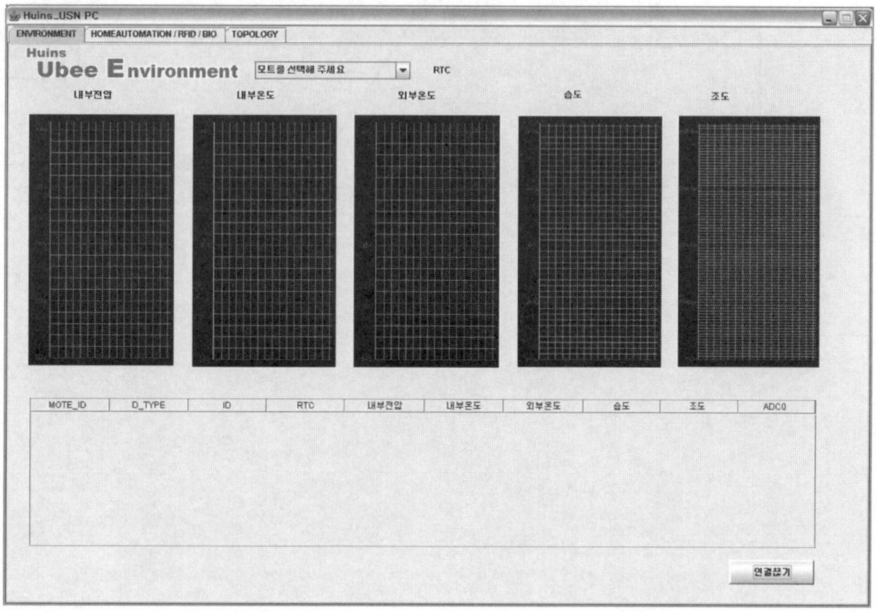

다음은 실행 화면의 구성요소를 간략히 설명하고 있다. 현재 모니터링 지역에 설치된 모트들의 센싱 정보를 표현해주는 화면으로 "연결하기" 버튼을 클릭하면 현재 필드에서 동작 중인 모트들의 센싱 값을 표로 나타내고 상단에 있는 콤보박스에서 모트를 선택하면 "내부전압" "내부온도" "외부온도" "습도" "조도"에 관한 그래프를 제공한다.

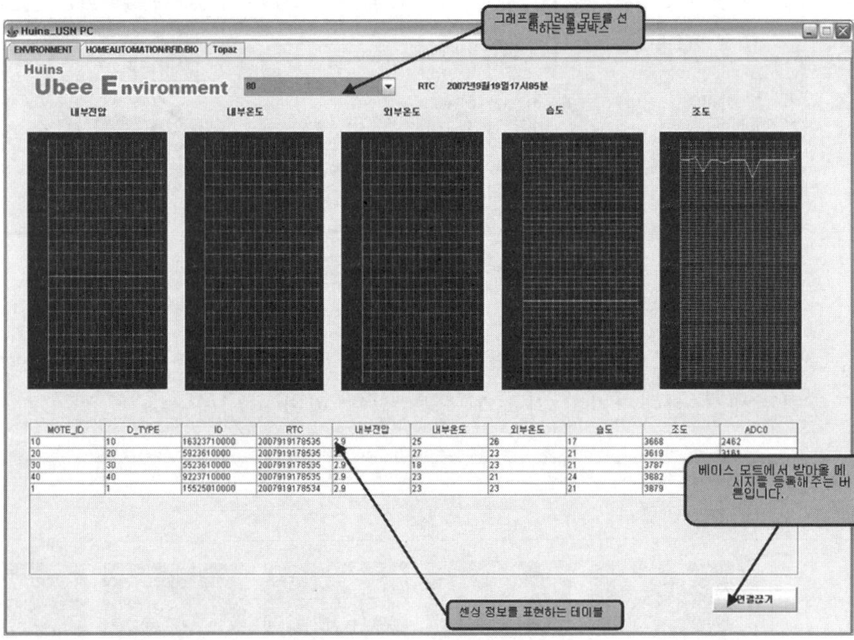

두 번째 탭을 클릭하면 휴인스에서 제공하는 AP-Kit의 “가스” “도어” “히터” “램프”를 제어할 수 있는 HomeAutomation 관련 메뉴와 “혈압계”의 값을 읽어오는 Bio 관련 메뉴, 그리고 “RFID” 리더기를 통해 읽어오는 태그 정보를 표현하는 RFID 관련 메뉴를 볼 수 있으며, 가장 아래에 있는 것은 JMF 라이브러리를 이용해서 PC에 연결된 캠의 화면을 통한 Security 메뉴로 구성되어 있다.

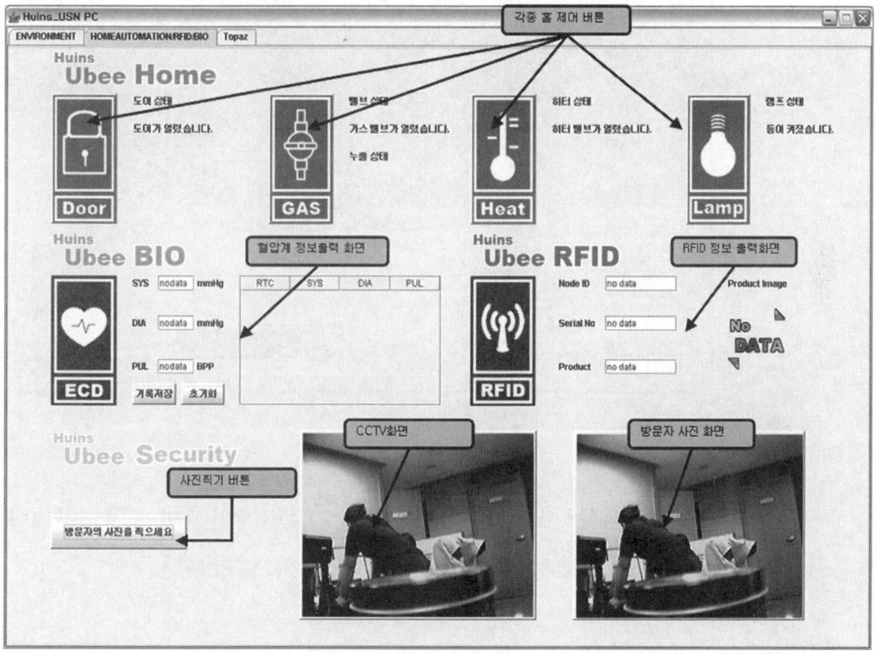

가장 마지막 탭 메뉴는 "토폴로지"로써 전체 네트워크의 모트들을 그래픽으로 표현해 주고 현재 들어오는 패킷을 Raw Data 형태로 출력해주고 그 화면은 다음과 같다.

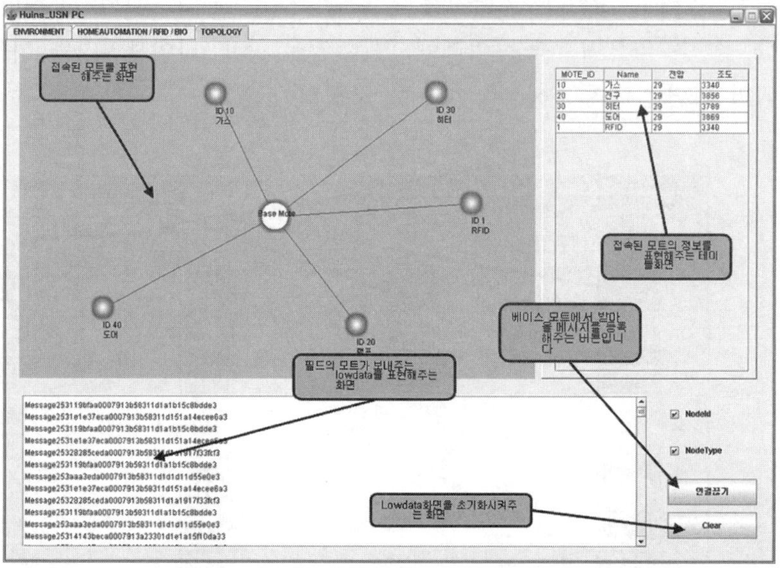


이상 휴인스가 제공하고 있는 USN PC 어플리케이션의 실행 방법에 관한 설명이다. 다음에는 실제 어플리케이션 개발환경에 대해서 알아본다.

# 4 운용환경 설정 팁

## 4.1 gvim 설치

Cygwin에 포함되어 있는 vi 및 vim이 리눅스 환경에서 사용하는 vi 혹은 vim과 많은 차이가 있어 편집을 하거나, 프로그래밍하는 것이 힘들다고 판단되면 gvim을 설치해서 해결할 수 있다. gvim은 http://www.vim.org에서 무료로 배포되고 있는 편집기이다. 다운로드가 완료되면 일반적인 설치를 하고, 설치 'program files' 디렉터리의 경로를 윈도우즈의 패스에 추가해 주고, Cygwin이 실행 중이라면, 종료하고 다시 실행시킴으로서 gvim을 적용시킬 수 있다.

### 4.1.1 다운로드

다음 경로 ftp://ftp.vim.org/pub/vim/pc/gvim71.exe에서 gvim7.1의 설치 파일을 다운로드 받을 수 있다.

### 4.1.2 설치

다운로드 받은 파일은 gvim의 설치 파일이다. windows용 gvim은 vi의 기본환경과 마우스의 drag&paste도 지원하고 있으므로, 일반적인 텍스트 에디터로 사용해도 손색이 없다.

① 다운로드한 파일을 실행하여, 프로그램을 설치할 준비를 한다.

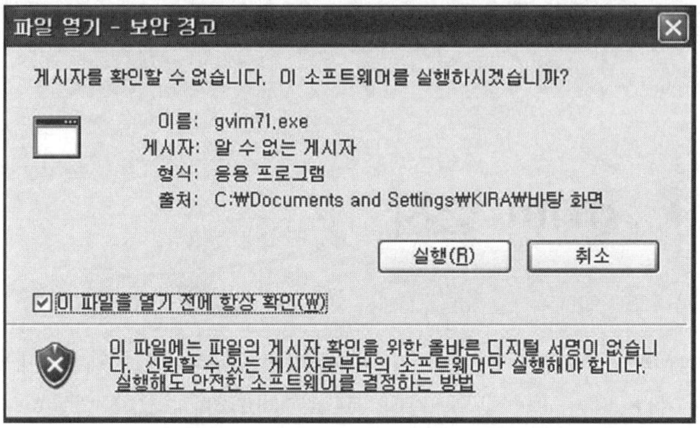


② 설치한 타입을 결정한다. 대개 일반적인 형식으로 설치를 한다.
필요하다면, 옵션을 수정해서 설치하면 된다.

③ 설치가 완료되면 close를 눌러서 끝낸다. 만약 설치도중 close가 활성화 되지 않아도, 정상 설치된 것일 수도 있으므로, 파일이 설치위치에 존재하는지 확인해 보고, 실행시켜 본다.

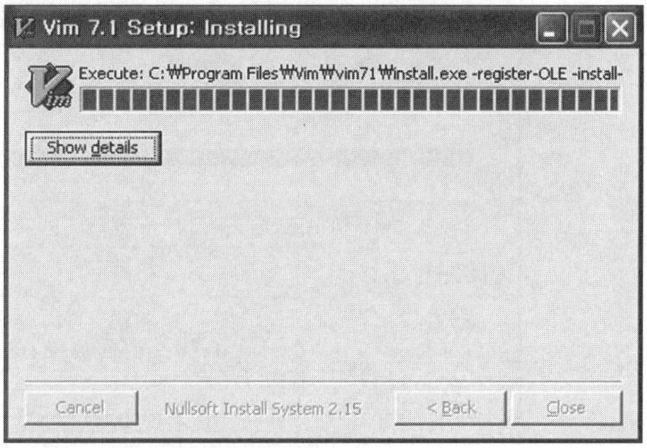


④ 설치 완료

설치가 완료되었으면, Cygwin에서 gvim을 사용할 수 있도록 경로를 설정해야 한다. 제어판에서 시스템을 더블클릭한 후, 시스템 등록정보에서 환경변수를 클릭하여 필요한 환경변수를 추가한다.

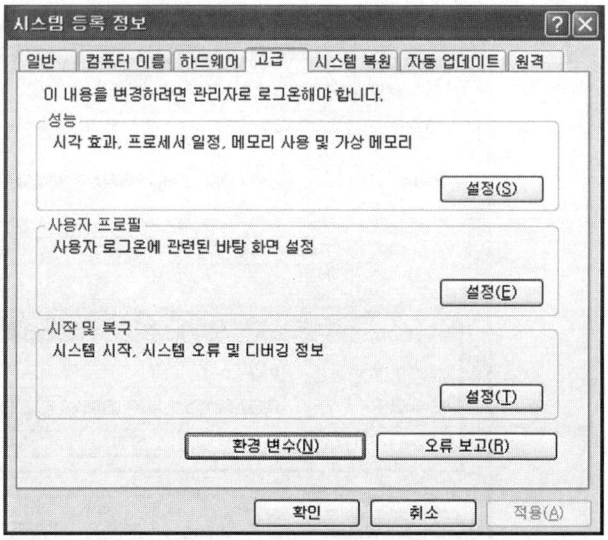

▶ PATH를 클릭하고, 편집 버튼을 눌러서 이를 수정한다.

Cygwin에서 gvim을 실행시키면, 아래에 추가로 입력되어진 경로에서 gvim을 수행한다.

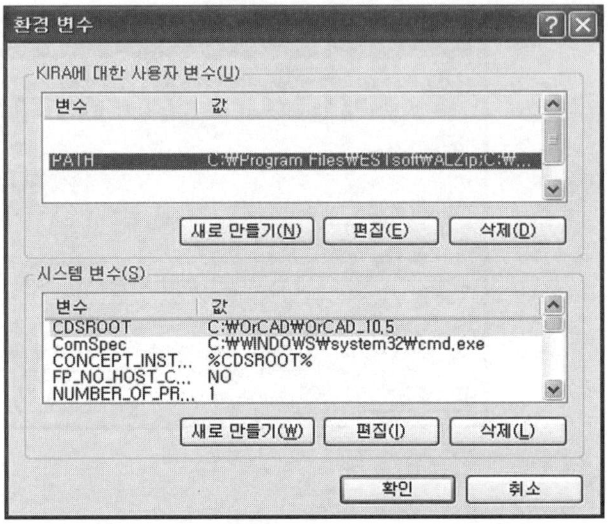

▶ 사용자 변수에 gvim을 설치한 디렉터리를 추가로 입력해주자.

아래에서는 "C:\Program Files\Vim\vim71"이라고 적힌 경로가 gvim을 설치한 경로이다.

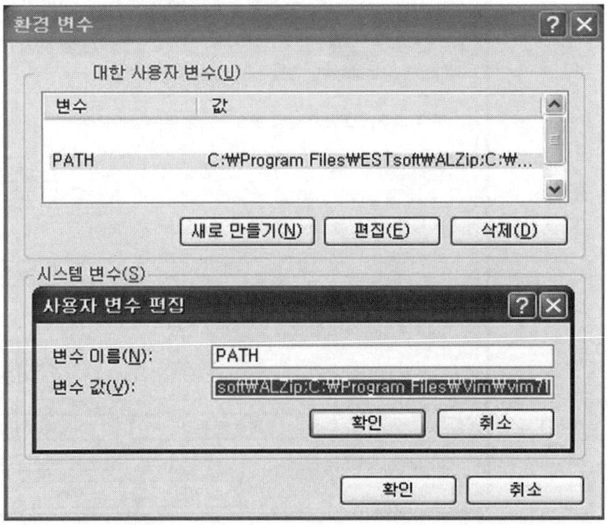

⑤ 실행

Cygwin을 사용 중이라면, 종료하고 다시 실행시켜야 하며, 콘솔창에서 gvim을 입력하면 실행된다. 내용을 편집하고, 저장하면 gvim을 실행했던 디렉터리에 새로 만들거나 또는 수정했던 파일이 저장된 것을 알 수 있다.

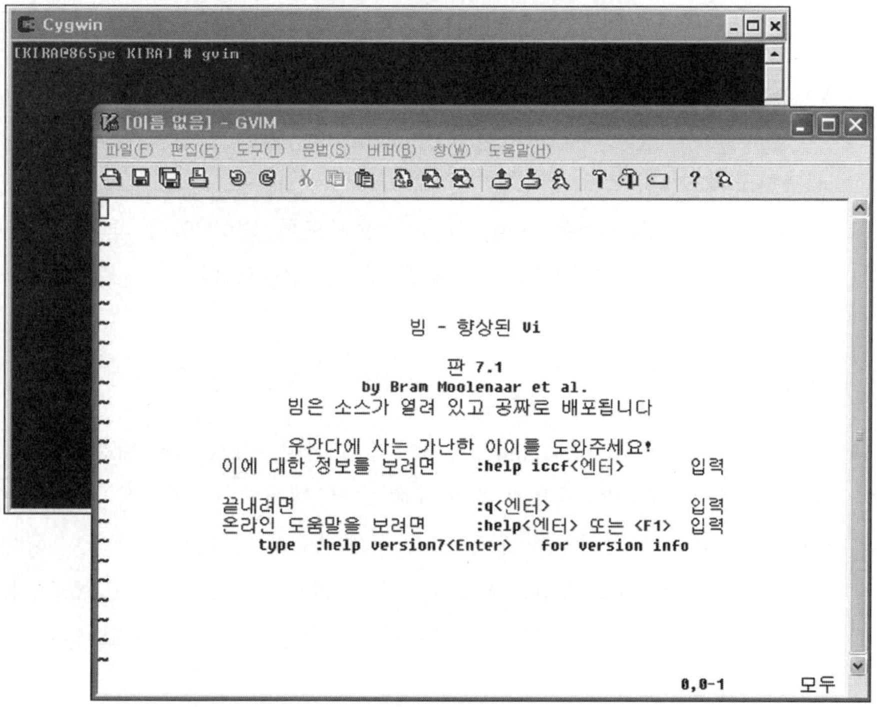

## 4.2 Cygwin 셸 환경 꾸미기

Windows를 설치한 이후에 사용자 편의에 맞도록 여러 가지 설정을 바꿀 수 있다. Cygwin도 마찬가지로, 사용자가 편리하게 그 환경을 바꾸어 줄 수 있다. 최근에 나온 Cygwin에는 여러 가지 설정을 윈도우와 맞추어 사용할 수 있지만, 그렇지 않은 경우가 발생할 수 있다. 본 교재에서는 Cygwin에 대한 설정을 바꿀 수 있는 부분에 대해 설명하고자 한다.

일반적으로, Cygwin은 Bash 쉘을 사용하도록 되어 있다. 본 교재에서는 Cygwin 설치 후 각자 편의에 의해 달리 설정할 부분을 소개한다.

### 4.2.1 Bash에 대해서

Bash는 GNU Bourne-Again SHell의 약자이며, Unix 운영체제에서 사용되는 쉘(shell) 중 하나로서 '대화형 사용자 인터페이스'로 해석된다. 대화형 사용자 인터페이스는 사용자가 입력하는 명령어를 이해하고, 실행하도록 해주는 역할을 수행한다.

MS-DOS의 command.com, Windows의 explorer.exe 또는 cmd.exe와 유사한 역할을 수행하지만, 쉘은 시스템 성능을 좌우하는 막강한 능력을 가지고 있기 때문에 사용에 주의해야 한다.

Cygwin이나 Linux 배포판에서 Bash의 환경을 설정하기 위해 다음 파일들을 이용해서 설정한다.

- ▶ /etc/profile : 시스템의 환경 설정과 시작 프로그램들이 들어있다.
- ▶ /etc/bashrc : 시스템에서 사용하는 alias들과 함수들이 들어있다.
  Cygwin에서는 /etc/bash.bashrc이다.
- ▶ /etc/inputrc : 시스템의 키 결정(binding)과 기타 내용
- ▶ $HOME/.bash_profile : 사용자 환경 설정과 시작 프로그램들이 들어있다.
- ▶ $HOME/.bashrc : 사용자 정의 alias들과 함수들이 있다.
- ▶ $HOME/.inputrc : 사용자 정의 키 binding과 기타 내용들이 있다.

위의 설정 파일들을 자세히 보면, 시스템에 정의된 설정과 사용자가 정의한 설정으로 분류되는 것을 알 수 있다. 위와 같이 시스템과 사용자별 파일이 함께 적용되는데 시스템과 사용자의 설정 내용이 서로 충돌하게 되면, 사용자별 파일이 우선한다. 위에서 '$HOME'은 개별 사용자의 홈 디렉터리를 나타내는 변수이다.

### 4.2.2 한글 입·출력 문제 해결 및 alias 설정

아래 설정 관련 내용은 한글 파일이름이 들어있는 디렉터리에서 ls를 이용해 리스트를 출력할 때, 한글이 '???' 등으로 표시되는 경우에만 적용하면 되고, 일반적으로 한글을 사용할 일이 없다면 적용하지 않아도 무관하다. Cygwin에서 완벽한 한글 입·출력은 힘들지만, 콘솔상에서 한글을 읽고 쓰는 정도는 셋팅을 통해서 해결할 수 있다. 만약, Cygwin에서 한글이 깨어져 나온다면, 위에서 설정한 Bash의 설정 파일을 수정하면 일부 해결할 수 있다.

① /etc/profile 수정

/etc 디렉터리를 보면 profile과 profile.default 파일이 존재한다. 이중 profile을 삭제하고, profile.default 파일을 profile로 이름을 바꾼다. 사실 이 작업은 수행하지 않아도 별 상관은 없지만 profile.default 파일에 몇 가지 유용한 스크립트가 들어있기 때문에 가급적 이 파일을 이용한다. 이름을 바꾸었다면 vi와 같은 텍스트 편집기를 통해서 profile 파일을 열고 다음 내용을 추가한다.

```
if [ -f /etc/bash.bashrc ] ; then
source /etc/bash.bashrc
fi
if [ -z "$INPUTRC" -a ! -f "$HOME/.inputrc" ]; then
INPUTRC=/etc/inputrc
fi
```

② /etc/inputrc 작성 및 수정

기본값으로 inputrc 파일이 존재하지 않으면 /etc 디렉터리에 새로 만들고, 다음 내용을 추가한다.

```
# 터미널 자체의 8비트 문자 지원여부와 상관없이 8비트 입력을
# 가능하게 함.
set meta-flag on

# 8비트 문자를 변환하지 않도록 함.
set convert-meta off

# 8비트 문자를 출력할 때 그대로 출력하도록 함.
set output-meta on

#자동 완성 기능을 사용할 때 대소문자를 구별하지 않음.
set completion-ignore-case on

# 콘솔에서 나는 비프음(beep)이 나지 않게 함.
set bell-style visible

# 수평 스크롤 사용
set horizontal-scroll-mode on

# 분명하지 않은 부분도 출력
set show-all-if-ambiguous on
```

③ /etc/bash.bashrc 수정

Cygwin에서는 Linux 배포판과 달리 bashrc가 아니고 bash.bashrc을 이용한다. 이 파일을 열어 다음 내용을 추가한다.

```
# 각 파일의 색상과 종류를 다르게 표시하고, 한글 사용을 가능하게 함.
alias ls='ls -F --color=auto --show-control-char']

# Hidden 파일을 표시
alias l.='ls -dl .[a-zA-Z]*'

# Hidden 파일을 포함한 모든 파일과 디렉터리를 자세하게 표시함.
alias ll='ls -al'

# 만약 복사대상 파일 이미 있는 경우 사용자에게 이를 알림.
alias cp='cp -i'
```

```
# 파일을 이동할 때, 같은 이름의 파일이 있을 경우 사용자에게 처리를 넘김.
alias mv='mv -i'

# 파일을 삭제할 경우, 사용자에게 관련 여부를 넘김.
alias rm='rm -i'
```

④ 퍼미션 수정

파일 편집을 모두 마쳤다면 마지막으로 다른 사용자들도 파일을 읽을 수 있도록 퍼미션을 수정해 준다.

```
chmod 644 profile bash.bashrc inputrc
```

이 설정이 완료되면, 불안정할 수 있지만 한글을 사용할 수 있다. 만약, 사용자별로 설정하고 싶다면, 위의 내용을 사용자별로 복사해서 넣어주면 되고, 사용자 계정 등록 시 마다 부여하고 싶다면, /etc/skel 디렉터리에 있는 .bash_profile, .bashrc, .inputrc 파일에 위의 설정 내용을 넣어두면 사용자 홈 디렉터리가 만들어질 때마다 자동적으로 생성된다.

### 4.2.3 프롬프트 변경

Linux 배포판의 프롬프트에 익숙해진 사용자는 Cygwin의 기본 프롬프트에 적응하기 힘든 경우가 있다. 현재 작업 경로를 자세하게 보여주는 장점이 있지만, Unix 운영체제처럼 사용하고 싶은 사용자는 프롬프트를 다음과 같이 프롬프트 모양을 변경해 줄 수 있다. 시스템 설정에서의 프롬프트 설정은 /etc/profile에서 정의한다.

① 변경내용

Cygwin의 기본 프롬프트 설정 값을 다음과 같이 바꾸어서 Unix 운영체제 스타일로 사용하는 것이 가능하다.

```
export PS1='₩[₩033]0;₩w₩007
₩003[32m₩]₩u@₩h
₩[0033[33m₩w₩003[0m₩]
```

⇨

```
export PS1='[₩u@h ₩W]W# '
```

② 결과확인

▶ Alias와 프롬프트가 적용되기 전의 화면이다.

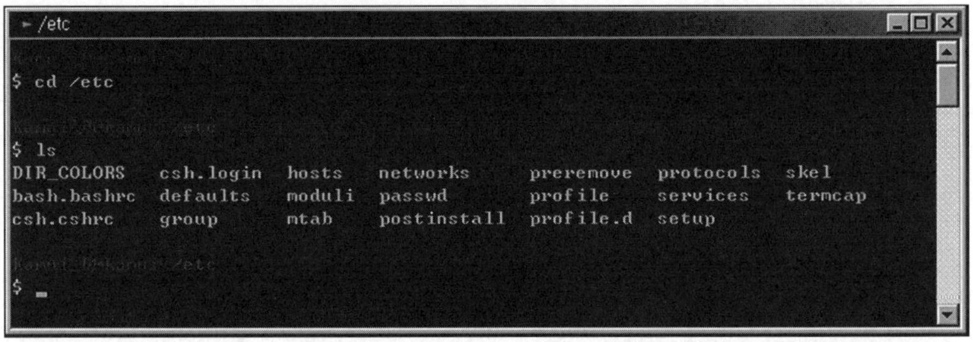


▶ Alias와 프롬프트가 적용된 후의 화면이다.

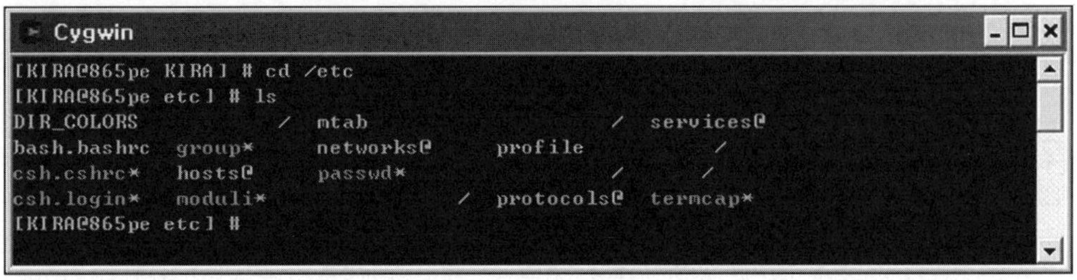

# 5 UBee430 RF 설정 방법

## 5.1 CC2420_DEF_CHANNEL 설정

CC2420 Channel은 무선 데이터 송/수신시 노드 간에 채널을 지정하여 아래 그림과 같이 같은 Channel의 노드만이 통신 가능하도록 하는 기능이다.

**설정관련파일** : CC2420.h

**파일경로** : \tinyos\cygwin\opt\tinyos-2.x\tos\chips\cc2420

**설정** : CC2420.h 파일을 열어 #define CC2420_DEF_CHANNEL 부분을 찾아 변경한다. 이때 11~26 사이에서 설정 가능하다.

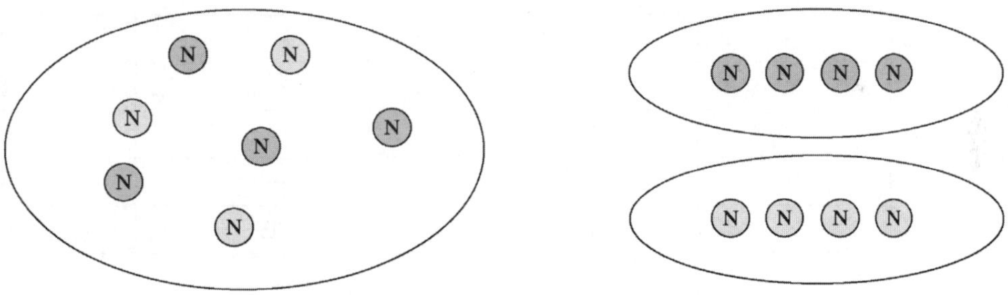

## 5.2 CC2420_DEF_RFPOWER 설정

CC2420_DEF_RFPOWER는 무선 통신 시 사용하는 RFPOWER를 조정하는 설정이다. RFPOWER 설정에 따라 무선 통신 시 소모되는 CC2420의 전류값과 통신거리 등을 조정할 수 있다.

**설정관련파일** : CC2420.h

**파일경로** : \tinyos\cygwin\opt\tinyos-2.x\tos\chips\cc2420

**설정** : CC2420.h 파일을 열어 #define CC2420_DEF_RFPOWER 부분을 찾아 변경한다.
CC2420_DEF_RFPOWER는 3~31 사이에 설정 가능하다.
CC2420_DEF_RFPOWER는 Default 설정은 31로 되어 있다.

| PA_LEVEL | TXCTRL register | Output Power[dBm] | Current Consumption[mA] |
|---|---|---|---|
| 31 | 0xA0FF | 0 | 17.4 |
| 27 | 0xA0FB | −1 | 16.5 |
| 23 | 0xA0F7 | −3 | 15.2 |
| 19 | 0xA0F3 | −5 | 13.9 |
| 15 | 0xA0EF | −7 | 12.5 |
| 11 | 0xA0EB | −10 | 11.2 |
| 7 | 0xA0E7 | −15 | 9.9 |
| 3 | 0xA0E3 | −25 | 8.5 |

# 6 UBee430 UART 설정 방법

## 6.1 UBee430 UART0 설정 방법

UBee430 플랫폼에서 제공하는 TelosSerial0P.nc 컴포넌트를 이용하여 UART0의 BPS를 변경할 수 있다. TelosSerial0P.nc 컴포넌트는 휴인스에서 제공하는 고유 컴포넌트이다.

**설정관련파일** : TelosSerial0P.nc

**파일경로** : \tinyos\cygwin\opt\tinyos-2.x\tos\platforms\UBee430

**설정** : 윈도우 탐색기와 텍스트 에디터를 이용하여 TelosSerialP.nc을 연다.

```
// RFID / BIO
msp430_uart_union_config_t msp430_uart_telos_config = { {ubr: UBR_1MHZ_9600, umctl: UMCTL_1MHZ_9600, ssel: 0x02, pena: 0, pev: 0, spb: 0, clen: 1, listen: 0, mm: 0, ckpl: 0, urxse: 0, urxeie: 1, urxwie: 0, utxe : 1, urxe : 1} };
```

위와 같이 msp430_uart_union_config_t 부분에서 BPS를 수정하고 저장한다.

## 6.2 UBee430 UART1 설정 방법

UART1의 기능을 제공하는 TelosSerialP.nc 컴포넌트를 이용하여 BPS를 수정할 수 있다. 이 컴포넌트는 Telosa 플랫폼에서 제공해 주고 있다.

**설정관련파일** : TelosSerialP.nc

**파일경로** : \tinyos\cygwin\opt\tinyos-2.x\tos\platforms\telosa

**설정** : 윈도우 탐색기와 텍스트 에디터를 이용하여 TelosSerialP.nc을 연다.

```
// default
//msp430_uart_union_config_t msp430_uart_telos_config = { {ubr: UBR_1MHZ_115200,
umctl: UMCTL_1MHZ_115200, ssel: 0x02, pena: 0, pev: 0, spb: 0, clen: 1, listen: 0,
mm: 0, ckpl: 0, urxse: 0, urxeie: 1, urxwie: 0, utxe : 1, urxe : 1} };

// RFID / BIO
msp430_uart_union_config_t msp430_uart_telos_config = { {ubr: UBR_1MHZ_9600,
umctl: UMCTL_1MHZ_9600, ssel: 0x02, pena: 0, pev: 0, spb: 0, clen: 1, listen: 0,
mm: 0, ckpl: 0, urxse: 0, urxeie: 1, urxwie: 0, utxe : 1, urxe : 1} };
```

TelosSerialP.nc 파일을 열어 위와 같이 msp430_uart_union_config_t 부분에서 BPS를 수정하고 저장한다.

# 7 UBee430 SHT11(온/습도)센서 Calibration

SHT11 센서는 내부에 ADC를 이용하여 온/습도를 측정할 수 있다. 이때 ADC로 변환된 값은 변환식에 의하여 실제적인 온/습도 값으로 변환될 수 있다.

이 때 사용되는 변환식을 사용 전원에 따라 보정을 해주면 조금 더 정확한 온/습도 값을 얻을 수 있다.

Temperature = d1 + d2 * SOt

| VDD | d1[℃] | d1[°F] |
|---|---|---|
| 5V | -40.00 | -40.00 |
| 4V | -39.75 | -39.50 |
| 3.5V | -39.66 | -39.35 |
| 3V | -39.60 | -39.28 |
| 2.5V | -39.55 | -39.23 |

- UBee430을 배터리 전원으로 사용하고 SHT11를 이용하여 온도를 측정할 경우

Temperature = -39.55 + 0.01 * SOt

- UBee430을 USB 전원으로 사용하고 SHT11를 이용하여 온도를 측정할 경우

Temperature = -39.60 + 0.01 * SOt

휴인스에서 제공하는 EX_Sht11Sensing_H 예제 코드를 이용하여 위와 같은 변환 식을 테스트해 볼 수 있다.

# 8 Xubuntos

휴인스에서는 쉬운 개발환경 설치를 위하여 VMware 기반의 Virtual Image를 제공한다. 제공 이미지는 TinyOS 사용을 위한 rpm 및 기타 유틸리티가 모두 설치되었으며, UBee430을 위한 모든 포팅 과정 및 설정이 완료된 이미지이다. 그러므로 사용자는 별도의 설정없이 이미지만을 로딩하여 바로 사용할 수 있다.

## 설치에 필요한 프로그램

UBee430 배포용 CD는 다음 프로그램을 제공한다(Rev 1.3 이상).

1. VMware-player-2.0.2-59824.exe : VMware Player
2. Xubuntos 2.0-UBee430-080117.exe : 압축된 Virtual Image

## VMware Player 설치

휴인스에서 배포하는 Xubuntos Virtual Image를 실행하기 위하여 VMware Player를 설치한다. VMware Player는 무료로 사용할 수 있는 소프트웨어이다.

■ **VMware-player-2.0.2-59824.exe를 더블클릭하여 설치를 시작**

- 휴인스에서 배포하는 UBee430 CD는 VMware-player-2.0.2-59824.exe 파일을 제공
- 만약 사용자가 VMware Workstation을 사용하고 있다면 설치하지 않아도 된다.

1

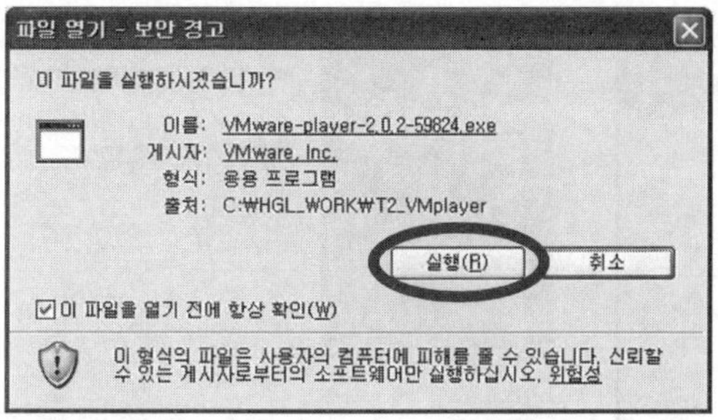


실행 버튼을 누른다.

2

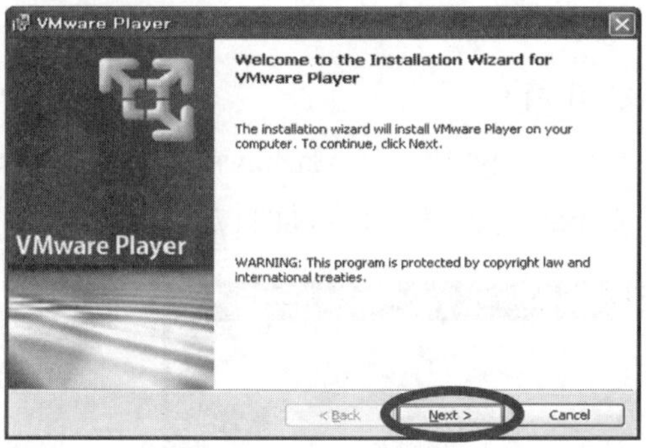


Next

3

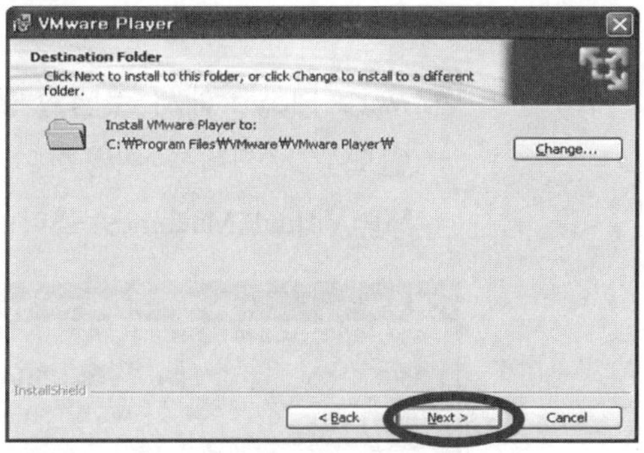


Next

4

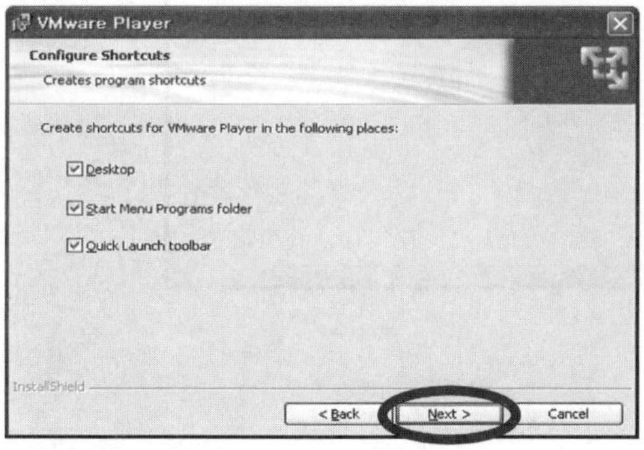


Next

5

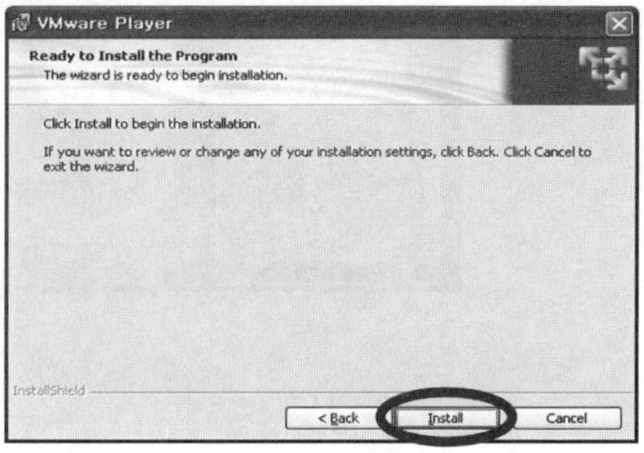


Install

6

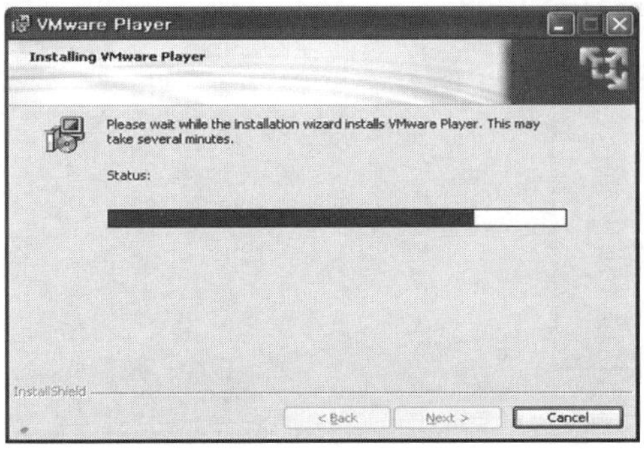


설치가 진행된다.

7

Finish

- **VMware Player에서 로딩할 폴더를 만든다.**
  - 윈도우 탐색기를 이용하여 내 문서에 My Virtual Machines 폴더를 만든다.
  - My Virtual Machines 폴더에 Xubuntos 2.0-UBee430-080117 이미지를 복사한다.

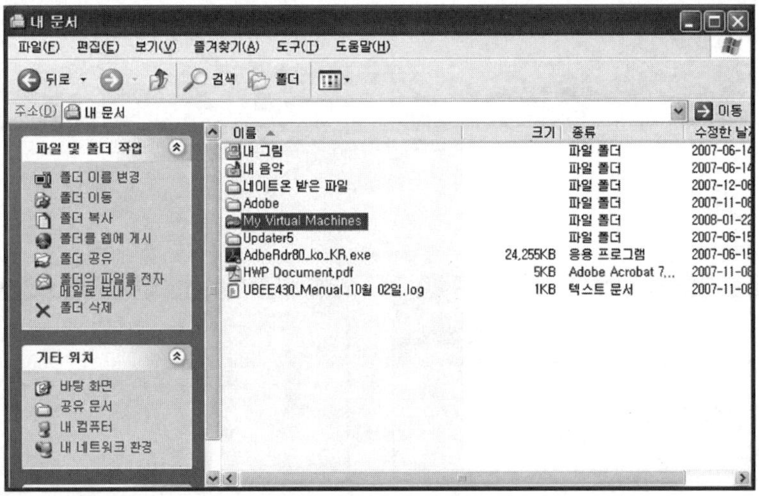

## Virtual Image 복사 및 압축해제

휴인스에서 제공하는 Xubuntos 2.0-UBee430-080117 이미지를 My Virtual Machines 폴더에 복사하여 붙여넣기 한다. Xubuntos 2.0-UBee430-080117 이미지는 배포용 CD에 압축된 상태로 제공된다.

- Xubuntos 2.0-UBee430-080117.exe : 압축된 Virtual Image

- **Xubuntos 2.0-UBee430-080117.exe 파일을 내 문서 My Virtual Machines 폴더에 복사한다.**
- **Xubuntos 2.0-UBee430-080117.exe 파일을 더블클릭하여 압축을 해제한다.**

1

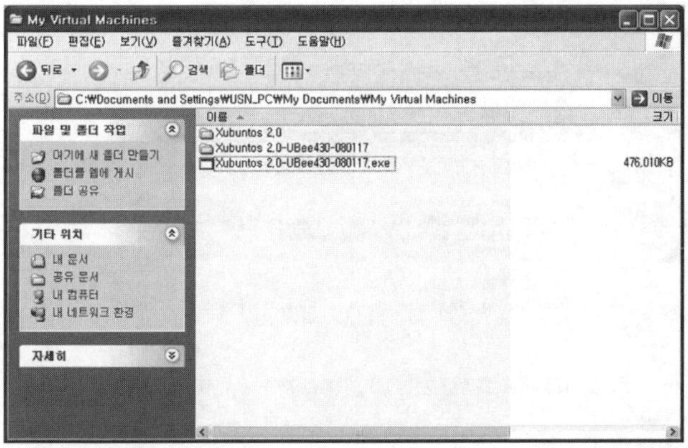


- Xubuntos 2.0-UBee430-080117.exe 파일을 더블 클릭(자동 압축 풀림)

2

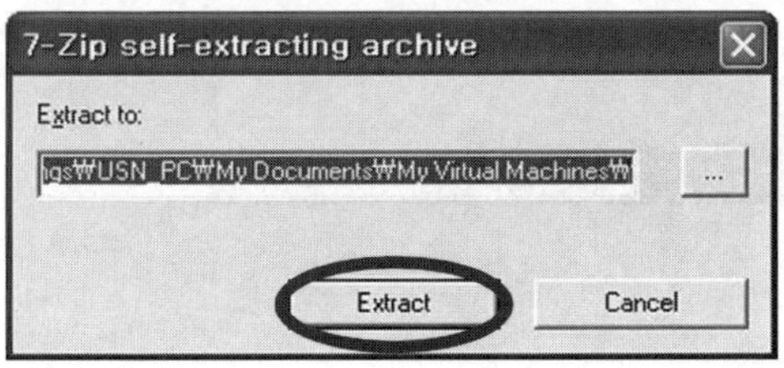


Extract

3

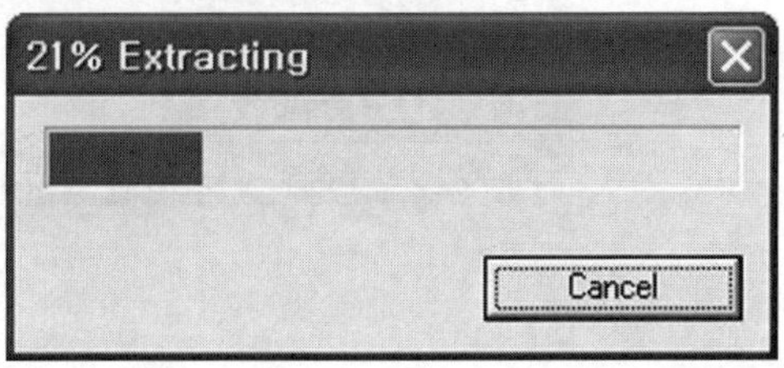


압축이 해제 된다.

## VMware Player 실행

VMware Player를 실행하여 Xubuntos 2.0-UBee430-080117 이미지를 로딩한다. 휴인스에서 제공하는 Virtual Image는 모든 설정이 완료된 이미지이므로 이 과정으로 사실상의 개발환경 구축 과정은 완료된 것이다.

■ VMware Player 실행

1 바탕화면의 바로가기 아이콘을 더블클릭한다.

2 VMware Player가 실행되면 Image를 로딩한다.

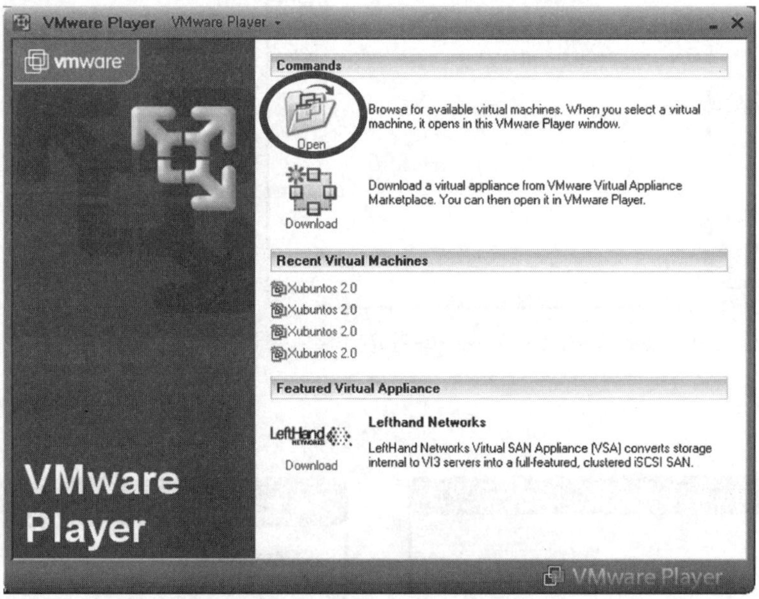

– Open 실행

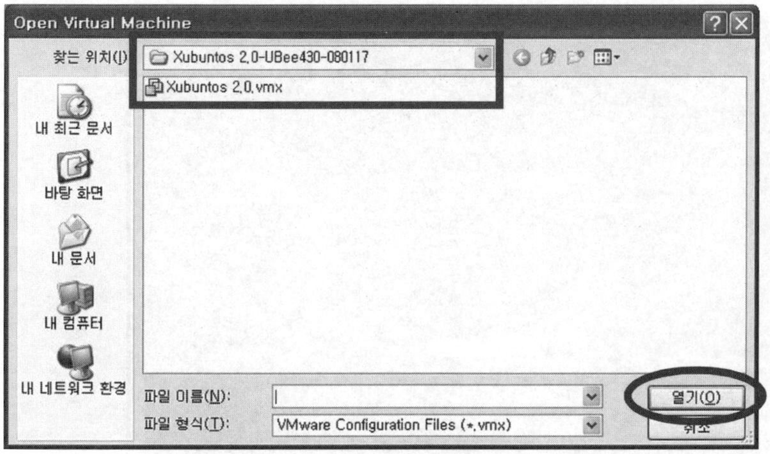


– C:\Documents and Settings\<사용자계정>\My Documents\My Virtual Machines\Xubuntos2.0-UBee430-080117 폴더의 Xubuntos 2.0.vmx 파일을 선택한 후 열기를 누른다.

– 이전에 Xubuntos 2.0-UBee430-080117 이미지를 복사한 경로이다.

**3** xubuntu를 실행한다.

**4** Username를 입력한다.

– 마우스 커서를 입력란에 클릭한 후 Username은 “xubuntos”를 입력하고, 엔터를 누른다.

**5** Password를 입력한다.

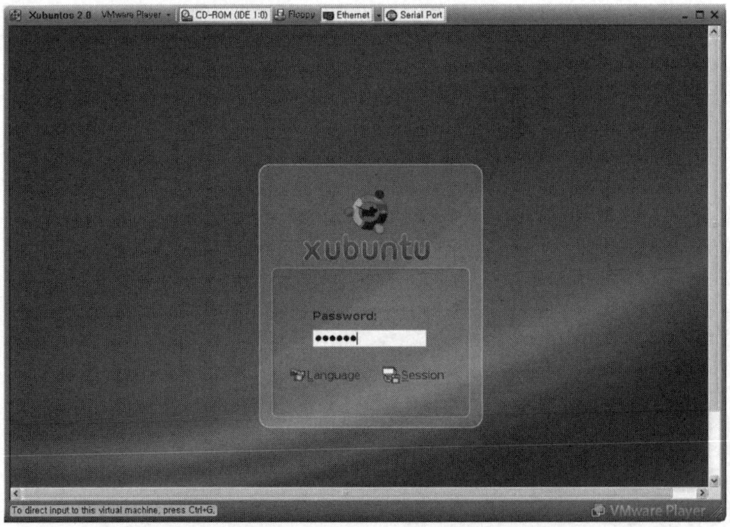


– “tinyos”라 입력하고 엔터를 누른다.

6 로딩이 완료되었다면 다음 화면을 볼 수 있다.

## UBee430 & TinyOS 2.0.2 테스트

이제 UBee430을 사용하기 위한 개발환경 설치과정이 완료되었다. 이번에는 UBee430을 이용하여 실제로 테스트 과정을 진행한다.

### 1. UBee430 연결 테스트

1 UBee430을 현재 개발환경이 설치된 PC의 USB 포트에 장착한다.
- 이때 UBee430 전원 스위치가 USB 쪽으로 설정된 상태여야 한다.

2 터미널을 실행시킨다.
- xubuntos에 터미널 아이콘을 왼쪽 마우스로 클릭한다.

**3** motelist를 입력하여 UBee430이 연결되었는지 확인한다.

```
$ motelist
```

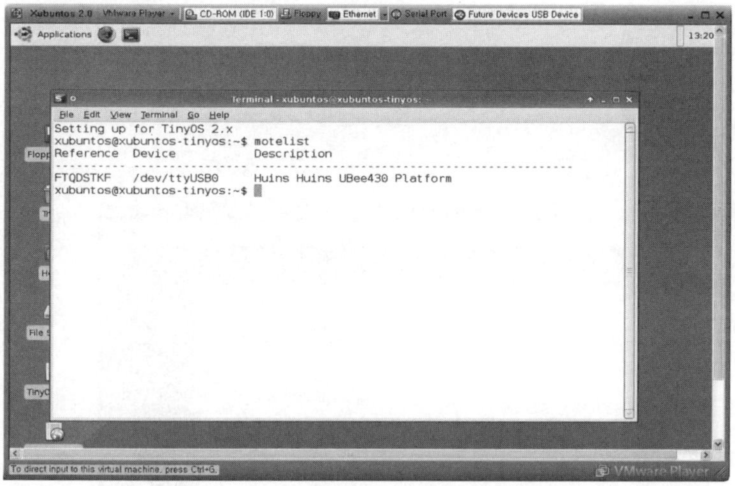

– UBee430이 /dev/ttyUSB0로 연결되어 있다.

**4** 만약 UBee430이 검색이 안 되면 xubuntos에 Future Devies USB Device 아이콘을 클릭하여 재인식시킨다.

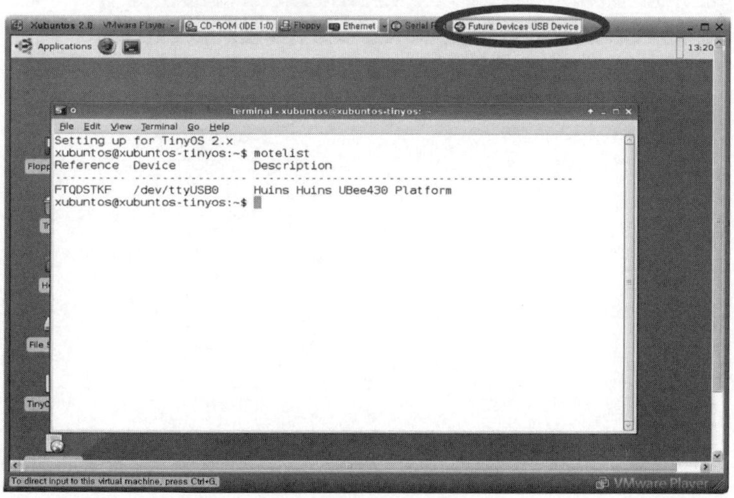

– 이때 VMware Player에서 윈도우로 전환하려면 키보드의 Ctrl + Alt를 동시에 눌러야 한다.

## 2. 컴파일 및 설치 테스트

1 터미널을 실행시킨다(현재 터미널이 실행되어 있으면, 터미널에서 수행).

2 TinyOS 어플리케이션을 컴파일하고 UBee430에 다운로드한다.

```
$ cd /opt/opt/tinyos-2.x/apps/tests/TestSerial
$ make UBee430 install
```

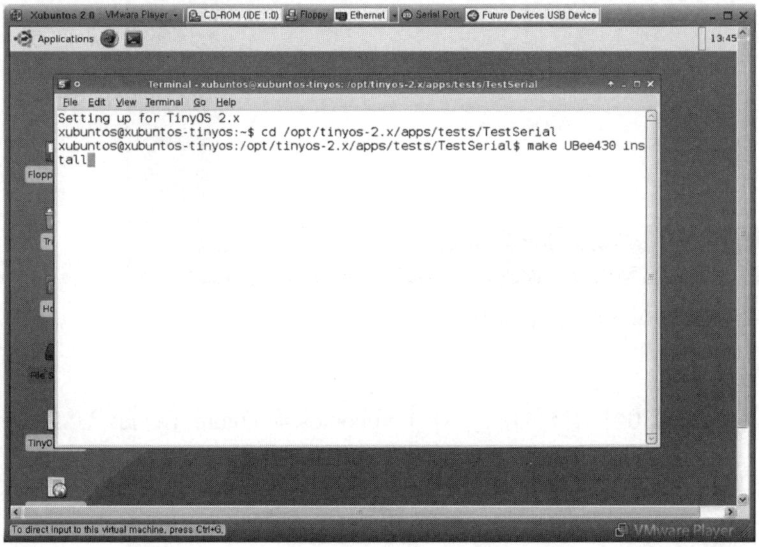

## 3 자바 프로그램 실행 테스트

```
$ java net.tinyos.tools.Listen -comm serial@/dev/ttyUSB0:UBee430
```

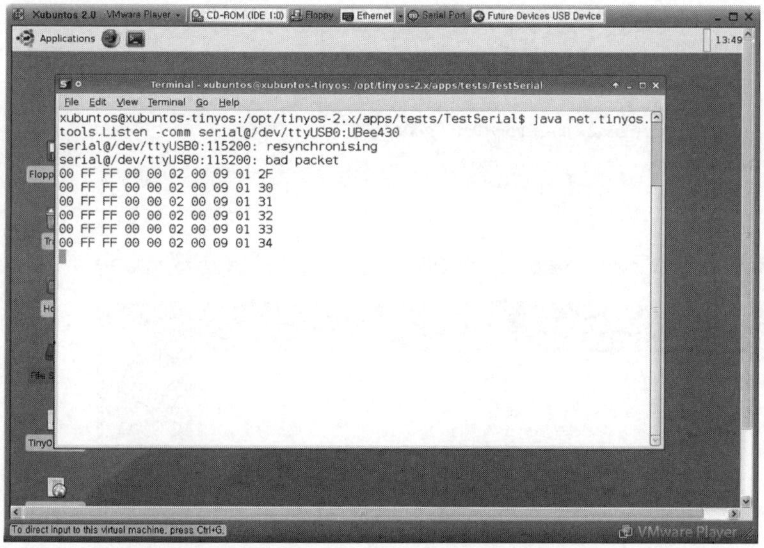

## 3. C언어 SDK 컴파일 및 테스트

1 터미널을 실행시킨다.

2 C언어 SDK 디렉터리로 이동하여 컴파일 전 준비 작업을 한다.

```
$ cd /opt/tinyos-2.x/support/sdk/c/
$ ./bootstrap
```

3 컴파일 환경 설정을 위해 configure 실행한다.

```
$ ./configure
```

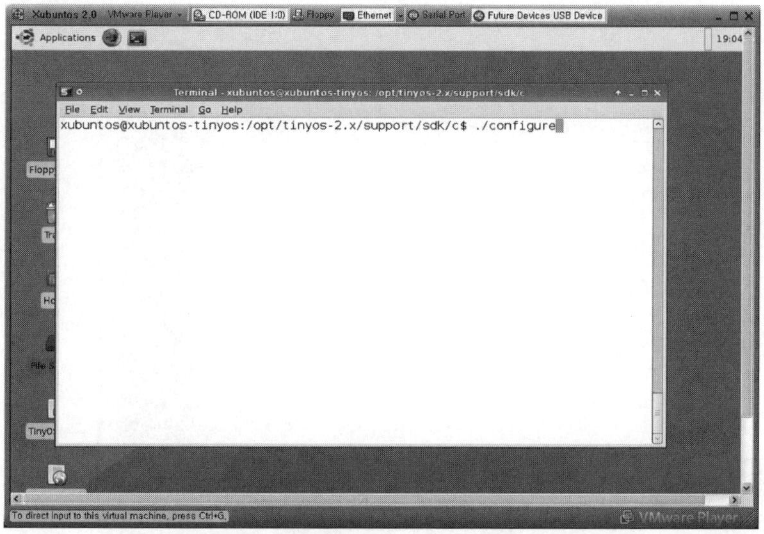


4 컴파일을 위해 make 실행한다.

```
$ make
```

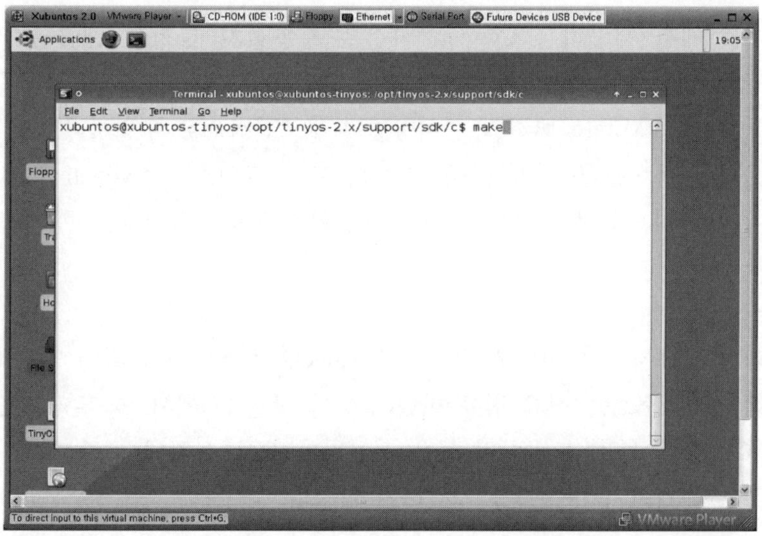

**5** C언어 SDK에서 제공하는 응용 프로그램을 실행시키고 결과를 확인한다.

```
$ ./seriallisten /dev/ttyUSB0 115200
```

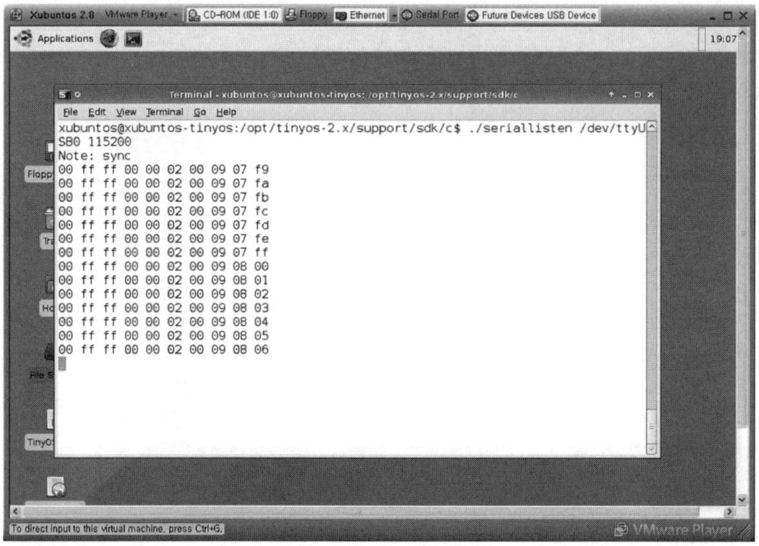


본 교재를 통하여 VMware 기반의 개발환경을 설치하고 테스트 과정을 진행하였다. TinyOS 2.x를 사용하기 위한 Cygwin 버전의 개발환경은 앞서 언급한 VMware 기반의 설치과정 보다 더 많은 설치 및 설정이 필요하다.

물론 휴인스에서 제공하는 Cygwin 버전은 자동설치 과정을 제공하지만 이 또한 VMware 기반의 설치과정 보다 더 많은 설치 및 설정이 필요하다. 하지만 Cygwin 버전의 설치방법 보다 VMware 버전의 설치방법이 무조건적으로 우월하다고는 할 수 없다. 각각의 버전별로 장·단점이 있기 때문이다(참고로 휴인스는 Cygwin 버전과 VMware 버전을 모두 제공하므로 사용자가 편리한 개발환경을 선택하여 사용할 수 있다).

### Cygwin 버전

1. 개발환경이 설치되면 윈도우 탐색기로 TinyOS 소스트리가 확인 가능하다.
2. 비교적 PC 리소스를 적게 점유 한다(성능이 낮은 PC에서 별 무리가 없다).
3. JDK, Cygwin , USB 드라이버 등을 사용자가 모두 설치해야 한다.
4. TinyOS 2.x 기반의 Deluge를 지원하지 않는다.

VMware 버전

1. 개발환경 설치가 아주 간단하다(쉽게 복구도 가능).
2. Deluge를 지원한다. phthon2.5, pyserial 지원(휴인스가 포팅하여 제공)한다.
3. 비교적 PC 리소스를 많이 사용한다.
4. TinyOS 소스트리를 탐색기에서 확인할 수 없다.

■ **UBee430을 VMware 기반으로 사용할 경우 다음 사항을 유의할 것(시리얼 포트)**

<u>자바 실행 예</u>

Cygwin : $ java net.tinyos.tools.Listen -comm serial@com14:UBee430

VMware: $ java net.tinyos.tools.Listen -comm serial@/dev/ttyUSB0:UBee430

# 찾아보기

## O



## P



## R



## S



## T



## U

저자약력

**이윤석**

(현) 한국외국어대학교 공과대학 디지털정보공학과 교수
한국과학기술원 전산학 박사
관심분야: 센서 네트워킹, 임베디드 시스템, 모바일 컴퓨팅

**송태훈**

(현) (주)휴인스 대표이사
경희대학교 전자공학 박사
관심분야: 임베디드 시스템, 유비쿼터스 컴퓨팅, 시스템온칩 설계


정가 19,000원

TinyOS 2.x 기반 **무선 센서네트워크 실습**

2009년 6월 10일 초판 인쇄
2009년 6월 25일 초판 발행

저자와의 협의하에 인지생략

저 자 : 이 윤 석 · 송 태 훈
발행자 : 우 명 찬 · 송 준
발행처 : 홍릉과학출판사
주 소 : ㊜142-885 서울시 강북구 인수동 455-60
등 록 : 1976년 10월 21일 제5-66호
전 화 : 999-2274~5, 996-8341, 903-7037
팩 스 : 905-6729
hongpub@hongpub.co.kr
www.hongpub.co.kr